D1870758

Ihre Arbeitshilfen zum Download:

Die folgenden Arbeitshilfen stehen für Sie zum Download bereit:

- Musterzeugnisse für Angestellte, Führungskräfte, gewerbliche Arbeitnehmer und Auszubildende
- Textbausteine für die einzelnen Zeugnisbestandteile in verschiedenen Notenstufen
- Checkliste zur Zeugnisprüfung

Den Link sowie Ihren Zugangscode finden Sie am Buchanfang.

Das Arbeitszeugnis in Recht und Praxis

Dr. Günter Huber
Waltraud Müller

Das Arbeitszeugnis in Recht und Praxis

Die rechtlichen Grundlagen, Formulierungshilfen mit Textbausteinen, Musterzeugnisse, Zeugnisanalyse

Dr. Günter Huber
Waltraud Müller

15. Auflage

Haufe Gruppe
Freiburg · München

Bibliografische Information der Deutschen Nationalbibliothek
Die Deutsche Nationalbibliothek verzeichnet diese Publikation in der Deutschen Nationalbibliografie; detaillierte bibliografische Daten sind im Internet über http://dnb.dnb.de abrufbar.

Print ISBN: 978-3-648-04730-9 Bestell-Nr. 04035-0011
EPUB ISBN: 978-3-648-04731-6 Bestell-Nr. 04035-0100
EPDF ISBN: 978-3-648-04732-3 Bestell-Nr. 04035-0150

Dr. Günter Huber, Waltraud Müller
Das Arbeitszeugnis in Recht und Praxis
15. Auflage 2014

© 2014 Haufe-Lexware GmbH & Co. KG, Freiburg
www.haufe.de
info@haufe.de
Produktmanagement: Anne Lennartz

Lektorat: Ulrich Leinz, 10829 Berlin
Satz: Reemers Publishing Services GmbH, 47799 Krefeld
Umschlag: RED GmbH, 82152 Krailling
Druck: Schätzl Druck, Donauwörth

Alle Angaben/Daten nach bestem Wissen, jedoch ohne Gewähr für Vollständigkeit und Richtigkeit. Alle Rechte, auch die des auszugsweisen Nachdrucks, der fotomechanischen Wiedergabe (einschließlich Mikrokopie) sowie der Auswertung durch Datenbanken oder ähnliche Einrichtungen, vorbehalten.

Inhaltsverzeichnis

Vorwort

Zeugnisausstellung ist eine Last, auch wenn es der Beurteilte anders empfindet. Ein Zeugnis soll möglichst differenziert und objektiv die Leistungen, Fähigkeiten und die persönliche Führung eines Mitarbeiters beschreiben. Wer kommt dieser Aufgabe gerne nach, vor allem, wenn unerfreuliche Beurteilungen abzugeben sind? Insbesondere dann, aber nicht nur dann, wird lange an wohlabgewogenen, sorgfältig differenzierten Formulierungen gefeilt. Dies benötigt viel unproduktive, anderweitig sinnvoller einsetzbare Arbeitskraft.

Die Verfasser haben sich zum Ziel gesetzt, den Leser nicht nur umfassend über alle mit der Zeugniserteilung zusammenhängenden Rechtsfragen zu informieren, sondern insbesondere dem Zeugnisaussteller ein Instrument an die Hand zu geben, mit dem er schnell und effektiv der von der Rechtsprechung gestellten Aufgabe gerecht werden kann, ein aussagekräftiges wahrheitsgemäßes und wohlwollendes Zeugnis auszustellen.

Arbeitnehmer können mit Hilfe dieses Bandes die ihnen ausgestellten Zeugnisse analysieren und erhalten fachkundige Hilfe, um gegebenenfalls konkrete Formulierungen zur Verbesserung ihres Zeugnisses vorschlagen zu können.

In der 15. Auflage wurde die neue Rechtsprechung eingearbeitet sowie ein neues Kapitel über die Unternehmensbeschreibung in Arbeitszeugnissen aufgenommen.

Auf www.haufe.de/arbeitshilfen finden Sie alle im Buch abgedruckten Musterzeugnisse und Checklisten für die Bearbeitung an Ihrem Computer.

Günter Huber und Waltraud Müller

Einführung

Zeugnisse sind nicht alles, aber ohne Zeugnis ist alles nichts. So ähnlich könnte die Antwort auf die Frage lauten, wie bedeutsam Arbeitszeugnisse bei der Bewerbung eines Arbeitnehmers sind.

Eine Einladung zu einem Vorstellungsgespräch erhält ein Bewerber nach Vorlage und Überprüfung seiner Bewerbungsunterlagen. Neben dem Bewerbungsanschreiben und dem Lebenslauf kommt es in dieser Bewerbungsphase im Wesentlichen auf die vorgelegten Arbeitszeugnisse an.

Sind die vorliegenden Arbeitszeugnisse im Verhältnis zu den Mitbewerbern unterdurchschnittlich, hat der betreffende Bewerber kaum Chancen, zu einem Vorstellungsgespräch eingeladen zu werden und hierbei den Personalchef persönlich davon zu überzeugen, dass er der geeignete Bewerber für die zu besetzende Stelle ist. Selbst wenn die vorliegenden Arbeitszeugnisse nicht in allen Punkten überzeugen, kann ein Bewerber aufgrund des persönlichen Eindruckes, den er hinterlässt, gegenüber Bewerbern mit besseren Arbeitszeugnissen bevorzugt werden. Für die Entscheidung über die Einladung zum Bewerbungsgespräch stellen die Zeugnisse in der Regel jedoch die bedeutsamste Beurteilungsgrundlage dar. Schlechte Zeugnisse können dazu führen, dass der weitere Berufsweg eines Arbeitnehmers erheblich behindert und er lange arbeitslos wird. Es ist deshalb nicht verwunderlich, dass der Art und Weise der Zeugnisausstellung zunehmend mehr Bedeutung zukommt und Arbeitnehmer häufig die ihnen erteilten Arbeitszeugnisse beanstanden und ihren (vermeintlichen) Anspruch auf Berichtigung des Zeugnisses auch vor den Arbeitsgerichten geltend machen.

Für die Personalabteilung kann ein Zeugnisberichtigungsverfahren vor dem Arbeitsgericht mit einem erheblichen Arbeitsaufwand verbunden sein. Falls Beschäftigte aus dem Betrieb als Zeugen für die Beurteilungen der Leistungen und des Verhaltens des Arbeitnehmers vor Gericht aussagen müssen, kann dies zu Irritationen bei den als Zeugen geladenen Beschäftigten und zu unerwünschten Störungen des Betriebsklimas führen. Außerdem ist der Erfolg vor dem Arbeitsgericht für den Arbeitgeber ungewiss.

Der vorliegende Band verfolgt deshalb das Ziel, den Zeugnisaussteller über den rechtlichen Hintergrund des Arbeitszeugnisses zu informieren, ihm die Analyse von Arbeitszeugnissen von Bewerbern zu erleichtern und praktische Hilfestellung beim Aufbau und der Formulierung von Zeugnissen unter Verwendung von Textvorschlägen als Textbausteinen — wo dies sinnvoll ist — zu geben. Dadurch soll der Zeugnisaussteller in die Lage versetzt werden, Arbeitszeugnisse den gerichtlichen Anforderungen entsprechend sicher und schnell zu formulieren und arbeitsgerichtliche Auseinandersetzungen über Arbeitszeugnisse zu vermeiden.

1 Zeugnisrecht

1.1 Rechtsgrundlagen

Die Rechtsgrundlage für die Erteilung des Arbeitszeugnisses stellen § 630 BGB, § 109 GewO und § 16 BBiG dar. Nach § 630 BGB können Mitarbeiter, die nicht als Arbeitnehmer beschäftigt sind, bei der Beendigung eines dauernden Dienstverhältnisses ein schriftliches Zeugnis über das Dienstverhältnis und dessen Dauer fordern. Das Zeugnis ist auf Verlangen auf die Leistungen und die Führung zu erstrecken.

Arbeitnehmer

Für Arbeitnehmer gilt nach § 6 Abs. 2 GewO die Regelung in § 109 GewO. Aufgrund dieser Bestimmung hat der Arbeitnehmer bei Beendigung des Arbeitsverhältnisses Anspruch auf ein schriftliches Zeugnis, die Erteilung des Zeugnisses in elektronischer Form ist ausgeschlossen. In Absatz 2 dieser Regelung findet sich zusätzlich das Gebot, Zeugnisse klar und verständlich zu formulieren und die Bestimmung, dass ein Zeugnis keine Merkmale oder Formulierungen enthalten darf, die den Zweck haben, eine andere als aus der äußeren Form oder aus dem Wortlaut ersichtlichen Aussage über den Arbeitnehmer zu treffen.

Auszubildender

Bei Auszubildenden stellt die Regelung § 16 des Berufsbildungsgesetzes die Rechtsgrundlage dar. Danach hat der Ausbildende dem Auszubildenden bei Beendigung des Berufsausbildungsverhältnisses ein Zeugnis auszustellen. Hat der Ausbildende die Berufsausbildung nicht selbst durchgeführt, soll auch der Ausbilder das Zeugnis unterschreiben. Das Zeugnis muss Angaben enthalten über Art, Dauer und Ziel der Berufsausbildung sowie über die erworbenen Fertigkeiten und Kenntnisse des Auszubildenden. Auf Verlangen des Auszubildenden sind auch Angaben über Führung, Leistung und besondere fachliche Fähigkeiten aufzunehmen.

Da sich die gesetzlichen Regelungen in den Bestimmungen im Wesentlichen entsprechen[1], wird von einem einheitlichen Zeugnisrecht für alle Arbeitnehmer ausgegangen[2], das durch die Fürsorgepflicht des Arbeitgebers geprägt ist. Die in § 109 Abs. 2 der Gewerbeordnung enthaltene Bestimmung, wonach ein Zeugnis keine Merkmale oder Formulierungen enthalten darf, die den Zweck haben, eine andere als aus der äußeren Form oder aus dem Wortlaut ersichtlichen Aussage über den Arbeitnehmer zu treffen, kann ebenso wie die inhaltlich ähnliche Regelung in der bis zum 31.12.2002 geltenden Regelung in § 113 Abs. 3 a. F. GewO als allgemeiner Grundsatz angesehen werden, der bei jedem Zeugnis zu berücksichtigen ist[3]. Ebenfalls als allgemeiner Zeugnisgrundsatz muss die in § 630 BGB, § 109 Abs. 2 GewO ausdrücklich enthaltene Schriftformregelung angesehen werden. Ein mündliches Zeugnis würde dem Zweck, als Unterlage für die Bewerbung zu dienen, nicht gerecht werden. Die Vorlage von Zeugnissen in elektronischer Form ist gegenwärtig noch nicht üblich. Aus diesem Grunde hat der Gesetzgeber bei der Gesetzesvorschrift zum 1.1.2003 bestimmt, dass die elektronische Form für Zeugnisse nicht zulässig ist.

1.2 Anspruchberechtigter

Grundsätzlich steht jedem Arbeitnehmer ein Anspruch auf Erteilung eines Zeugnisses zu. Auch nebenberuflich Tätige oder geringfügig Beschäftigte, die nicht sozialversicherungspflichtig sind, können ein Arbeitszeugnis verlangen.

Da § 109 Abs. 1 GewO und § 16 BBiG im Gegensatz zu § 630 BGB kein dauerndes Dienstverhältnis voraussetzen, könnte Arbeitnehmern auch bei einem kurzen Aushilfsarbeitsverhältnisses ein Anspruch auf Erteilung eines Zeugnisses zustehen. Ein qualifiziertes Zeugnis mit einer Bewertung der Leistungen und der Führung des Arbeitnehmers kann jedoch nur sachgerecht ausgestellt werden, wenn das Beschäftigungsverhältnis eine gewisse Zeit bestanden hat. Daher erscheint es sachgerecht, den Anspruch auf Erteilung eines qualifizierten Zeugnisses von einer gewissen Dauer des Beschäftigungsverhältnisses abhängig zu machen.

Demgegenüber kann das einfache Zeugnis auch bei Beschäftigungsverhältnissen von kurzer Dauer ausgestellt werden. Es gibt dem Beschäftigten die Möglichkeit,

---

1 Schaub, Arbeitsrechtshandbuch, § 147 I 1.

2 LAG Hamm, Urteil vom 27.2.1997, 4 Sa 1691/96.

3 LAG Hamm, Urteil vom 17.12.1998, 4 Sa 630/98.

seine Beschäftigungszeiten lückenlos zu belegen. Der Anspruch auf Erteilung eines einfachen Zeugnisses entsteht deshalb auch bei einem kurzfristigen Beschäftigungsverhältnis.[4] Leitende Angestellte sind Arbeitnehmer und haben daher einen Zeugnisanspruch. Dies gilt ebenso für Angestellte im öffentlichen Dienst.

Auch arbeitnehmerähnlichen Personen wie Heimarbeitern und freien Mitarbeitern sowie den kleinen Handelsvertretern steht der Zeugnisanspruch gem. § 630 BGB zu. Ob auch den gesetzlichen Vertretern juristischer Personen, beispielsweise den Vorstandsmitgliedern von Aktiengesellschaften, ein Zeugnisanspruch zusteht, ist umstritten. Dem GmbH-Geschäftsführer, der nicht gleichzeitig Gesellschafter ist, wurde von der Rechtsprechung ein Zeugnisanspruch zuerkannt.[5] Auszubildende haben auch dann einen Anspruch auf Erteilung eines Zeugnisses, wenn sie die Abschlussprüfung nicht absolvieren oder nicht bestehen. Einen Zeugnisanspruch haben auch Volontäre, Praktikanten und Umschüler[6].

1.3 Zeitpunkt der Zeugniserteilung

Der Anspruch auf Zeugniserteilung entsteht nach den gesetzlichen Bestimmungen bei der Beendigung des Arbeits-, Dienst- oder - oder Berufsausbildungsverhältnisses (§§ 109 Abs. 1 GewO, 630 BGB, 16 BBiG). Vom Bundesarbeitsgericht wird ein Anspruch auf ein Endzeugnis spätestens nach Ablauf der Kündigungsfrist zuerkannt, und zwar auch dann, wenn Kündigungsschutzklage erhoben wurde und die Beendigung des Beschäftigungsverhältnisses rechtlich noch nicht geklärt ist.[7]

In der Literatur wird dem Arbeitnehmer bereits vor Beendigung des Arbeitsverhältnisses ein Zeugnisanspruch zuerkannt. Das Zeugnis soll ihm die Möglichkeit geben, sich rechtzeitig bewerben zu können. Allerdings kann das Zeugnis erst nach der Kündigung des Arbeitsverhältnisses verlangt werden. Wird die Kündigung bereits vor Beginn der gesetzlichen oder vereinbarten Kündigungsfrist ausgesprochen, entsteht der Anspruch mit Beginn der Kündigungsfrist. Endet das Arbeitsverhältnis, ohne dass es einer Kündigung bedarf — beispielsweise bei befristeten Beschäftigungsverhältnissen —, entsteht der Anspruch auf Erteilung eines Zeugnisses ab

4 Münchner Kommentar - Schwerdtner, § 630 Rdn. 10.

5 BGH, DB 1987, S. 2214.

6 BAG, Urteil vom 12.02.2013, 3 AZR 120/11

7 BAG, DB 1987, S. 1845.

dem Zeitpunkt, der der gesetzlichen Kündigungsfrist entspricht.[8] Da das Beschäftigungsverhältnis zu diesem Zeitpunkt noch nicht beendet ist und sich die für die Beurteilung im Zeugnis maßgeblichen Umstände bis zum Ablauf der Kündigungsfrist noch ändern können, kann das Zeugnis nur als Zwischenzeugnis oder vorläufiges Zeugnis beansprucht werden.[9]

In Ausnahmefällen steht dem Arbeitnehmer auch vor Ausspruch der Kündigung und vor Beginn der Kündigungsfrist ein Anspruch auf Erteilung eines Zwischenzeugnisses zu, z. B.

- wenn der Arbeitgeber dem Arbeitnehmer demnächst eine Kündigung in Aussicht stellt,
- wenn das Zwischenzeugnis für Fortbildungskurse bedeutsam ist oder zur Vorlage bei Behörden, Gerichten oder zur Kreditgewährung bei einer Bank benötigt wird,
- wenn eine Versetzung vorgesehen ist oder der Vorgesetzte wechselt[10],
- bei organisatorischen Änderungen des Unternehmens,
- bei Bewerbung um eine neue Stelle sowie bei Einberufung zum Wehr- oder Zivildienst und bei geplanten längeren Arbeitsunterbrechungen.[11]

Kein Zurückbehaltungsrecht am Arbeitszeugnis

Ein Recht, das Zeugnis wegen etwaiger Gegenansprüche aus dem Arbeitsverhältnis zurückzubehalten — z. B. Rückforderung des Weihnachtsgeldes — steht dem Arbeitgeber nicht zu. Dies wäre nicht vereinbar mit der Fürsorgepflicht des Arbeitgebers. Der durch die Zurückbehaltung des Zeugnisses möglicherweise verursachte Schaden des Arbeitnehmers stünde außer Verhältnis zu den Belangen des Arbeitgebers.

[8] Schaub, Arbeitsrechtshandbuch, § 147 Rdn. 7.

[9] BAG, DB 1987, S. 1845.

[10] BAG, DB 1987, S. 1845.

[11] BAG, DB 1987, S. 1845.

1.4 Grundsätzlich keine Übersendungspflicht

Eine Verpflichtung des Arbeitgebers, dem Arbeitnehmer das Zeugnis zuzusenden, besteht grundsätzlich nicht. Der Arbeitnehmer ist rechtlich verpflichtet, das Arbeitszeugnis bei seinem Arbeitgeber abzuholen.[12]

Fürsorgepflicht

Aus Gründen der nachwirkenden Fürsorgepflicht kann der Arbeitgeber nach Treu und Glauben jedoch ausnahmsweise zur Übersendung des Zeugnisses an den Arbeitnehmer verpflichtet sein, wenn die Abholung des Zeugnisses für den Arbeitnehmer mit unverhältnismäßig hohen Kosten oder besonderen Mühen verbunden ist.[13] Derartige Umstände können angenommen werden, wenn der Arbeitnehmer seinen Wohnsitz zwischenzeitlich an einen weit entfernten Ort verlegt hat.[14] Eine Verpflichtung des Arbeitgebers zur Übersendung des Zeugnisses wird auch angenommen, wenn ein Arbeitnehmer die Erteilung des Zeugnisses rechtzeitig vor Beendigung des Arbeitsverhältnisses verlangt hat und es bis zur Beendigung des Arbeitsverhältnisses aus Gründen, die in der Sphäre des Arbeitgebers liegen, nicht zur Abholung durch den Arbeitnehmer bereit liegt.[15]

Beweislast

Der Arbeitgeber trägt die Beweislast für die Erfüllung des Zeugnisanspruchs. Er muss im Streitfall also den Nachweis führen, dass das Originalzeugnis, sei es durch Abholung oder Übersendung, in den Besitz des Arbeitsnehmers gelangt ist. Erhält der Arbeitnehmer das Original des Zeugnisses nicht, weil es beispielsweise auf dem Postweg verloren gegangen ist, muss der Arbeitgeber ein neues Zeugnis ausstellen.[16]

---

[12] BAG, EBE/BAG 1995, S. 100.

[13] LAG Frankfurt DB 1984, S. 2200.

[14] ArbG Wetzlar, BB 1972, S. 222.

[15] LAG Frankfurt, DB 1984, S. 2200.

[16] LAG Mainz, Beschluss vom 15.3.2011, 10 Ta 45/11.

1.5 Antidiskriminierungsgebot

Benachteiligungen aus Gründen der Rasse oder wegen der ethnischen Herkunft, des Geschlechts, der Religion oder Weltanschauung, des Alters, der sexuellen Identität oder wegen einer Behinderung sind unzulässig. Dies schreibt das Allgemeine Gleichbehandlungsgesetz (AGG) vor, das nach möglicher Diskriminierung im Arbeitsleben und derjenigen im täglichen Leben unterscheidet. Auf dem Gebiet des Arbeitslebens (einschließlich des öffentlich-rechtlichen Bereichs) liegt der Schwerpunkt des AGG. Nicht jede unterschiedliche Behandlung im beruflichen Bereich ist hiernach allerdings eine verbotene Benachteiligung. Liegt jedoch ein Verstoß vor, ist der Arbeitgeber nach § 15 AGG zur Entschädigung und zum Schadensersatz verpflichtet. § 13 AGG sieht das Recht eines Beschäftigten vor, sich wegen eingetretener Benachteiligungen bei den zuständigen Stellen des Betriebes (z. B. Vorgesetzter, betriebliche Beschwerdestelle), bei der Arbeitnehmervertretung oder bei dem oder der Gleichstellungsbeauftragten zu beschweren. Eine Antidiskriminierungsstelle, die unterstützende, koordinierende und berichtende Funktion ausübt, wird zudem beim Bundesministerium für Familie, Senioren, Frauen und Jugend eingerichtet.

Benachteiligungsverbot bei der Zeugniserteilung

Das Benachteiligungsverbot ist auch bei der Zeugniserteilung und der Formulierung von Arbeitszeugnissen zu berücksichtigen. Zeugnisse und Formulierungen in Arbeitszeugnissen, die eine Benachteiligung aus den vorgenannten Gründen beinhalten, sind grundsätzlich rechtswidrig und können zu Schadensersatz- und Entschädigungsansprüchen führen (s. Kapitel 1.9). Die Schadensersatzpflicht ergibt sich nicht nur aus dem AGG, sondern auch aus der Verpflichtung des Arbeitgebers, bei der Zeugniserteilung den wohlwollenden Maßstab eines verständigen Arbeitgebers zugrunde zu legen und dem Arbeitnehmer das berufliche Fortkommen nicht unnötig zu erschweren. Mit dieser Wohlwollensverpflichtung sind Benachteiligungen aus Gründen der Rasse oder wegen der ethnischen Herkunft, wegen des Geschlechts, der Religion oder Weltanschauung, des Alters, der sexuellen Identität oder wegen einer Behinderung grundsätzlich nicht vereinbar.

Auch wenn das AGG eine Benachteiligung aufgrund des Alters verbietet, kann daraus nicht geschlossen werden, dass die Angabe des Geburtsdatums in Arbeitszeugnissen generell unzulässig ist, weil hieraus das Alter abgeleitet werden kann. Ist jedoch der Arbeitnehmer mit der Aufnahme seines Geburtsdatums in das Arbeitszeugnis nicht einverstanden, hat die Angabe zu unterbleiben, selbst wenn eine sichere Identifikation der Person des Arbeitnehmers dann nicht mehr möglich ist.

TIPP: Überprüfen Sie die Zeugnisformulierungen

Überprüfen Sie bei der Anfertigung von Zeugnissen deren Formulierungen sorgfältig auf Merkmale, die durch das AGG geschützt sind, um nicht die Vermutung einer Benachteiligung entstehen zu lassen.

Bei der Anfertigung des Arbeitszeugnisses sollten nicht irgendwelche geschützten Merkmale in den Vordergrund gestellt, sondern besondere Sorgfalt auf eine aussagekräftige Beschreibung des Tätigkeitsbereiches (s. Kapitel 3.3.3) und die Formulierung der Leistungs- und Verhaltensbeurteilung (s. Kapitel 3.3.4 und 3.3.5) verwendet werden.

1.6 Form des Zeugnisses

Das Zeugnis ist **schriftlich** zu erteilen.[17] Es muss nach seiner äußeren Form den Anforderungen entsprechen, die im Geschäftsleben an ein Arbeitszeugnis gestellt werden und deren Einhaltung als selbstverständlich erwartet wird.[18] Nach der Verkehrssitte ist es üblich, dass es maschinenschriftlich bzw. mit dem PC erstellt wird. Ein unsauber geschriebenes Zeugnis (Flecken, Durchstreichung, Radierung usw.) kann vom Arbeitnehmer zurückgewiesen werden. Ordnungsgemäß und nicht verunstaltet ist ein Zeugnis allerdings, wenn es wie ein normaler Brief gefaltet worden war und mit einem Standard-Briefumschlag (220 mm × 110 mm) versandt wurde.

Das Knicken des Zeugnisses ist nach dem Bundesarbeitsgericht nicht als unzulässiges Geheimzeichen anzusehen, wenn von dem Originalzeugnis saubere und ordentliche Kopien angefertigt werden können.[19]

Das Zeugnis muss auf **Geschäftspapier** (Firmenbogen) ausgestellt werden, wenn der Arbeitgeber Geschäftspapier besitzt und im Geschäftsverkehr verwendet.[20] Dabei darf das Anschriftenfeld nicht ausgefüllt werden.[21]

17 LAG Hamm, Urteil vom 28.3.2000,4 Sa 1588/99.

18 BAG, Urteil vom 21.9.1999,9 AZR 893/98, in NJW 2000, 5. 1060.

19 BAG, Urteil vom 21.9.1999, 9 AZR 893/98; in NJW 2000, S. 1060f.

20 BAG, NZA 1993, S. 697.

21 LAG Hamburg, NZA 1994, S. 890.

Außer Namen, Vornamen und akademischem Grad ist auf Verlangen des Arbeitnehmers auch das Geburtsdatum aufzunehmen, um Verwechslungen bei Namensgleichheit auszuschließen.[22]

Zur **Ausstellung** des Zeugnisses ist der Arbeitgeber verpflichtet, bei juristischen Personen der gesetzliche Vertreter.

Da immer der aktuelle Arbeitgeber zur Zeugniserteilung verpflichtet ist, richtet sich der Zeugnisanspruch im Falle eines Betriebsübergangs gem. § 613a BGB gegen den Erwerber und zwar unabhängig davon, wie lange das Arbeitsverhältnis nach dem Betriebsübergang fortgesetzt wurde.[23] Entsprechendes gilt bei der Insolvenz des Arbeitgebers. Wird ein Arbeitsverhältnis vor Insolvenzeröffnung beendet, bleibt der Arbeitgeber zur Erteilung des Arbeitszeugnisses verpflichtet. Wird das Arbeitsverhältnis hingegen erst nach der Insolvenzeröffnung beendet, schuldet der Insolvenzverwalter das Arbeitszeugnis, unabhängig davon, ob und wie lange er den Arbeitnehmer beschäftigt hat oder eigene Kenntnisse über dessen Arbeitsleistung gewinnen konnte.[24] In Vertretung des Arbeitgebers kann das Zeugnis von Angestellten des Arbeitgebers unterschrieben werden, die jedoch in leitender Position tätig und erkennbar in höherer Position sein müssen als der zu beurteilende Arbeitnehmer.[25] Auch im öffentlichen Dienst ist der Zeugnisanspruch eines Angestellten regelmäßig nur erfüllt, wenn das Zeugnis von einem ranghöheren Bediensteten unterschrieben ist. Eine von diesem Grundsatz abweichende Regelung der Zeichnungsbefugnis rechtfertigt keine Ausnahme.[26]

Bei einem **leitenden Angestellten**, der der Geschäftsführung unmittelbar unterstellt war, muss das Zeugnis von einem Mitglied der Geschäftsführung unterzeichnet sein.[27] Unzulässig ist es, das Arbeitszeugnis durch einen nicht im Betrieb des Arbeitgebers angestellten Vertreter ausstellen zu lassen, beispielsweise durch einen Rechtsanwalt.[28] Unzulässig ist es auch, bei der Unterzeichnung eine überdimensionierte, im Wesentlichen aus bloßen Auf- und Abwärtslinien bestehende Unterschrift vorzunehmen, wenn hierdurch der Verdacht aufkommen kann, der Arbeitgeber wolle sich von dem Zeugnisinhalt, zu dessen Aufnahme in das Zeugnis

---

22 Münchener Kommentar — Schwerdtner, § 630 Rdn. 27.

23 BAG, Urteil vom 16.10.2007, 9 AZR 248/07

24 BAG, Urteil vom 23.6.2004, 10 AZR 495/03.

25 LAG Düsseldorf, DB 1969, S. 534; Schaub, Arbeitsrechtshandbuch, § 147 Rdn. 3.

26 BAG, Urteil vom 04.10.2005, 9 AZR 507/04.

27 BAG, Urteil vom 26.6.2001, 9 AZR 392/00, LAG Hamm, Urteil vom 28.3.2000, 4 Sa 775/99.

28 Münchener Kommentar-Schwerdtner, § 630, Rdn. 51.

er durch rechtskräftiges Urteil verpflichtet worden ist, distanzieren.[29] Das Vertretungsverhältnis und die Funktion sind regelmäßig anzugeben, weil die Person und der Rang des Unterzeichnenden Aufschluss über die Wertschätzung des Arbeitnehmers und die Kompetenz des Ausstellers zur Beurteilung des Arbeitnehmers und damit über die Richtigkeit der im Zeugnis getroffenen Aussagen gibt.[30] Das Vertretungsverhältnis kann dabei beispielsweise mit dem Zusatz ppa. oder i. V. kenntlich gemacht werden.

Maschinenschriftliche Namensangabe

Da die bloße **Unterschrift** häufig nicht entzifferbar ist und das Zeugnis nicht von einem Anonymus ausgestellt werden soll, bedarf die Unterschrift des Ausstellers der maschinenschriftlichen Namensangabe.[31] Der Arbeitgeber muss sicherstellen, dass das Zeugnis persönlich von demjenigen unterzeichnet wird, der als Aussteller genannt ist. Eine Vertretung in der Unterschrift ist nicht zulässig. Wer nach außen als Aussteller eines Zeugnisses auftritt, distanziert sich von dessen Inhalt, wenn er es nicht persönlich unterzeichnet, sondern von einem beliebigen Dritten unterschreiben lässt.[32]

Außerdem sind Ort und Datum der Zeugnisausstellung in dem Zeugnis zu vermerken.

Bei der **Datumsangabe** hat sich weitgehend die Verkehrssitte entwickelt, das Datum der Beendigung des Beschäftigungsverhältnisses anzugeben, auch wenn das Arbeitszeugnis vor oder nach der rechtlichen Beendigung des Beschäftigungsverhältnisses ausgestellt wurde. Diese Verkehrssitte berücksichtigt im Hinblick auf den Grundsatz der wohlwollenden Zeugnisbeurteilung den Umstand, dass ein Ausstellungsdatum, das der rechtlichen Beendigung des Beschäftigungsverhältnisses widerspricht, zu nicht gerechtfertigten negativen Schlussfolgerungen führen kann.

Um Fehlinterpretationen zu vermeiden, sollte das Ausstellungsdatum deshalb mit dem Datum der Beendigung des Arbeitsverhältnisses übereinstimmen.[33] Demgegenüber wird von Schaub und Schwerdtner die Auffassung vertreten, als Datum

29 LAG Nürnberg, Urteil vom 29.7.2005, 4 Ta 153/05.

30 BAG, Urteil vom 21.9.1999,9 AZR 893/98, in NZA 2000, S. 1060.

31 LAG Hamm, Urteil vom 28.3.2000, 4 Sa 1588/99.

32 ArbG München, Beschluss vom 18.8.2010, 21 Ca 12890/09.

33 Ebenso Weuster/Scheer, S. 124.

auf dem Zeugnis sei das tatsächliche Ausstellungsdatum anzugeben.[34] Bei einer nachträglichen Änderung erhält das berichtigte Zeugnis jedoch das Datum des ursprünglichen Zeugnisses.[35] Verzögert der Arbeitgeber die Ausstellung des Zeugnisses über Monate hinweg ungerechtfertigt, darf er das verspätete Ausstellungsdatum ebenfalls nicht angeben.

In diesem Fall muss das Zeugnis als Ausstellungsdatum das Datum der Beendigung des Arbeitsverhältnisses erhalten oder ein Datum, das innerhalb einer angemessenen Frist (ca. 2—3 Wochen) nach Beendigung des Arbeitsverhältnisses liegt.[36] Der Wahrheitsgrundsatz tritt in diesem Fall hinter dem Wohlwollensgrundsatz zurück, da andernfalls durch die ausschließlich vom Arbeitgeber verursachte Datendiskrepanz ein den Arbeitnehmer belastenden Eindruck, es sei zu Differenzen gekommen, nicht zu vermeiden wäre.

1.7 Verjährung, Verwirkung, Verzicht und Ausschlussfristen

Verjährung

Eine besondere Verjährungsregelung für den Anspruch auf Ausstellung oder Berichtigung eines Arbeitszeugnisses besteht nicht. Zur Anwendung kommt deshalb § 195 BGB, wonach der Zeugnisanspruch nach drei Jahren verjährt. Dabei ist zu berücksichtigen, dass nach § 199 BGB die Verjährungsfrist mit dem Schluss des Jahres zu laufen beginnt, in dem der Anspruch entstanden ist und der Anspruchsberechtigte von den den Anspruch begründenden Umständen und der Person des Schuldners Kenntnis erlangt oder ohne grobe Fahrlässigkeit erlangen müsste. Der Anspruch auf Erteilung eines Endzeugnisses verjährt danach mit Ablauf des dritten Kalenderjahres nach Beendigung eines Arbeitsverhältnisses, wenn sich nicht ausnahmsweise mangels Kenntnis der anspruchsbegründenden Umstände oder mangels Kenntnis des Arbeitgebers der Eintritt der Verjährung verzögert.

34 Münchener Kommentar-Schwerdtner, § 630, Rdn. 28; Schaub, Arbeitsrechtshandbuch, § 147 Rdn. 16; Schleßmann, S. 123.

35 BAG, NZA 1993, S. 698.

36 Schleßmann, S. 124.

Der Zeugnisanspruch erlischt unabhängig von der Verjährung, wenn es dem zur Zeugnisausstellung Verpflichteten nicht mehr möglich ist, das Zeugnis auszustellen. Im Hinblick auf den Grundsatz der Zeugniswahrheit ist dies bereits dann der Fall, wenn der Arbeitgeber nicht mehr in der Lage ist, ein wahrheitsgemäßes Zeugnis auszustellen.

Die Ausstellung des einfachen Zeugnisses, das lediglich Art und Dauer der Tätigkeit angibt, ist wegen der geringeren Anforderungen in aller Regel auch noch lange Zeit nach Beendigung des Beschäftigungsverhältnisses möglich, sofern die Personalunterlagen noch vorhanden und keine Umstände ersichtlich sind, dass die Personalunterlagen unzutreffende Angaben enthalten.

Das qualifizierte Zeugnis, das auch Angaben zu den Leistungen und der Führung enthalten muss, kann dann nicht mehr ausgestellt werden, wenn der Arbeitgeber und seine mit der Zeugniserteilung befassten Vertreter kein hinreichendes Erinnerungsvermögen über die Führung und Leistung des Arbeitnehmers mehr haben und auch keine verlässlichen schriftlichen Personalunterlagen vorhanden sind, in denen Führung und Leistung des Mitarbeiters festgehalten wurden.

Verwirkung

Auch wenn die Erfüllung des Anspruchs auf Zeugniserteilung noch möglich ist, kann der Anspruch vor Verjährungseintritt bei Verwirkung rechtlich nicht mehr durchgesetzt werden. Zur Verwirkung des Zeugnisanspruches müssen allerdings mehrere Voraussetzungen erfüllt sein.

Der anspruchsberechtigte Arbeitnehmer muss seinen Zeugnisanspruch längere Zeit nicht ausgeübt und dadurch beim Arbeitgeber die Überzeugung hervorgerufen haben, er werde sein Recht nicht mehr geltend machen. Hierauf muss sich der Arbeitgeber eingerichtet haben, außerdem muss ihm die Zeugnisausstellung nach Treu und Glauben unter Berücksichtigung der Umstände des Falles nicht mehr zumutbar sein.[37]

Trotz dieser vom Bundesarbeitsgericht dargelegten hohen Anforderungen hat das Bundesarbeitsgericht einen Zeugnisberichtigungsanspruch zehn Monate nach Erteilung des Zeugnisses als verwirkt angesehen mit der Begründung, der Kläger sei vor der Zeugniserteilung insgesamt dreimal an die Beklagte herangetreten und habe die Ausstellung des Zeugnisses verlangt. Nachdem diesem Verlangen ent-

[37] BAG, DB 1988, S. 1071, BAG, Urteil vom 16.10.2007, 9 AZR 248/07.

sprochen wurde, habe der Arbeitgeber davon ausgehen können, die Sache sei erledigt. Jedenfalls sei diese Überzeugung gerechtfertigt, weil der Arbeitnehmer nach der ersten Beanstandung nach zehn Monaten weitere zwei Jahre verstreichen ließ, nachdem der Arbeitgeber auf seine weitere Mahnung nicht geantwortet hatte. Wer sich innerhalb eines Zeitraums von weniger als einem Jahr dreimal um die Ausstellung eines Zeugnisses mit einem bestimmten Inhalt bemühe, von dem könne man nicht annehmen, dass er mit dem Inhalt des ihm übersandten Zeugnisses nicht einverstanden sei, obwohl er zwei Jahre lang untätig geblieben sei.[38]

Verwirkung kann danach — je nach den besonderen Umständen des Einzelfalles — zu einem recht frühen Zeitpunkt eintreten, insbesondere wenn der Arbeitnehmer zu erkennen gegeben hat, dass er der Zeugniserteilung besondere Bedeutung beimisst.

Keine Verwirkung kann angenommen werden, wenn einem Arbeitnehmer durch die scheinbar günstig klingenden Formulierungen im Zeugnis der falsche Eindruck vermittelt wird, ihm sei ein gutes Zeugnis ausgestellt worden, während ihm tatsächlich für einen Zeugniskundigen ersichtlich schlechte Leistungen attestiert werden. In diesem Fall hat der Zeugnisaussteller die spate Geltendmachung des Berichtigungsanspruchs verursacht und ist nach dem Grundsatz von Treu und Glauben verpflichtet, die Berichtigung des Zeugnisses auch dann vorzunehmen, wenn dies mit besonderen Schwierigkeiten verbunden ist.[39] Erst wenn eine verantwortliche Beurteilung nicht mehr möglich ist, beispielsweise weil keine für die Zeugnisformulierung aussagekräftigen Personalunterlagen vorhanden sind und die Vorgesetzten ausgeschieden sind oder sich nicht mehr mit hinreichender Deutlichkeit an den Arbeitnehmer erinnern, kann Verwirkung eintreten.[40]

Eine feste zeitliche Grenze für den Zeitpunkt der Verwirkung gibt es nicht. Nach der oben zitierten Entscheidung des Bundesarbeitsgerichts sind vielmehr die jeweiligen Umstände des Einzelfalles entscheidend. Dabei kann es eine Rolle spielen, ob der Arbeitnehmer eine untergeordnete Tätigkeit ausübte oder eine viel beachtete Führungsposition innehatte. Daneben ist insbesondere die Länge der Betriebszugehörigkeit bedeutsam. Entscheidend ist auch, ob der unmittelbare Vorgesetzte des Arbeitnehmers noch dem Betrieb angehört und ob der Betrieb eine starke Fluktuation aufweist. Im letzteren Fall ist anzunehmen, dass die wahrheitsgemäße Beurteilung des Arbeitnehmers schneller unmöglich wird und deshalb der Zeugnisanspruch für ein qualifiziertes Zeugnis schneller verwirkt. Dietz nahm

38 BAG, DB 1988, S. 1071.

39 Ähnlich Weuster/Scheer, S. 23.

40 LAG Hamm, Urteil vom 21.12.1993, 4 Sa 1077/93.

früher den Eintritt der Verwirkung spätestens drei bis fünf Jahre nach Beendigung des Arbeitsverhältnisses an[41] und geht nunmehr davon aus, dass der Anspruch auf Erteilung und Berichtigung bei qualifizierten Zeugnissen bereits nach wenigen Monaten verwirkt sein kann.[42]

In der Praxis ist jedoch festzustellen, dass gelegentlich auch Arbeitszeugnisse, die vor fünf oder noch mehr Jahren erstellt wurden, auf Bitten des Arbeitnehmers berichtigt werden. Dies zeigt, dass die Unmöglichkeit oder die Unzumutbarkeit der Zeugnisberichtigung nicht ausschließlich aus der langen Zeitdauer seit der Beendigung des Arbeitsverhältnisses abgeleitet werden kann. Häufig besteht aus der Sicht des Arbeitnehmers auch erst längere Zeit nach der Beendigung des Arbeitsverhältnisses und der Zeugnisausstellung ein konkretes Bedürfnis, die Richtigkeit des erteilten Zeugnisses zu überprüfen. In der Regel spielt das Arbeitszeugnis beim letzten Arbeitgeber für die Bewerbung beim neuen Arbeitgeber keine Rolle, da die Bewerbung vor Beendigung des alten Arbeitsverhältnisses erfolgt. Erst wenn sich der Arbeitnehmer mit dem Gedanken trägt, sein neues Arbeitsverhältnis wieder zu beenden, wird das Zeugnis seines früheren Arbeitgebers bedeutsam. Mancher in der Zeugnissprache unkundige Arbeitnehmer erkennt den Berichtigungsbedarf erst durch kritische Fragen oder Hinweise in späteren Vorstellungsgesprächen.[43] Es ist deshalb nicht ungewöhnlich und rechtfertigt nicht die Folgerung, das (etwaige) Berichtigungsrecht werde nicht geltend gemacht, wenn ein Arbeitnehmer das ihm ausgestellte Arbeitszeugnis über längere Zeit hinweg nicht beanstandet, zumal die zutreffende Beurteilung eines Zeugnisses für einen Arbeitnehmer nicht immer leicht ist.

Wegen der für das berufliche Fortkommen eines Arbeitnehmers nachteiligen Folgen geht das LAG Hamm davon aus, dass der Anspruch auf Erteilung oder Berichtigung eines Arbeitszeugnisses in aller Regel nicht verwirkt, zumal wirtschaftliche Belange des Arbeitgebers nicht berührt werden, für den Arbeitnehmer jedoch erhebliche finanzielle Belange auf dem Spiel stehen.[44] Der Entscheidung des LAG Hamm ist zuzustimmen. Es wäre auch mit der Fürsorgepflicht des Arbeitgebers nicht vereinbar, die noch mögliche Berichtigung eines fehlerhaften Arbeitszeugnisses als verwirkt zu verweigern und dadurch eine wesentliche Ursache aufrechtzuerhalten, die (vielleicht) zur lang andauernden Arbeitslosigkeit führt.

41 Dietz, Arbeitszeugnisse ausstellen und beurteilen, 2. Aufl. 1986, S. 14, Fußnote 5.

42 Dietz, Arbeitszeugnisse ausstellen und beurteilen, 11. Aufl. 1999, S. 14.

43 Weuster/Scheer S. 23.

44 LAG Hamm, Urteil vom 21.12.1993, 4 Sa 1077/93.

Ausschlussfristen

Der Zeugnisanspruch kann außer wegen Verjährung, Verwirkung oder Unmöglichkeit auch aufgrund einer tariflichen oder vertraglichen Ausschlussfrist erlöschen. Tarifliche Ausschlussklauseln, die in der Regel, wenn sie nicht auf bestimmte Ansprüche beschränkt sind, auch Zeugnisansprüche umfassen[45], und allgemein gehaltene vertragliche Ausschlussklauseln, die Zeugnisansprüche jedoch nicht ohne weiteres umfassen[46], sehen oft sehr kurze Fristen vor, innerhalb derer ein Anspruch außergerichtlich oder gerichtlich geltend gemacht werden muss.

Verzicht

Der Arbeitnehmer kann nicht vor Beendigung des Arbeitsverhältnisses auf den Anspruch auf Zeugniserteilung verzichten. Ob nach der Beendigung des Arbeitsverhältnisses ein Verzicht rechtlich möglich ist, bedarf noch der abschließenden Klärung. Vom Bundesarbeitsgericht wurde diese Frage bisher offen gelassen.[47] Zumindest wenn der Arbeitnehmer sich über die Bedeutung des Verzichts bewusst ist und dem Zeugnis auch keine besondere Bedeutung für den künftigen Berufsweg zukommt, dürfte ein Verzicht jedoch wirksam sein.[48]

1.8 Gerichtliche Geltendmachung des Zeugnisanspruchs

Wenn der Arbeitgeber den Anspruch auf Zeugniserteilung nicht oder nicht ordnungsgemäß erfüllt, kann der Arbeitnehmer auf Ausstellung oder auf Berichtigung des Zeugnisses vor dem Arbeitsgericht klagen.

Vom Bundesarbeitsgericht wird der Berichtigungsanspruch als Erfüllungsanspruch auf Erteilung eines richtigen Zeugnisses angesehen. Ausgehend hiervon wurde dem Arbeitgeber die Darlegungs- und Beweislast für die Richtigkeit des ausgestellten Arbeitszeugnisses auferlegt[49] mit der Begründung: Trotz des bereits aus-

[45] Vgl. BAG, AP Nr.18 zu § 630 BGB; BAG AP Nr.10 zu § 70 BAT; Schleßmann, S. 148.

[46] BAG, DB 1975, S. 155; EzA § 630 BGB Nr. 5.

[47] BAG, EzA § 630 BGB Nr. 5.

[48] Wolf, Gemeinschaftskommentar zum gesamten Kündigungsrecht, Grundsätze, Rdn. 547.

[49] BAG, AP § 73 HGB Nr. 1; AP § 630 BGB Nr. 12; LAG Hamm, Urteil vom 16.3. 1989, 12 Sa 1149/88.

gestellten Arbeitszeugnisses könne der Arbeitnehmer zunächst einwenden, der Anspruch auf Zeugniserteilung sei nicht ordnungsgemäß erfüllt. Der Arbeitgeber müsse dann nachweisen, dass das bereits ausgestellte Arbeitszeugnis ordnungsgemäß sei. Gegen die dem Arbeitgeber auferlegte Beweislast könne auch die Schwierigkeit der Beweisführung für den Arbeitgeber nicht angeführt werden, da der Arbeitnehmer, wenn er das Nichtvorhandensein der vom Arbeitgeber im Zeugnis behaupteten Tatsachen und Bewertungen beweisen solle, in weitaus größere Beweisnot geraten müsse.[50]

Nach dem Urteil des Bundesarbeitsgerichts vom 14.10.2003 hat der Arbeitgeber jedoch nur dann die seiner Beurteilung zugrunde liegenden Tatsachen darzulegen und zu beweisen, wenn die Benotung im Arbeitszeugnis unterdurchschnittlich ist. Der Arbeitnehmer trägt nach diesem Urteil die Beweislast, wenn er eine bessere Benotung als „zur vollen Zufriedenheit", das bedeutet befriedigend oder durchschnittlich, erreichen will.[51]

Von diesem Grundsatz ist das Landesarbeitsgericht Berlin-Brandenburg durch Urteil vom 21.03.2013 abgewichen.[52] Nach einer Studie der Universität Erlangen-Nürnberg aus dem Jahr 2011 seien von 802 ausgewerteten Arbeitszeugnissen 87,3 % den Leistungsbewertungen 1 bis 2,5 zuzuordnen. Vor diesem Hintergrund könne nicht mehr davon ausgegangen werden, dass es sich bei einer befriedigenden Leistungsbewertung nach dem heutigen Verständnis des Wirtschaftslebens um eine durchschnittliche Beurteilung handelt, vielmehr sei die Note „gut" zum Durchschnitt geworden. Daher sei die Darlegungs- und Beweislast für eine befriedigende Leistungsbewertung dem Arbeitgeber als Schuldner des Zeugnisanspruchs aufzuerlegen. Gegen das Urteil des Landesarbeitsgerichts Berlin-Brandenburg wurde Revision beim Bundesarbeitsgericht[53] eingelegt. Sollte sich das Bundesarbeitsgericht der Auffassung des Landesarbeitsgerichts Berlin-Brandenburg anschließen, wird aus Beweisgründen der Grundsatz der Zeugniswahrheit noch mehr in den Hintergrund treten. Vor allem kleine und mittlere Betriebe werden einem Arbeitnehmer auch bei einer befriedigenden Arbeitsleistung gute Leistungen bescheinigen, weil sie einen Zeugnisrechtsstreit mit ungewissem Ausgang nicht riskieren wollen. Damit werden Arbeitszeugnisse weiter entwertet. Ein potentieller Arbeitgeber kann sich bei der Bewerberauswahl kaum noch auf die vorgelegten Arbeitszeugnisse stützen und wird im Zweifel nur noch die Bewerber mit sehr guten Zeugnissen in die nähere Auswahl einbeziehen.

[50] BAG, AP § 73 HGB Nr.1.

[51] BAG, Urteil vom 14.10.2003, 9 AZR 12/03.

[52] LAG Berlin-Brandenburg, Urteil vom 21.03.2013, 18 Sa 2133/12

[53] BAG, 9 AZR 584/13

Für ein Verfahren vor dem Arbeitsgericht ist es nicht erforderlich, dass ein Anwalt als Prozessbevollmächtigter beauftragt wird. Sowohl der Arbeitnehmer als auch der Arbeitgeber oder ein Angestellter des Arbeitgebers, beispielsweise der Personalleiter, können den Prozess selbst führen. Arbeitgeber können sich auch von ihrem Arbeitgeberverband im Arbeitsgerichtsverfahren vertreten lassen, Arbeitnehmer von ihrer Gewerkschaft.

Eingeleitet wird der Arbeitsgerichtsprozess durch die Klageschrift. Bei den Arbeitsgerichten sind Rechtsantragsstellen eingerichtet, bei denen jedermann vorsprechen und die Klageschrift unter Berücksichtigung der gesetzlichen Vorgaben formulieren lassen kann. Eingeklagt werden kann die Ausstellung eines einfachen oder eines qualifizierten Zeugnisses oder auch die Ausstellung eines Zeugnisses mit einem bestimmten Inhalt. Verlangt ein Arbeitnehmer einen bestimmten Zeugnisinhalt, muss im Klageantrag genau bezeichnet werden, was und in welcher Form das von ihm gewünschte Zeugnis enthalten soll.[54] Der konkrete Inhalt des Zeugnisses muss danach dem Klageantrag zu entnehmen sein.

Die Klageschrift wird der Partei, die verklagt wird, zugestellt. Mit der Zustellung der Klageschrift wird gleichzeitig ein Gütetermin angesetzt. In diesem Gütetermin hat der Richter die Aufgabe, unter Berücksichtigung des gegenseitigen Vorbringens der Parteien einen Vorschlag zur gütlichen Einigung zu unterbreiten. Bei einem Streit über ein Zeugnis wird der Richter versuchen, einen Kompromissvorschlag zu erarbeiten, der konsensfähig ist, wobei die jeweiligen Parteien Änderungsvorschläge unterbreiten können.

Wenn eine Einigung zustande kommt, ist der Rechtsstreit beendet. Falls keine Einigung zustande kommt, wird ein erneuter Gerichtstermin angesetzt. In diesem Gerichtstermin wird, wenn es hierauf ankommt, eine Beweisaufnahme durchgeführt. Nach dem Gerichtstermin wird das Gericht in der Regel über die Klage entscheiden und entweder die Klage abweisen oder der Klage ganz oder teilweise stattgeben, d. h. bei einem Zeugnisverfahren einen Arbeitgeber gegebenenfalls zur Ausstellung oder zur Korrektur eines Zeugnisses verurteilen.

Kosten

Die Kosten, die im Arbeitsgerichtsverfahren entstehen, hängen nach der gesetzlichen Regelung von dem so genannten Gegenstandswert ab. Als Gegenstandswert bei Klagen auf Erteilung oder Berichtigung eines Arbeitszeugnisses wird von

[54] So BAG, Urteil vom 14.3.2000, 9 AZR 246/99.

den Arbeitsgerichten üblicherweise ein Betrag in Höhe eines Monatsgehaltes angesetzt, das der Arbeitnehmer von dem Arbeitgeber erhielt, den er verklagt. In der Regel entstehen nach der seit dem 1.7.2004 geltenden Rechtslage in einem Zeugnisverfahren 3,5 Anwaltsgebühren, in Ausnahmefällen können es auch nur 2,5 Gebühren sein, jeweils zzgl. Umsatzsteuer und einer Auslagenpauschale von 20 Euro zzgl. Umsatzsteuer. Die eigenen Anwaltsgebühren müssen in der ersten Instanz von jeder Partei selbst getragen werden, auch wer voll obsiegt, erhält seine erstinstanzlichen Anwaltsgebühren von der unterlegenen Partei nicht ersetzt. Die voraussichtlich entstehenden Anwaltsgebühren ergeben sich aus den nachstehenden Tabellen:

Tabelle: Anwaltsgebühren

Bruttomonatsgehalt (in Euro)	2,5 Anwaltsgebühren ca. (in Euro)	3,5 Anwaltsgebühren ca. (in Euro)
500,–	160,–	210,–
1.000,–	260,–	360,–
1.500,–	370,–	500,–
2.000,–	470,–	650,–
3.000,–	620,–	860,–
4,000,–	780,–	1.100,–
5.000,–	930,–	1.300,–

Auch für die Höhe der Gerichtskosten ist der Gegenstandswert maßgeblich. Die Höhe dieser Gerichtskosten, die je nach Ausgang des Verfahrens anteilig von beiden Parteien oder von einer Partei alleine getragen werden muss, ist der nachfolgenden Tabelle zu entnehmen. Zu berücksichtigen ist allerdings, dass dann keine Gerichtskosten entstehen, wenn das Verfahren ohne Kammerverhandlung oder durch einen gerichtlichen Vergleich beendet wird, was sehr häufig vorkommt.

Tabelle: Gerichtskosten

Bruttomonatsgehalt (in Euro)	Gerichtsgebühr (in Euro
500,–	70,00
1.000,–	106,00
1.500,–	142,00
2.000,–	178,00
3.000,–	216,00
4.000,–	254,00
5.000,–	292,00

1.9 Schadensersatz und Entschädigung

Die unterlassene, die unrichtige und die unvollständige Zeugniserteilung können zu einer Schadensersatz- und Entschädigungspflicht des Arbeitgebers führen.

Ansprüche des Arbeitnehmers gegen den Arbeitgeber

Der Arbeitnehmer kann einen Schadensersatz- und Entschädigungsanspruch gegen den Arbeitgeber herleiten

- aus Verzug (§ 286 BGB) wegen Nichterfüllung, Nichterteilung oder verspäteter Erteilung des Zeugnisses,
- aus § 280 BGB wegen unvollständiger oder unrichtiger Zeugniserteilung,
- aus § 15 AGG wegen Erteilung eines Zeugnisses mit benachteiligenden Formulierungen.

Verletzt der Arbeitgeber schuldhaft seine Pflicht, dem Arbeitnehmer rechtzeitig ein ordnungsgemäßes Zeugnis zu erteilen, haftet er dem Arbeitnehmer für den Minderverdienst, der diesem dadurch entsteht, dass er bei Bewerbungen kein ordnungsgemäßes Zeugnis vorweisen kann.[55] Voraussetzung für einen Schadensersatzanspruch aus Verzug ist jedoch, dass der Arbeitnehmer sein Wahlrecht zwischen einem einfachen und einem qualifizierten Arbeitszeugnis ausgeübt und - bei Nichterteilung des Zeugnisses - die Ausstellung gegenüber dem Arbeitgeber angemahnt hat.[56] Nur ausnahmsweise ist eine Mahnung nicht erforderlich (§286 Abs. 2 BGB). Darüber hinaus haftet der Arbeitgeber auch ohne Verschulden bei einem Verstoß gegen das Benachteiligungsverbot. Nach den Vorschriften des AGG hat der Arbeitnehmer in diesem Fall Anspruch auf eine angemessene Entschädigung, die allerdings drei Monatsgehälter nicht übersteigen darf. Welcher Verstoß gegen das Benachteiligungsverbot zu welcher Höhe einer Entschädigungszahlung führt, ist noch nicht abschließend geklärt. Ein Anhaltspunkt hierfür lässt sich der ständigen Rechtsprechung des Europäischen Gerichtshofes entnehmen, wonach eine Entschädigung geeignet sein muss, eine wirklich abschreckende Wirkung gegenüber dem Arbeitgeber zu erzielen und auf jeden Fall in einem angemessenen Verhältnis zum erlittenen Schaden zu stehen hat.[57] So wird z. B. eine erhöhte Entschädigung wohl dann geboten sein, wenn ein Arbeitnehmer aufgrund mehrerer Formulierungen unzulässig benachteiligt wurde.

---

[55] BAG, EzA § 73 HGB Nr. 2; LAG Hamburg, Urteil vom 25.1.1994, 2 Sa 98/93.

[56] BAG, Urteil vom 12.02.2013, 3 AZR 120/11

[57] EuGH, Urteil vom 22.4.1997, RS C-180/95.

Grundsätzlich hat der Arbeitnehmer die Voraussetzungen des Schadensersatzanspruches zu beweisen. Insbesondere muss er nachweisen, dass ihm wegen der verspäteten oder nicht ordnungsgemäßen Erteilung des Zeugnisses ein Schaden entstanden ist.

Vom Bundesarbeitsgericht wurde hierzu 1967 entschieden, es gebe auch bei leitenden Angestellten keinen Erfahrungssatz, wonach das Fehlen des Zeugnisses die Ursache für den Misserfolg von Bewerbungen um einen Arbeitsplatz gewesen sei. Der Arbeitnehmer müsse deshalb in einem solchen Fall darlegen und im Streitfall beweisen, dass ein bestimmter Arbeitgeber bereit gewesen sei, ihn einzustellen, sich aber dann wegen des fehlenden Zeugnisses davon habe abhalten lassen.[58]

Demgegenüber stellte sich das Bundesarbeitsgericht im Jahre 1977 auf den Standpunkt, wenn der Arbeitnehmer in der Lage gewesen wäre, bei seinen Bewerbungen ein anderes Zeugnis vorzulegen, wären seine Aussichten auf einen neuen Arbeitsplatz sicherlich größer gewesen. Fehle es für eine gewisse Zeit an einem durch Zeugnis zu erbringenden Nachweis über die bisherigen Beschäftigungen, müsse der Arbeitnehmer mit Nachteilen bei Bewerbungen rechnen.[59]

Bereits 1976 war von demselben Senat des Bundesarbeitsgerichts festgestellt worden, für den Nachweis, dass ein Minderverdienst auf die Verletzung der Pflicht zur ordnungsgemäßen Zeugniserteilung zurückzuführen sei, komme dem Arbeitnehmer die Darlegungs- und Beweiserleichterung nach § 252 Satz 2 BGB zugute. Danach gilt der Verdienst als entgangen, der nach dem gewöhnlichen Lauf der Dinge oder nach den besonderen Umständen mit Wahrscheinlichkeit erwartet werden kann. Außerdem könne das Gericht nach § 287 Abs. 1 ZPO beurteilen, ob die Voraussetzungen von § 252 Satz 2 BGB vorliegen.[60] Gem. § 287 Abs. 1 ZPO kann ein Gericht unter Würdigung aller Umstände nach freier Überzeugung entscheiden, ob und in welcher Höhe ein Schaden entstanden ist.

Dementsprechend braucht ein Arbeitnehmer nur die Umstände darzulegen und im Rahmen von § 287 Abs. 1 ZPO zu beweisen, aus denen sich nach dem gewöhnlichen Verlauf der Dinge oder den besonderen Umständen des Falles die Wahrscheinlichkeit des entgangenen Verdienstes ergibt.[61] Dabei dürfen keine zu strengen Anforderungen gestellt werden.[62]

58 BAG, EzA § 73 HGB Nr. 1.

59 BAG, AP § 630 BGB Nr. 12.

60 BAG, EzA § 73 HGB Nr. 2.

61 Palandt-Heinrichs, § 252 Rdn. 4; BGH NJW 1964, S. 622.

62 Palandt-Heinrichs, § 252 Rdn. 4; BAG NJW 1972, S. 1437.

Dargelegt werden müssen die tatsächlichen Grundlagen für die vom Gericht vorzunehmende Schätzung. Ausreichend kann sein, dass ein bestimmter Arbeitgeber ernsthaft an der Einstellung des Arbeitnehmers interessiert war und die Zeugnisfrage zur Sprache gebracht wurde.[63]

Bei Verstoß gegen das Benachteiligungsverbot des AGG ist ein Abweichen vom Grundsatz, dass der Arbeitnehmer die Voraussetzungen des Schadensersatz- und Entschädigungsanspruches zu beweisen hat, möglich. Ist der Arbeitnehmer dem ersten Anschein nach benachteiligt und hat er auf Grund der spezifischen Situation kein wirksames Mittel, um seine Rechte durchzusetzen, kann sich die Beweislast zu seinen Gunsten umkehren. Es ist dann Sache des Arbeitgebers, nachzuweisen, dass kein Verstoß gegen das Benachteiligungsverbot vorliegt. Schadensersatz- und Entschädigungsansprüche nach dem AGG müssen, damit sie nicht verfallen, innerhalb von zwei Monaten schriftlich geltend gemacht werden, es sei denn, von den Tarifvertragsparteien wurde etwas anderes vereinbart. Die Frist beginnt, wenn der oder die Benachteiligte von der Benachteiligung Kenntnis erlangt, im Falle einer Bewerbung oder eines beruflichen Aufstiegs mit dem Zugang der Ablehnung.

Ansprüche des neuen Arbeitgebers gegen den alten Arbeitgeber

Gegenüber dem neuen Arbeitgeber kann der alte Arbeitgeber wegen unrichtiger Zeugniserteilung nach § 826 BGB Schadensersatzpflichtig werden. § 826 BGB setzt jedoch zumindest bedingten Vorsatz voraus; Fahrlässigkeit allein genügt nicht. Ein derartiger Schädigungsvorsatz dürfte selten vorliegen und kaum zu beweisen sein.

Vom Bundesgerichtshof wurde daneben angenommen, dass ein Dienstzeugnis für denjenigen, den es später angeht, eine nach Treu und Glauben unerlässliche Mindestgewähr für die Richtigkeit des Zeugnisses beinhalte. Die Wahrheits-, und bei ursprünglich unzutreffender Zeugnisausstellung, die Berichtigungspflicht beschränke sich allerdings auf die Punkte, die die Verlässlichkeit des Zeugnisses in ihrem Kern berühren. Darüber hinaus bestehe keine Gewährübernahme, wenn dem Aussteller die Unrichtigkeit des ausgestellten Zeugnisses durch bloße Nachlässigkeit nicht bewusst geworden sei und von ihm auch nachträglich nicht erkannt werde.

Erkennt ein Zeugnisaussteller jedoch, dass das zunächst in gutem Glauben ausgestellte Zeugnis grob unrichtig ist, und wird ihm zusätzlich bekannt, dass ein Dritter auf das Zeugnis vertraut hat und dadurch schweren Schaden zu nehmen droht,

[63] BAG, Urteil vom 16.11.1995, 8 AZR 983/94.

ist der Zeugnisaussteller auch nachträglich noch verpflichtet, den Adressaten des Zeugnisses über die Unrichtigkeit zu unterrichten, wenn keine tatsächlichen Schwierigkeiten oder billigenswerten Rücksichten der umgehenden Warnung des Dritten entgegenstehen.[64]

Der Zeugnisaussteller kann gegenüber dem neuen Arbeitgeber schadensersatzpflichtig werden, wenn er schuldhaft gegen die Mindestgewähr des Zeugnisses verstößt. Die Mindestgewähr beschränkt sich auf bedeutsame Vorkommnisse, die für die Gesamtbeurteilung wesentlich sind, wie z. B. Unterschlagung.

1.10 Das gefälschte Zeugnis

Bewirbt sich ein Arbeitnehmer mit einem von ihm gefälschten Arbeitszeugnis um eine Arbeitsstelle und wird er auf der Grundlage dieses Arbeitszeugnisses eingestellt, kann der Arbeitgeber das Arbeitsverhältnis gem. § 123 BGB wegen arglistiger Täuschung anfechten. Das Anfechtungsrecht besteht selbst dann, wenn der Arbeitgeber erst Jahre nach der Einstellung Kenntnis von der Fälschung erlangt und die Arbeitsleistung des Arbeitnehmers keinen Anlass für Beanstandungen gab.[65] Die rechtliche Situation des Arbeitgebers ist nämlich trotz einer langen Bestandsdauer des Arbeitsverhältnisses beeinträchtigt. Der Arbeitgeber hat ein berechtigtes und schützenswertes Interesse daran, dass die Zeugnisse, die im Rahmen von Bewerbungen vorgelegt werden, die Qualifikation des Bewerbers wahrheitsgemäß wiedergeben. Nur dies ermöglicht einen zuverlässigen und ordnungsgemäßen Vergleich der Bewerber untereinander.

64 BGH, AP § 630 BGB Nr. 13.

65 LAG Baden-Württemberg, Urteil vom 13.10.2006, 5 Sa 25/06.

2 Zeugnisinhalt

2.1 Arten des Zeugnisses

Einfaches Zeugnis

Beim einfachen Zeugnis wird lediglich die Art des Dienstverhältnisses und dessen Dauer bestätigt. Aussagen über die Leistung und die Führung sind im einfachen Zeugnis nicht enthalten.

Aufgenommen werden muss die Person des Arbeitnehmers mit Namen und Vornamen. Anschrift und Geburtsdatum sind nur mit Einverständnis des Arbeitnehmers aufzunehmen. Die Art der Beschäftigung ist so vollständig und genau anzugeben, dass sich ein Dritter hierüber ein Bild machen kann[66]. Allgemeine Angaben sind dann nicht ausreichend, wenn der Arbeitnehmer mit Sonderaufgaben befasst war.[67]

Als Dauer der Beschäftigung ist die rechtliche Dauer des Arbeitsverhältnisses anzugeben, d. h. bis zu dem Zeitpunkt, in dem die Kündigung wirksam bzw. das Beschäftigungsverhältnis aufgelöst wird. Kürzere Unterbrechungen wie Urlaub, Krankheit usw. sind nicht anzugeben.[68]

Qualifiziertes Zeugnis

Das qualifizierte Zeugnis enthält außer Angaben über Art und Dauer des Beschäftigungsverhältnisses Ausführungen über die Führung und Leistung. Dabei sollen die Führung und Leistung während der gesamten Dauer des Beschäftigungsverhältnisses beurteilt werden.

66 BAG, AP § 630 BGB Nr. 11.

67 Münchener Kommentar – Schwerdtner, § 630 Rdn. 26.

68 Schaub, Arbeitsrechtshandbuch, § 147 Rdn. 18.

Wahlrecht

Dem Arbeitnehmer steht das Wahlrecht zu, ob er ein einfaches oder ein qualifiziertes Zeugnis wünscht. Ein ohne seinen Wunsch ausgestelltes qualifiziertes Zeugnis kann er zurückweisen.[69] Wurde auf Wunsch des Arbeitnehmers ein qualifiziertes Zeugnis erteilt, kann er nicht nachträglich ein einfaches Zeugnis verlangen.[70] Entsprechendes gilt im umgekehrten Fall oder im Fall, dass der Arbeitnehmer es dem Arbeitgeber überlässt, ob ein einfaches oder ein qualifiziertes Zeugnis erteilt wird.[71]

Der gesamte Wortlaut des Zeugnisses steht zunächst im Ermessen des Arbeitgebers.[72] Der Arbeitgeber darf bei gleicher Beurteilungsgrundlage seine im Zwischenzeugnis zum Ausdruck gebrachten Beurteilungen im Schlusszeugnis allerdings nicht ändern.[73]

Im Zeugnis müssen alle wesentlichen Tatsachen und Bewertungen angegeben werden, die für die Gesamtbeurteilung des Beschäftigten von Bedeutung und für Dritte von Interesse sind.[74]

Einmalige Vorfälle oder Umstände, die für den Arbeitnehmer und seine Führung und Leistungen nicht charakteristisch sind, dürfen nicht in das Zeugnis aufgenommen werden.

Das außerdienstliche Verhalten des Beschäftigten darf im Zeugnis nur erwähnt werden, wenn es sich dienstlich auswirkt (z. B. Trunk- oder Drogensucht).

Die Formulierung des Arbeitszeugnisses steht im pflichtgemäßen Ermessen des Arbeitgebers. In diesem Rahmen ist der Arbeitgeber in der Wortwahl und der Satzstellung frei. Ihm steht bei der Abfassung des Zeugnisses auch ein Beurteilungsspielraum zu.[75] Gebunden ist der Arbeitgeber allerdings grundsätzlich an Beurteilungen in einem bereits ausgestellten Zeugnis. Der Zeugnisaussteller ist bei der Erteilung eines berichtigten Zeugnisses nicht berechtigt, das Verhalten schlechter zu beurteilen als in dem zunächst erteilten Zeugnis. Anderes gilt nur dann, wenn

69 Münchener Kommentar — Schwerdtner, § 630 Rdn. 22.

70 Erfurter Kommentar zum Arbeitsrecht - Müller-Glöge, 320 GewO Rdn. 6

71 Sächsisches LAG, Urteil vom 26.3.2003, 2 Sa 875/02.

72 BAG, Urteil vom 14.3.2000, 9 AZR 246/99.

73 BAG, Urteil vom 16.10.2007, 9 AZR 248/07.

74 BAG, AP §73 HGB Nr. 1; AP §630 BGB Nr. 11; Schaub, Arbeitsrechthandbuch, § 147 Rdn. 21.

75 LAG Düsseldorf, Urteil vom 12.3.1986, 15 Sa 13/86, LAGE, § 630 Nr.2.

dem Arbeitgeber nachträglich Umstände bekannt geworden sind, die das Verhalten des Arbeitnehmers in einem anderen Licht erscheinen lassen.[76]

Zwischenzeugnis

Das Zwischenzeugnis entspricht inhaltlich dem Endzeugnis mit dem Unterschied, dass das Beschäftigungsverhältnis weiterhin besteht. An der Erteilung eines Zwischenzeugnisses kann der Arbeitnehmer beispielsweise bei Versetzung oder bei Wechsel des Vorgesetzten ein besonderes berechtigtes Interesse haben. Durch das Zwischenzeugnis ergibt sich eine gewisse Selbstbindung des Arbeitgebers[77], die es dem Arbeitgeber verwehrt, im Endzeugnis von der Beurteilung im Zwischenzeugnis abzuweichen, wenn sich nach der Ausstellung des Zwischenzeugnisses keine neuen Gesichtspunkte ergeben. Dies gilt selbst dann, wenn dem Arbeitnehmer aus Anlass einer Betriebsveräußerung ein Zwischenzeugnis erteilt wird. Nach dem Betriebsübergang ist der neue Arbeitgeber im Endzeugnis an die Beurteilung des früheren Arbeitgebers im Zwischenzeugnis gebunden.[78]

Arbeitsbescheinigung

Die für das Arbeitsamt ausgestellte Arbeitsbescheinigung ist kein Arbeitszeugnis.

Zur Ausstellung der Arbeitsbescheinigung ist der Arbeitgeber nach § 312 SGB III bei Beendigung eines Beschäftigungsverhältnisses verpflichtet. Sie muss alle Tatsachen enthalten, die für die Entscheidung über den Anspruch auf Arbeitslosengeld erheblich sein können, insbesondere die Art der Tätigkeit des Arbeitnehmers, Beginn, Ende, Unterbrechungen und Grund für die Beendigung des Beschäftigungsverhältnisses sowie die Höhe des Arbeitentgelts und die sonstigen Leistungen, die der Arbeitnehmer erhalten oder zu beanspruchen hat. Will der Arbeitnehmer für die Zeit nach Beendigung des Beschäftigungsverhältnisses kein Arbeitslosengeld beantragen, braucht der Arbeitgeber nur Beginn, Ende und Unterbrechungen des Beschäftigungsverhältnisses zu bescheinigen.

Für die Ausstellung der Arbeitsbescheinigung muss der von der Bundesanstalt für Arbeit hierfür vorgesehene Vordruck verwandt werden. Die Arbeitsbescheinigung ist dem Arbeitnehmer bei Beendigung des Beschäftigungsverhältnisses auszuhän-

[76] BAG, Urteil vom 21.6.2005, 9 AZR 352/04.

[77] LAG Hamm, Urteil vom 28.8.1997, 4 Sa 1926/96.

[78] BAG, Urteil vom 16.10.2007, 9 AZR 248/07.

digen. Auf die Erteilung der Arbeitsbescheinigung hat der Arbeitnehmer einen vor dem Arbeitsgericht einklagbaren Anspruch.

Der Anspruch auf Berichtigung einer bereits ausgestellten Arbeits-bescheinigung muss nicht beim Arbeitsgericht, sondern beim Sozialgericht geltend gemacht werden.[79]

Stationszeugnisse für Referendare

Stationszeugnisse, die Referendaren im Rahmen ihrer Ausbildung erteilt werden, sind keine Arbeitszeugnisse.

Während Arbeitszeugnisse dem Zweck dienen, als Bewerbungsunterlage anderen Arbeitgebern vorgelegt zu werden, werden Stationszeugnisse zu Prüfungszwecken erteilt. Wegen dieser unterschiedlichen Zweckbestimmung ist die Rechtsprechung der Arbeitsgerichte zur wohlwollenden Gestaltung von Zeugnissen auf Stationszeugnisse nicht übertragbar. Stationszeugnisse dürfen daher die deutliche Benennung und Bewertung negativer Ausbildungsleistungen enthalten, wenn ein entsprechender Anlass gegeben ist. Auch der Umstand, dass Stationszeugnisse, z. B. von ehemaligen Rechtsreferendaren, entgegen Zweckbestimmung potentiellen Arbeitgebern in Bewerbungsverfahren vorgelegt werden, rechtfertigt keine andere Beurteilung.[80]

2.2 Wahrheit und wohlwollende Beurteilung

Der Inhalt des Arbeitszeugnisses hat zwei Geboten gerecht zu werden:

- der Zeugniswahrheit und
- der wohlwollenden Beurteilung durch den Arbeitgeber.

Oberster Grundsatz für die Zeugniserteilung stellt die Wahrheit der Beurteilung dar. Das Zeugnis darf deshalb nur Tatsachen, dagegen keine Behauptungen, Annahmen oder Verdachtsmomente enthalten.[81]

[79] BAG, DB 1989, S. 587.

[80] VGH Kassel, Beschluss vom 26.10.2007, AZ.: 8 TP 1731/07, NJW 2008/1608f.

[81] Schaub, Arbeitsrechtshandbuch, §147 Rdn. 28.

Außerdem ist der Arbeitgeber verpflichtet, bei der Zeugniserteilung den wohlwollenden Maßstab eines verständigen Arbeitgebers zugrunde zu legen und dem Arbeitnehmer das Fortkommen nicht unnötig zu erschweren.[82]

Der Maßstab der wohlwollenden Beurteilung bei der Zeugnisformulierung steht in einem gewissen Kontrast zur Wahrheitspflicht.[83] Die Verpflichtung zur Ausstellung eines wohlwollenden Zeugnisses ist deshalb wegen des Vorrangs zur Wahrheitspflicht begrenzt.

Der notwendige Inhalt des Arbeitszeugnisses ergibt sich nach dem Bundesarbeitsgericht aus der zweiseitigen Zielsetzung des Zeugnisses[84]:

- Es soll einerseits dem Arbeitnehmer als Unterlage für eine neue Bewerbung dienen. Seine Belange sind gefährdet, wenn er unterbewertet wird.
- Andererseits soll das Zeugnis der Unterrichtung eines Dritten dienen, der die Einstellung des Arbeitnehmers in Erwägung zieht; dessen Belange sind gefährdet, wenn der Arbeitnehmer überbewertet wird.

Aus dem notwendigen Ausgleich dieser widerstreitenden Interessen ergibt sich als oberster Grundsatz der Zeugniserteilung der Grundsatz der Zeugniswahrheit. Hieraus ergibt sich des Weiteren, dass das Zeugnis alle wesentlichen Tatsachen und Bewertungen enthalten muss, die für die Gesamtbeurteilung des Arbeitnehmers von Bedeutung sind. Dies schließt jedoch gleichzeitig aus, dass einmalige Vorfälle oder Umstände, die für den Arbeitnehmer, seine Führung und Leistung nicht charakteristisch sind — seien sie vorteilhaft oder nachteilig —, nicht aufgenommen oder verallgemeinert werden dürfen. Weiterhin ist zu berücksichtigen, dass die zweite Zielsetzung des Zeugnisses, die Unterrichtung eines Dritten, nur so weit zu berücksichtigen ist, wie es das Interesse des Dritten erfordert. Aus diesem Grund ist ein Arbeitszeugnis nicht bereits dann sittenwidrig, wenn in diesem Leistungen objektiv zu gut und damit falsch bewertet werden. Etwas anderes gilt jedoch dann, wenn durch die unrichtige Bewertung bei dem potentiellen Arbeitgeber ein falscher Eindruck von der Redlichkeit und Zuverlässigkeit des Bewerbers erweckt wird. In diesem Fall kann der Bewerber nämlich nach der Einstellung auf Grund des unrichtigen Arbeitszeugnisses unter Umständen dem Vermögen oder Eigentum des Arbeitgebers schaden.[85] Der Arbeitgeber darf und muss deshalb wahre Tatsa-

82 BAG, AP § 826 BGB Nr. 10; § 73 HGB Nr. 6; Schaub, Arbeitsrechthandbuch, §146 Rdn. 28; Münchner Kommentar - Schwerdtner, § 630 Rdn. 41.

83 Münchner Kommentar - Schwerdtner, § 630 Rdn. 42.

84 BAG, Urteil vom 23.6.1960, AP §73 HGB Nr. 1

85 LAG Nürnberg, Urteil vom 16.6.2009, 7 Sa 641/08.

chen und Beurteilungen nur insoweit in dem Zeugnis angeben, als ein künftiger Arbeitgeber hieran ein berechtigtes und verständiges Interesse haben kann. Da das Zeugnis auch als Mitteilung an Dritte bestimmt ist und wahr sein muss, darf es weder durch Wortwahl und Satzstellung noch durch Auslassungen zu Irrtümern oder Mehrdeutigkeiten bei Dritten führen. Solche Irrtümer und Mehrdeutigkeiten können dann entstehen, wenn üblicherweise nach der Verkehrssitte aufgenommene Sätze oder die ausdrückliche Bescheinigung bestimmter Fähigkeiten weggelassen werden. Welche Formulierungen und Bescheinigungen üblich sind, richtet sich nach der jeweiligen Branche oder Berufsgruppe.[86] Die Auslassung üblicher Zeugnisinhalte führt bei Dritten regelmäßig zu unberechtigten, unwahren und für den Arbeitnehmer negativen Schlussfolgerungen. Damit würden Sinn und Zweck des Zeugnisses hinfällig werden.[87]

Diese Grundsatzentscheidung des Bundesarbeitsgerichts zur Zeugniswahrheit und zur wohlwollenden Beurteilung ist immer noch aktuell. Das nicht selten zu hörende Argument, auf eine ungünstige Beurteilungsformulierung im Zeugnis sei wegen des Grundsatzes der wohlwollenden Beurteilung verzichtet worden, ist deshalb rechtlich unbegründet.

Im Zweifel tritt der Grundsatz der wohlwollenden Beurteilung hinter dem Grundsatz der Zeugniswahrheit zurück. Darüber hinaus verschleiert das Weglassen einer negativen Beurteilungsformulierung lediglich, dass der Arbeitnehmer schlecht beurteilt wird. Jeder Zeugniskundige erwartet in einem guten Arbeitszeugnis eine gute Leistungsbeurteilung, in einem Durchschnittszeugnis eine durchschnittliche Beurteilung. Fehlt jeglicher Hinweis auf die nach der Verkehrssitte erwartete Leistungsbeurteilung, wird für jeden mit der Zeugnisformulierung vertrauten Leser offensichtlich, dass schlechte Leistungen attestiert werden. Die Auslassungen mögen den Zeugnisaussteller häufig vor sofortigen Beanstandungen des beurteilten Arbeitnehmers bewahren: Der Grundsatz der wahren und wohlwollenden Zeugniserteilung schreibt Auslassungen jedoch nicht vor.

Zeugnis nach Arbeitnehmer-Vorgabe

Der Vorrang der Zeugniswahrheit gilt auch dann, wenn sich der Arbeitgeber im Rahmen eines Prozessvergleichs verpflichtet hat, dem Arbeitnehmer ein pflichtgemäßes qualifiziertes Zeugnis entsprechend einem vom Arbeitnehmer vorzulegenden Entwurf auszustellen. Durch einen solchen Vergleich wird die Formulie-

[86] BAG, Urteil vom 12.8.2008, 9 AZR 632/07.

[87] BAG, Urteil vom 23.6.1960, AP §73 HGB Nr. 1.

rungshoheit auf den Arbeitnehmer übertragen. Dies bedeutet aber nicht, dass der Arbeitgeber den Vorschlag des Arbeitnehmers ungeprüft und ohne jede Änderung übernehmen muss. Verstößt der Zeugnisvorschlag des Arbeitnehmers gegen den Grundsatz der Zeugniswahrheit und Zeugnisklarheit, ist der Arbeitgeber nicht verpflichtet, die Vorgabe des Arbeitnehmers zu übernehmen.[88]

2.3 Einzelfälle zum Zeugnisinhalt

Elternzeit

Ein neuer Arbeitgeber kann ein berechtigtes Interesse daran haben, zu erfahren, ob der Arbeitnehmer während der Dauer des Arbeitsverhältnisses tatsächlich gearbeitet und damit praktische Erfahrungen gewonnen hat oder über einen längeren Zeitraum von der Arbeitspflicht befreit war. Dieses Interesse rechtfertigt die Angabe der Unterbrechung der Beschäftigung durch Elternzeit, wenn die Unterbrechung bezogen auf die Dauer des Arbeitsverhältnisses wesentlich ist.

Als Faustregel kann gelten, dass die Unterbrechung anzugeben ist, wenn sie mindestens die Hälfte der Dauer des Arbeitsverhältnisses ausmacht.[89] Dabei sollte die Elternzeit als Grund für die Unterbrechung der Beschäftigung angegeben werden, um Mutmaßungen über den Grund der Unterbrechung zu vermeiden.

Wehrdienst, Zivildienst

Ebenso wie die Unterbrechung der tatsächlichen Beschäftigung bei der Elternzeit sind auch Unterbrechungen durch Einberufung zum Wehr- oder Zivildienst anzugeben, wenn die Unterbrechungsdauer bezogen auf die Dauer des Beschäftigungsverhältnisses wesentlich ist, d. h. mindestens die Hälfte der Dauer des Arbeitsverhältnisses ausmacht. Anzuführen ist wiederum der Grund der Unterbrechung, um Mutmaßungen zu vermeiden.

[88] BAG, Beschluss vom 9.9.2011, 3 AZB 35/11.

[89] So Schleßmann, S. 66 allgemein zu Unterbrechungen der Beschäftigung; BAG, Urteil vom 10.5.2005, 9 AZR 261/04.

Krankheit

Ein Hinweis auf eine Erkrankung darf im Zeugnis grundsätzlich nicht enthalten sein[90], da Hinweise auf eine Erkrankung den Arbeitnehmer – unabhängig von etwaigen Heilerfolgen – während des ganzen Berufslebens belasten würden. Es ist Sache eines potentiellen Arbeitgebers, bei der Bewerberauswahl im Rahmen des rechtlich zulässigen Fragerechts Krankheiten zu ermitteln und gegebenenfalls eine Einstellungsuntersuchung zu verlangen. Außerdem besteht für Arbeitnehmer eine Offenbarungspflicht, wenn aufgrund der Erkrankung die vorgesehene Tätigkeit nicht ordnungsgemäß ausgeübt werden kann.

Schwerbehinderung

Ebenso wenig wie eine Erkrankung ist eine Schwerbehinderung im Zeugnis anzugeben. Es ist wiederum Sache des künftigen Arbeitgebers, im Rahmen seines Fragerechts Behinderungen zu erfragen. Etwas anderes kann allenfalls bei erkennbaren Behinderungen gelten oder wenn der Behinderte den Hinweis auf die Behinderung wünscht, beispielsweise verbunden mit dem Hinweis, dass er seinen Aufgaben trotz der Behinderung in vollem Umfang nachgekommen ist.[91]

Vertragsbruch

Nach dem Urteil des Landesarbeitsgerichts Köln vom 8.11.1989[92] darf im Zeugnis nicht erwähnt werden, dass ein Arbeitnehmer unter Vertragsbruch ausscheidet, wenn das vertragsbrüchige Verhalten für den Arbeitnehmer nicht charakteristisch oder typisch ist. Die Erwähnung des Vertragsbruches berücksichtige bei der Abwägung zwischen Wahrheitspflicht und Wohlwollen nicht ausreichend, wie entscheidend ein Zeugnis für den Arbeitnehmer, insbesondere für seine berufliche Entwicklung, sein Weiterkommen und die freie Wahl seines Arbeitsplatzes sein könne. Mit der Begründung, der Hinweis auf den Vertragsbruch könne dem Arbeitnehmer im weiteren Verlauf seines Berufslebens zum Verhängnis werden, jedenfalls sein künftiges Fortkommen in konjunkturschwächeren Zeiten erheblich erschweren, hält auch Schleßmann die Erwähnung des Vertragsbruches für nicht rechtmäßig.[93]

---

[90] Vgl. Schleßmann, S. 99; Sächsisches LAG, Urteil vom 30.1.1996, 5 Sa 996/95.

[91] Ähnlich Weuster/Scheer S. 44.

[92] LAGE § 630 Nr. 8.

[93] Schleßmann, S. 83.

Gegen diese Rechtsauffassung bestehen jedoch Bedenken. Wenn ein Vertragsbruch vorliegt, sollte er auch im Zeugnis vermerkt werden können. Es besteht für einen potentiellen Arbeitgeber ein berechtigtes Interesse an der Information, ob ein Bewerber bei einem früheren Arbeitgeber vertragsbrüchig war. Diese zutreffende Information benachteiligt einen Arbeitnehmer auch nicht unangemessen. Zum einen sind auch vom Arbeitnehmer Arbeitsverträge einzuhalten. Zum anderen ist festzustellen, dass Arbeitgeber auf eine Arbeitnehmerkündigung nicht selten mit der Freistellung des Arbeitnehmers reagieren. Von einer besonderen Loyalität des Arbeitnehmers nach Ausspruch einer Kündigung wird von Arbeitgeberseite deshalb in der Regel nicht ausgegangen. Insofern belastet ein zutreffender Hinweis auf einen früheren Vertragsbruch einen Arbeitnehmer nicht übermäßig. Auch die weitere Begründung im Urteil des Landesarbeitsgerichts Köln belegt, dass im Zeugnis ein Hinweis auf den Arbeitsvertragsbruch enthalten sein darf. Im Urteil wird ausgeführt, durch die Entfernung des beanstandeten Satzes (mit dem Hinweis auf den Vertragsbruch) verliere das Zeugnis seine Warnfunktion für einen potentiellen neuen Arbeitgeber nicht, der vor einer vorschnellen Einstellungsentscheidung geschützt werden soll. Der Warnfunktion werde bereits dadurch Rechnung getragen, dass im Zeugnis die Beendigung des Arbeitsverhältnisses zum 15.9. erwähnt werde. Dieser ungewöhnliche Beendungstermin werde einem neuen Arbeitgeber regelmäßig Anlass geben, sich beim früheren Arbeitgeber durch eine Auskunftserteilung über den Beendigungstatbestand rückzuversichern. Damit entfällt jedoch nicht der Hinweis auf den Vertragsbruch. Der konkrete Hinweis wird lediglich ersetzt durch einen allgemein gehaltenen Hinweis, der geeignet ist, vertragstreue Arbeitnehmer, die ebenfalls zu einem ungewöhnlichen Beendigungszeitpunkt ausscheiden, beispielsweise durch einvernehmliche Vertragsauflösung auf Wunsch des Arbeitnehmers, als Vertragsbrüchige abzustempeln.

Aus diesen Gründen ist es auch nicht bedenkenfrei, den Vertragsbruch entsprechend dem Urteil des Landesarbeitsgerichts Hamm mit der Formulierung „scheidet zum 31.12.1983 aus, um sofort eine neue Stelle antreten zu können“, zu umschreiben.[94] Darüber hinaus muss noch berücksichtigt werden, dass die durch den ungewöhnlichen Beendigungszeitpunkt ohne konkreten Hinweis nahegelegte Nachfrage beim früheren Arbeitgeber für den Arbeitnehmer keinesfalls wohlwollend ist. Es ist zu befürchten, dass bei dieser nicht kontrollierbaren Nachfrage der Wohlwollensgrundsatz nicht beachtet wird und etwaige wahrheitswidrige Angaben kaum richtig gestellt werden können.

[94] Vgl. Weuster/Scheer, S. 114.

Fristlose Kündigung

Die Aufnahme des Beendigungsgrundes „fristlose arbeitgeberseitige Kündigung" in ein qualifiziertes Zeugnis ist nach einem Urteil des Landesarbeitsgerichts Düsseldorf vom 22.1.1988 unzulässig, wenn das Datum der Beendigung des Arbeitsverhältnisses im Zeugnis enthalten ist.[95] Begründet wird dies damit, es entspreche zwar objektiv den Tatsachen, dass das Arbeitsverhältnis fristlos gekündigt wurde und diese Kündigung vom Arbeitsgericht rechtskräftig bestätigt wurde. Diese rechtskräftig bestätigte fristlose Kündigung könne jedoch allein durch den ungewöhnlichen Zeitpunkt zum Ausdruck gebracht werden. Der Warnfunktion werde deshalb auch durch das Weglassen des Beendigungstatbestandes Rechnung getragen. Regelmäßig werde nämlich ein an der Einstellung des Arbeitnehmers interessierter Arbeitgeber an dem ungewöhnlichen Beendigungsdatum des Arbeitsverhältnisses Anstoß nehmen und sich beim früheren Arbeitgeber durch eine Auskunft rückversichern.

Diesem Urteil folgend stehen auch Weuster/Scheer[96] auf dem Standpunkt, eine fristlose Kündigung durch den Arbeitnehmer dürfe nicht ausdrücklich erwähnt werden. Es genüge, wenn der Sachverhalt indirekt aus dem ungewöhnlichen Beendigungsdatum hervorgehe. Schleßmann ist der Auffassung, es bestehe kein Anspruch auf der Angabe des Beendigungsgrundes, da dieser Hinweis über den gesetzlich geschuldeten Zeugnisinhalt hinausgehe. Ausgenommen seien die Fälle, in denen es die Fürsorgepflicht gebiete, den Beendigungsgrund anzugeben, wie z.B. bei betriebsbedingten Gründen. Ein Hinweis auf eine fristlose Arbeitgeberkündigung sei unzulässig, bei einer außerordentlichen Kündigung werde der meist ungewöhnliche Zeitpunkt der Beendigung zu Fragen nach dem Grund Anlass geben.[97]

Diesen Auffassungen stehen die oben angeführten Bedenken bei der Parallelproblematik des Vertragsbruches entgegen. Es ist nicht einzusehen, weshalb ein ordnungsgemäß zu einem ungewöhnlichen Beendigungszeitpunkt ausscheidender Arbeitnehmer bei wahrheitsgemäßer Angabe dieses Zeitpunktes im Zeugnis mit dem Stigma behaftet werden soll, er sei vertragsbrüchig gewesen oder habe sich derart verhalten, dass ihn sein früherer Arbeitgeber fristlos kündigen musste. Unter Berücksichtigung des Wahrheitsgrundsatzes und des Wohlwollensgrundsatzes darf der Entlassungsgrund vielmehr als solcher im Zeugnis angeführt werden.[98] Dabei ist unter dem Beendigungsgrund eine Tatsache zu verstehen, aufgrund deren

95 LAGE § 630 Nr. 4.

96 Weuster/Scheer, S. 117.

97 Schleßmann, S. 82 f.

98 Münchener Kommentar – Schwerdtner § 630 Rdn. 45.

ein Arbeitsverhältnis aufgelöst wird. Ob die Auflösung des Arbeitsverhältnisses mit oder ohne Einhaltung der Kündigungsfrist erfolgt, ist demgegenüber kein Beendigungsgrund, der in ein qualifiziertes Zeugnis aufzunehmen ist.

Angegeben werden kann danach der Grund, der zur fristlosen Kündigung geführt hat. Nicht zu erwähnen und wegen des angegebenen Kündigungsgrundes auch überflüssig ist der zusätzliche Hinweis, dass eine fristlose oder außerordentliche Kündigung erfolgte.

Straftat

Straftaten und Strafverfahren sind für ein Zeugnis nur von Belang, wenn sie mit dem Arbeitsverhältnis in Verbindung stehen. In diesem Fall (z. B. Untreue, Unterschlagung oder Diebstahl zum Nachteil des Arbeitgebers oder der Kollegen, bei Trunkenheitsfahrt mit einem Dienstfahrzeug oder bei einer sittlichen Verfehlung eines Heimleiters) muss im Arbeitszeugnis ein Hinweis aufgenommen werden, andernfalls kann sich der Arbeitgeber, falls der Arbeitnehmer beim neuen Arbeitgeber wiederum straffällig werden sollte, sogar Schadensersatzpflichtig machen.[99]

Straftat muss nachgewiesen sein

Allerdings darf der Hinweis grundsätzlich nur erfolgen, wenn die Straftat nachgewiesen ist, entweder durch gerichtliche Entscheidung, durch nachweisbare eindeutige Fakten oder durch ein Geständnis. Ist zum Zeitpunkt der Zeugniserteilung ein Ermittlungsverfahren wegen einer gravierenden Straftat mit dienstlicher Auswirkung anhängig, kann im Arbeitszeugnis auch ein Hinweis auf das Ermittlungsverfahren aufgenommen werden.[100] Bestätigt sich im Ermittlungsverfahren der Verdacht nicht, steht dem Arbeitnehmer mit Einstellung des Ermittlungsverfahrens jedoch ein Anspruch auf Streichung des Hinweises auf das Ermittlungsverfahren zu.

Mit Recht weist Schleßmann darauf hin, dass die Erwähnung einer Straftat im Arbeitszeugnis mit dem Amnestiegedanken, der insbesondere im Bundeszentralregistergesetz zum Ausdruck kommt, kollidiert.[101] Im Bundeszentralregister (Vorstrafenregister) werden alle rechtskräftigen Verurteilungen der Strafgerichte

---

99 Schleßmann, S. 102; Weuster/Scheer, S. 110.

100 So BAG im Urteil vom 5.8.1976, BB 1977, wegen des Verdachts unsittlicher Handlungen eines Heimleiters; a.A. LAG Düsseldorf, Urteil vom 03.05.2005, 3 Sa 359/05.

101 Vgl. Schleßmann, S. 102.

vermerkt, allerdings werden diese Eintragungen nach Ablauf bestimmter Fristen, die von der Höhe der gerichtlich verhängten Strafe abhängen, wieder getilgt. Dabei ist in § 51 des Bundeszentralregistergesetzes geregelt, dass Taten und Verurteilungen dem Betroffenen im Rechtsverkehr nicht mehr vorgehalten und nicht zu seinem Nachteil verwertet werden dürfen, wenn die Eintragung im Register getilgt wurde. Mit diesem Rechtsgedanken ist es schwerlich vereinbar, entgegen einer Tilgung im Bundeszentralregister einen Arbeitnehmer durch Hinweis im Arbeitszeugnis lebenslang zu brandmarken. Da ein Hinweis auf Straftaten, die sich im Arbeitsverhältnis auswirkten, wegen der Warnfunktion für künftige Arbeitgeber aufzunehmen ist, muss man einem Arbeitnehmer jedoch unter Berücksichtigung von § 51 des Bundeszentralregistergesetzes dann einen Anspruch auf Tilgung dieses Vermerkes im Arbeitszeugnis zubilligen, wenn die im Zeugnis vermerkte Straftat im Bundeszentralregister getilgt wurde oder hätte getilgt werden müssen, falls es zu einer Verurteilung gekommen wäre. Dies ist bei Straftaten mit Verurteilungen zu Geldstrafen von nicht mehr als 90 Tagessätzen nach 5 Jahren der Fall (§ 46 Bundeszentralregistergesetz).

Verdacht einer strafbaren Handlung

Der Verdacht einer strafbaren Handlung darf im Zeugnis nicht aufgenommen werden, auch wenn er nach den Grundsätzen der Verdachtskündigung zur Entlassung geführt hat. Dies gilt auch für Fälle begründeten Verdachts.[102]

Unterliegt ein Arbeitgeber in einem Kündigungsrechtsstreit, weil ein triftiger Tatverdacht nicht feststellbar war, darf er einen branchenüblichen „Ehrlichkeitsvermerk“ nicht deshalb verweigern, weil er seine subjektiven Zweifel nicht ausgeräumt sieht.[103]

---

[102] Vgl. Münchener Kommentar — Schwerdtner § 630 Rdn. 39; Schleßmann, S. 70; Weuster/Schleer, S. 105.

[103] ArbG Berlin, Urteil vom 14.12.2012, 28 Ca 16143/12

3 Zeugnisformulierung: Erläuterungen und Textbausteine

3.1 Häufige Fehlerquellen

Das Arbeitszeugnis soll die schriftlich formulierte objektive Beurteilung des Mitarbeiters darstellen. Die Objektivität der Beurteilung ist Ziel und Wunschtraum zugleich.[104] Die Objektivität der Beurteilung ist nicht nur durch das Problem der Ermittlung und Erfassung aller für die Beurteilung bedeutsamen Informationen gekennzeichnet, sondern auch durch psychologische Phänomene, die dem Beurteilenden die objektive Bewertung der ihm vorliegenden Informationen erschweren. So kann das persönliche Verhältnis zu dem Mitarbeiter in erheblichem Umfang die Beurteilung der Leistungen und Fähigkeiten beeinflussen und verfälschen. Persönliche Differenzen können den Zeugnisaussteller daran hindern, gute Leistungen zu erkennen. Umgekehrt kann ein gutes persönliches Verhältnis dazu führen, dass Leistungsmängel nicht oder nicht hinreichend in die Beurteilung einfließen.

Beurteilungsfehler

Beurteilungsfehler können sich auch durch den prägenden ersten Eindruck ergeben, der die Wahrnehmungsfähigkeit für Umstände relativiert, die dem ersten Urteil entgegenstehen. Eine herausragende Leistung oder ein gravierender Fehler können ebenfalls dazu führen, dass das sich hieraus ergebende Urteil (Spitzenkraft, Versager) den Zeugnisaussteller hindert, Umstände, die mit diesem Urteil nicht in Einklang stehen, sachgerecht wahrzunehmen oder zu bewerten. Nicht selten ist auch festzustellen, dass eine unerwartete und ungelegen kommende Kündigung des Mitarbeiters oder sonstige Umstände im Zusammenhang mit dem Ausscheiden, die für das Arbeitsverhältnis nicht charakteristisch sind, zu einer Abweichung von der objektiv gerechtfertigten Beurteilung führen.

[104] Vgl. hierzu und zum Folgenden: Lucas, Arbeitszeugnisse richtig deuten, S. 139.

Urteil selbstkritisch prüfen

Ein qualifizierter Vorgesetzter ist jedoch in der Lage, die sich aus der Subjektivität ergebenden Beurteilungsmängel zu minimieren, indem er das eigene Urteil selbstkritisch überprüft und mögliche Fehlerquellen berücksichtigt. Hilfreich hierbei ist es auch, die Beurteilung mit einem Dritten, beispielsweise mit einem Mitarbeiter der Personalabteilung oder dem Vorgesetzten, zu besprechen und die einzelnen Beurteilungspunkte zu begründen.

3.2 Aufbau des Arbeitszeugnisses

Bei der Formulierung eines qualifizierten Arbeitszeugnisses hat sich ein Aufbauschema entwickelt, das sich als zweckmäßig erwiesen hat und dessen Grundelemente bei der Zeugnisausstellung zu berücksichtigen sind[105] (siehe übernächste Seite).

3.3 Die einzelnen Zeugnisbestandteile

3.3.1 Die Einleitung des Arbeitszeugnisses

Nach der Überschrift Zeugnis oder Arbeitszeugnis werden als Einleitung die persönlichen Daten des Arbeitnehmers angeführt. Die Person des Beschäftigten muss mit Namen und Vornamen, gegebenenfalls mit Titel, zweifelsfrei angegeben sein. Anschrift und Geburtsdatum dürfen nur mit Einverständnis des Arbeitnehmers aufgenommen werden.[106] Das Einverständnis kann im Regelfall jedoch angenommen werden, wenn der Arbeitnehmer nach Erhalt des Zeugnisses der Anführung dieser Angaben nicht widerspricht. Die Angabe der Anschrift ist allerdings wenig sinnvoll, da sie zu den veränderlichen Daten gehört und sich nicht selten nach einem Stellenwechsel ändert.

Des Weiteren sind in der Einleitung der Beginn des Beschäftigungsverhältnisses sowie die berufliche Tätigkeit anzugeben. Falls sich die berufliche Tätigkeit im Laufe des Beschäftigungsverhältnisses ändert, kann auf diese Angabe in der Einleitung

[105] LAG Hamm, Urteil vom 27.2.1997, 4 Sa 1691/96 in NZA-RR 1998 S. 151; LAG Hamm, Urteil vom 12.7.1994, 4 Sa 192/94.

[106] Vgl. B 2.1.

verzichtet oder lediglich die letzte berufliche Tätigkeit angegeben werden. Ergibt sich die Beendigung des Arbeitsverhältnisses nicht aus der Schlussformulierung, ist auch das Austrittsdatum in die Einleitung aufzunehmen.

Obwohl es sich bei den persönlichen Daten um objektive Informationen handelt, können durch den Stil der Formulierung bereits in beschränktem Umfang Wertungen einfließen. So vermittelt es einen weniger günstigen Eindruck über den betreffenden Arbeitnehmer, wenn ihm bestätigt wird, er sei „beschäftigt worden". Demgegenüber drückt die Formulierung „war tätig" eher eine aktive Arbeitsweise aus. Wird die angeführte Beschäftigung mit einem ungewöhnlichen Austrittsdatum gekoppelt, kann für einen kundigen Zeugnisleser bereits in der Einleitung ein Hinweis auf ein gravierendes Fehlverhalten sichtbar werden.

3.3.1.1 Textbausteine: Einleitung

- Herr Peter Müller, geboren am 11. Dezember 1965 in Stuttgart, war vom 1. Januar 2001 bis zum 31. März 2014 als Vertriebsbeauftragter in unserem Unternehmen tätig.
- Frau Barbara Maier, geborene Schmidt, trat am 1. Oktober 2000 in unser Unternehmen ein.
- Herr Peter Müller wurde vom 1. November 2008 bis zum 31. Dezember 2013 in unserer Filiale in Offenburg als Betriebselektriker beschäftigt.

3.3.1.2 Textbausteine: Einleitung bei besonderen Situationen

Ausbildungszeugnis

- Frau Barbara Maier, geboren am 10. Mai 1993, wurde in unserem Unternehmen in der Zeit vom 1. Mai 2010 bis zum 30. April 2013 zur Industriekauffrau ausgebildet.

Zwischenzeugnis

- Herr Peter Müller, geboren am 5. Dezember 1968, ist seit dem 1. Januar 2003 in unserem Unternehmen als Finanzbuchhalter beschäftigt.

Wechselnder Aufgabenbereich

- Frau Barbara Maier, geboren am 25. November 1977, war vom 1. April 2003 bis zum 31. Mai 2013 für unser Unternehmen tätig, seit 1. April 2008 als Geschäftsführungssekretärin.

Außerordentliche Kündigung

- Herr Peter Müller, geboren am 5. Dezember 1970, wurde vom 1. Januar 2008 bis zum 10. Oktober 2013 in unserem Unternehmen als Finanzbuchhalter beschäftigt.

Übersichtsschema: Aufbau eines qualifizierten Arbeitszeugnisses	
Überschrift	Zeugnis, Arbeitszeugnis, Zwischenzeugnis oder Ausbildungszeugnis;
Einleitung	Persönliche Daten des Arbeitnehmers einschließlich des Beginns und der Beendigung des Beschäftigungsverhältnisses (falls sich die Beendigung nicht aus der Schlussformel ergibt);
Unternehmens-beschreibung	kurze Beschreibung des Unternehmens (kein zwingender Zeugnisbestandteil);
Tätigkeitsbeschreibung	einschließlich des beruflichen Werdegangs des Arbeitnehmers;
Leistungsbeurteilung	▪ anhand der Leistungskriterien (z.B. Fachwissen, Auffassungsgabe und Problemlösungsfähigkeit, Leistungsbereitschaft und Eigeninitiative, Belastbarkeit, Denk- und Urteilsvermögen, Zuverlässigkeit, Fachkönnen, Fortbildung, Führungsfähigkeit); ▪ Führungsleistung (nur bei Führungskräften); ▪ zusammenfassende Leistungsbeurteilung;
Persönliches (soziales) Verhalten	einschließlich einer zusammenfassenden Führungsbeurteilung;
Schlussformulierung	Gründe für die Beendigung des Arbeitsverhältnisses, auf wessen Initiative, Dankes-/Bedauernsformel, Zukunftswünsche;
Ort und Datum der Zeugnisausstellung, Unterschrift des Zeugnisausstellers	Name des Zeugnisausstellers zusätzlich maschinenschriftlich, Hinweis auf die Funktion und Rechtsstellung des Ausstellers bei Vertreter des Arbeitgebers.

Zeugnis

ZEUGNIS

Herr Peter Müller, geboren am 11. Dezember 1965 in Stuttgart, war vom 1. Januar 2001 bis zum 31. März 2014 als Vertriebsbeauftragter in unserem Unternehmen tätig.

Die Birner GmbH ist einer der führenden Hersteller von hochwertigen Büroeinrichtungen.

Herrn Müller oblagen die Entwicklung und die Umsetzung von Marketing-Konzepten einschließlich des gesamten Bereichs der Verkaufsverhandlungen mit Interessenten. Hierzu gehörten das Herstellen erster Kontakte, die Angebotserstellung und das Führen von Verkaufsgesprächen bis zum Vertragsabschluss.

Er zeigte Einsatzbereitschaft und Initiative, hatte oft gute neue Ideen und arbeitete immer zielstrebig, sorgfältig und erfolgreich. Darüber hinaus überzeugte er durch seine guten Marketingkenntnisse und sein verkäuferisches Geschick.

[Herr Müller ist nicht als Führungskraft tätig, daher bleibt dieser Absatz in diesem Muster leer.]

Den übertragenen Aufgabenbereich hat er stets zu unserer vollen Zufriedenheit bewältigt.

Herr Müller ist bei Vorgesetzten, Geschäftspartnern und Kollegen geschätzt. Er unterstützt die Zusammenarbeit, ist stets hilfsbereit und in der Lage, sachliche Kritik zu üben und zu akzeptieren. Sein persönliches Verhalten war stets einwandfrei.

Herr Müller verlässt unser Unternehmen mit dem heutigen Tag auf eigenen Wunsch. Wir bedauern diese Entscheidung, danken ihm für seine Mitarbeit und wünschen ihm weiterhin Erfolg und persönlich alles Gute.

Freiburg, den 31. März 2014
ppa. Unterschrift
Paul Maier
Vertriebsleiter

3.3.2 Die Unternehmensbeschreibung

Oft findet sich findet sich im Anschluss an die Einleitung ein Passus, in dem sich das Unternehmen unter Angabe von Branche, Produkten, Konzernzugehörigkeit, Anzahl der Niederlassungen und Mitarbeiter, manchmal sogar des Umsatzes vorstellt. Die Unternehmensbeschreibung ist zwar kein notwendiger Zeugnisbestandteil, aber oft zweckmäßig, weil sie Auskunft darüber gibt, in welcher Art von Unternehmen der Arbeitnehmer tätig war und hierdurch Rückschlüsse auf die Kenntnisse und Erfahrungen des Bewerbers ermöglicht werden. Daher ist insbesondere bei wenig bekannten oder nur regional agierenden Unternehmen eine Beschreibung des Unternehmens empfehlenswert. Jedoch sollte diese kurz gefasst sein und einen Bezug zur Tätigkeit des Mitarbeiters darstellen, damit nicht der Eindruck entsteht, es gebe zwar viel über das Unternehmen, aber wenig (gutes) über den Mitarbeiter zu sagen.

3.3.2.1 Formulierungsbeispiele: Unternehmensbeschreibung

- Die Birner OHG ist einer der führenden Hersteller von hochwertigen Beleuchtungssystemen.
- Die H. B. Beschläge GmbH ist auf die Herstellung von Beschlägen für Möbel und den Innenausbau spezialisiert. Mit derzeit 40 Mitarbeitern produzieren und vertreiben wir unsere Produkte im gesamten Bundesgebiet.
- Birner Technik ist ein sehr erfolgreiches und stark expandierendes Hightech-Unternehmen. Namhafte Konzerne aus den Bereichen Elektro und Automobil schätzen unser Knowhow.
- Die KHB Software GmbH ist eine Tochter der KHB AG und ein weltweit führender Entwickler von Bussiness Software. Mehr als 4.000 Kunden weltweit profitieren von unseren Produkten.

3.3.3 Die Tätigkeitsbeschreibung

Die Tätigkeitsbeschreibung muss die dem Arbeitnehmer übertragenen Aufgaben mit ihren typischen Merkmalen so vollständig und genau angeben, dass sich ein fachkundiger Dritter über den vom Arbeitnehmer wahrgenommenen Aufgabenkreis umfassend informieren kann. Bei Veränderungen des Aufgabenkreises ist die berufliche Entwicklung des Arbeitnehmers darzulegen.

Der Erwerb besonderer Kenntnisse durch Fortbildungsmaßnahmen ist in der Regel anzuführen. Dabei ist allerdings zu berücksichtigen, dass insbesondere bei qualifizierten Arbeitnehmern der Hinweis auf einzelne Kurse, Seminare usw. negativ ausgelegt werden könnte (hatte die Fortbildung nötig, nutzte den Bildungsurlaub zu Lasten des Betriebsablaufs).

Der Umfang der Tätigkeitsbeschreibung hängt von dem Qualifikationsgrad der Aufgaben und von der Dauer der Aufgabenerfüllung ab. Unwesentliches ist nicht aufzunehmen. Aufgaben und Tätigkeiten, die ein Urteil über die Kenntnisse und Fertigkeiten sowie die Leistungsfähigkeit des Arbeitnehmers erlauben, müssen jedoch angeführt sein.[107]

Hinweise auf eine Betriebsratstätigkeit dürfen nicht aufgenommen werden, es sei denn, dies wird vom Arbeitnehmer ausdrücklich gewünscht.[108]

Textbausteine lassen sich für die Tätigkeitsbeschreibung nicht sinnvoll einsetzen. Denn die zahlreichen betrieblichen Aufgaben sowie die Vielfalt der beruflichen Werdegänge der Arbeitnehmer sind zu komplex und lassen sich durch Standardformulierungen nicht sachgerecht erfassen. Sie sind daher individuell auszuformulieren. Nachfolgend werden einige Beispiele zur Erläuterung, wie Tätigkeitsbeschreibungen formuliert werden können, vorgestellt.

3.3.3.1 Formulierungsbeispiele: Tätigkeitsbeschreibung

Sekretärin

- Frau Maier war als Sekretärin des Personalleiters tätig. Ihr oblagen die Erstellung der Schreibarbeiten nach Banddiktat und nach Stichworten, die Führung des Terminkalenders, der Empfang von Besuchern sowie der Telefondienst. Außerdem war sie mit der Vorbereitung von Konferenzen und der Erstellung von Konferenz- und Besprechungsprotokollen sowie der Planung und Abrechnung von Geschäftsreisen betraut.

EDV-Organisator

- Herr Müller war als Organisator für die Sachgebiete Betriebskosten und Auswertungen in unserer EDV-Abteilung eingesetzt. Er war verantwortlich für die Tätigkeitsbereiche Leistungsrechnung und Rentabilitätsrechnung. Zu seinen Aufgaben gehörten die Problemanalyse, die Erstellung der Programmvorgaben, die Programmierung, der Test und die Implementierung.

107 BAG, DB 1976, S. 2211; Dietz, Arbeitszeugnisse ausstellen und beurteilen, S. 18.

108 Dietz, Arbeitszeugnisse ausstellen und beurteilen, S. 19; Weuster/Scheer, S. 68; LAG Frankfurt, DB 1978, S. 167; LAG Hamm, DB 1976, S. 1112.

Sachbearbeiter in Einkaufsabteilung

- Herr Maier war als Sachbearbeiter in der Abteilung Einkauf eingesetzt. Sein Aufgabengebiet umfasste den selbstständigen Einkauf der Materialien für unsere Produktgruppen aus der Kellereitechnik, dem Edelstahl-Apparatebau und dem Armaturenbau. Ihm oblagen alle mit diesem Arbeitskreis verbundenen Aufgaben wie Angebotseinholung, Führung von Preisverhandlungen, Disposition und Materialbeschaffung, Rechnungsprüfung sowie die Abwicklung des mit dem Einkauf verbundenen Schriftverkehrs. Aufgrund seiner Französischkenntnisse war er auch in der Lage, Verhandlungen mit französischen Geschäftspartnern zu führen.

Verkaufsleiter mit Aufstieg zum Marketingmanager

- Herr Maier war zunächst als Verkaufsleiter für den Bereich PC Deutschland tätig. In dieser Funktion hatte er die Aufgabe, die Verkaufskonzeption den Markterfordernissen anzupassen, zu steuern und zu überwachen und eine erfolgreiche Vertriebsmannschaft aufzubauen und zu leiten. Zum 1. April 2004 übernahm Herr Maier die Aufgabe des Marketingmanagers PC. In dieser Funktion war er verantwortlich für die strategische Marketingplanung PC für den deutschsprachigen Raum, für Marketing Research und Development. Daneben entwickelte er strategische Verhandlungskonzeptionen.

3.3.4 Die Leistungsbeurteilung

In der Leistungsbeurteilung sind die Fähigkeiten und Kenntnisse des Arbeitnehmers, seine Arbeitsweise und sein Arbeitserfolg zu beurteilen. Dabei sind der Grundsatz des verständigen Wohlwollens und der Grundsatz der Wahrheit zu berücksichtigen.

Negative Formulierungen kommen in der Praxis fast nicht vor. Das bedeutet jedoch nicht, dass lediglich gute Zeugnisse ausgestellt werden. Vielmehr hat sich in der Praxis ein Formulierungsstil mit einer Skala abgestuft positiver Formulierungen entwickelt, wobei negative Aussagen vor allem durch Auslassungen als so genanntes beredtes Schweigen ausgedrückt werden.[109]

Besonders ausgefeilt ist diese Formulierungsmethode bei der zusammenfassenden Leistungsbeurteilung. Hierbei hat sich eine von den Personalfachleuten allgemein anerkannte Skala von Formulierungen entwickelt, die einem Notenspiegel gleicht. Weniger eindeutig sind die verwandten Formulierungen für die Beurteilung der einzelnen Leistungskriterien. In diesem Bereich kann es durchaus zu

[109] Vgl. Schleßmann, S. 190f.

unterschiedlichen Interpretationen und zu Fehldeutungen kommen. So werden gewisse Kriterien, z. B. ehrlich, pünktlich, im Allgemeinen als selbstverständlich vorausgesetzt. Insbesondere bei Zeugnissen von qualifizierten Arbeitnehmern muss davon ausgegangen werden, dass die besondere Betonung von Selbstverständlichkeiten wie Pünktlichkeit oder Ehrlichkeit eine bewusste Abwertung ausdrückt. Jedoch ist Arbeitnehmern, die eine Vertrauensstellung bekleiden und Zugang zu Geld oder wertvollen Gegenständen haben, die Ehrlichkeit zu bescheinigen.[110] Dies gilt insbesondere bei Kassierern im Einzelhandel, da dort die Aufnahme eines Ehrlichkeitsvermerks branchenüblich ist. Fehlt der Hinweis auf die Ehrlichkeit, besteht die Gefahr, dass der Arbeitnehmer allein aufgrund dieser Auslassung für unehrlich gehalten wird.

Die unterschiedlichen Interpretationsmöglichkeiten zeigen die Nachteile der abgestuft positiven Formulierungspraxis deutlich auf. Nach Ansicht des Verfassers ist die Zeugnisformulierungspraxis weder wegen des Grundsatzes des verständigen Wohlwollens noch aus sonstigen Umständen erforderlich. Sie ist sogar teilweise irreführend. Wer als Arbeitnehmer nicht mit der Zeugnissprache vertraut ist, läuft Gefahr, die Benotung des ihm ausgestellten Arbeitszeugnisses zu verkennen, obwohl die Beurteilung für die mit der Zeugnissprache vertrauten Personalfachleute klar formuliert ist. Hinzu kommt die Gefahr von Fehlinterpretationen in Grenzbereichen.

Es wäre deshalb begrüßenswert, wenn Zeugnisse auch für Nichtfachleute verständlich formuliert würden. Zumindest gegenwärtig kann hiervon allerdings nicht ausgegangen werden.

Klartext

In den Formulierungen zur zusammenfassenden Leistungsbeurteilung finden Sie daher außer den allgemein verwandten verklausulierten zusammenfassenden Leistungsbeurteilungen auch Vorschläge, wie Sie Klartext sprechen können und die Bewertung damit für den Zeugnisempfänger offensichtlich ist (s. Kapitel 3.3.4).

In der Leistungsbeurteilung soll die individuelle Leistung des Arbeitnehmers zum Ausdruck gebracht werden. Angesprochen werden sollen seine Kenntnisse, Fähigkeiten und Erfolge. Hierbei sind die jeweiligen Anforderungen des Arbeitsplatzes sowie die berufstypischen Leistungsmerkmale zu berücksichtigen. Die sich hieraus ergebende Vielfalt von Leistungskriterien lässt sich nicht abschließend durch vorformulierte Textbausteine erfassen und beurteilen. Andererseits sind für eine

[110] Vgl. Schleßmann, S. 191

Vielzahl von Berufen und Arbeitsplätzen identische oder ähnliche Leistungskriterien maßgeblich. In diesem Rahmen können die nachstehend angeführten Beurteilungsvorschläge eingesetzt werden, die die wichtigsten Leistungskriterien berücksichtigen. Bei der Zeugnisformulierung ist jeweils zu überprüfen, ob individuelle Modifikationen und Ergänzungen zur Berücksichtigung der individuellen Leistungen des zu beurteilenden Arbeitnehmers vorzunehmen sind.

3.3.4.1 Textbausteine: Fachwissen

Sehr gut	▪ Herr Müller verfügt über umfassende und vielseitige Fachkenntnisse, auch in Randbereichen. ▪ Herr Müller besitzt sehr gute Fachkenntnisse. ▪ Herr Müller verfügt über außerordentlich umfangreiche Fachkenntnisse.
Gut	▪ Herr Müller verfügt über umfassende Fachkenntnisse. ▪ Herr Maier verfügt über vielseitige Fachkenntnisse. ▪ Herr Müller besitzt besonders fundierte Fachkenntnisse.
Befriedigend	▪ Herr Müller verfügt über solide Fachkenntnisse. ▪ Herr Müller ist aufgrund seines soliden Fachwissens in der Lage, die ihm übertragenen Aufgaben zu erledigen. ▪ Herr Müller verfügt über befriedigende Fachkenntnisse.
Ausreichend	▪ Herr Müller verfügt über ein solides Grundwissen in seinem Arbeitsbereich. ▪ Herr Müller verfügt über genügend Fachkenntnisse in seinem Arbeitsbereich. ▪ Herr Müller verfügt grundsätzlich über solide Fachkenntnisse.
Mangelhaft	▪ Herr Müller verfügt über entwicklungsfähige Kenntnisse seines Arbeitsbereichs. ▪ Herr Müller war stets bemüht, sich erforderliche Fachkenntnisse anzueignen. ▪ Herr Müller verfügt über Fachkenntnisse.
Ungenügend	▪ Herr Müller hatte Gelegenheit, sich die erforderlichen Kenntnisse seines Arbeitsbereichs anzueignen. ▪ Herr Müller hat sich bemüht, die nötigen Fachkenntnisse zu erwerben. ▪ Herr Müller hatte viele Angebote, sein Fachwissen zu aktualisieren.

3.3.4.2 Textbausteine: Auffassungsgabe und Problemlösungsfähigkeit

Sehr gut	▪ Er ist in der Lage, auch schwierige Situationen sofort zutreffend zu erfassen und schnell richtige Lösungen zu finden. ▪ Er erkennt und berücksichtigt sofort und sicher auch bereichsübergreifende Zusammenhänge, setzt schnell und richtig Prioritäten und findet ausgezeichnete Lösungen. ▪ Er hat eine sehr gute Auffassungsgabe und kann auftretende Probleme schnell und sicher lösen.
Gut	▪ Er überblickt schwierige Zusammenhänge, erkennt das Wesentliche und ist in der Lage, schnell Lösungen aufzuzeigen und hat eine gute Auffassungsgabe. ▪ Er ist in der Lage, Probleme schnell zutreffend zu analysieren und sicher zu lösen. ▪ Er hat eine gute Auffassungsgabe und kann auftretende Probleme schnell und zutreffend lösen.
Befriedigend	▪ Er findet sich in neuen Situationen zurecht und ist in der Lage, komplizierte Zusammenhänge zutreffend zu erfassen. ▪ Er kann auf Grund seiner Auffassungsgabe auftretende Probleme zutreffend lösen. ▪ Er überblickt schwierige Aufgaben und findet zutreffende Lösungen.
Ausreichend	▪ Er ist mit Unterstützung seines Vorgesetzten neuen Situationen gewachsen und in der Lage, komplizierte Zusammenhänge nachzuvollziehen. ▪ Er kann bereichsübergreifende Zusammenhänge erfassen und seine Kenntnisse umsetzen. ▪ Er überblickt auf Grund seiner Auffassungsgabe die ihm gestellten Aufgaben und findet zutreffende Lösungen.
Mangelhaft	▪ Er ist mit Unterstützung seines Vorgesetzten neuen Situationen im Wesentlichen gewachsen. ▪ Er ist mit seiner Auffassungsgabe in der Lage, auftretende Probleme zu erkennen und zu ihrer Lösung beizutragen. ▪ Er überblickt auf Grund seiner Auffassungsgabe die ihm gestellten Aufgaben und findet Lösungen.

Ungenügend	▪ Er war bemüht, mit Unterstützung seines Vorgesetzten neuen Situationen gerecht zu werden. ▪ Er ist oft auf Grund seiner Auffassungsgabe in der Lage, auftretende Probleme zu erkennen und Vorschläge zu deren Lösung zu unterbreiten. ▪ Er überblickt auf Grund seiner Auffassungsgabe in der Regel die ihm gestellten Aufgaben und findet Lösungen.

3.3.4.3 Textbausteine: Leistungsbereitschaft und Eigeninitiative

Sehr gut	▪ Herr Müller zeigte stets Eigeninitiative und überzeugte durch seine außerordentliche Einsatzbereitschaft. ▪ Herr Müller identifiziert sich mit seinen Aufgaben und arbeitet immer mit sehr viel Engagement und Eigeninitiative. ▪ Hervorzuheben sind Herrn Müllers außergewöhnliche Einsatzbereitschaft und seine Eigeninitiative.
Gut	▪ Herr Müller ergriff von sich aus die Initiative und setzte sich jederzeit mit überdurchschnittlicher Einsatzbereitschaft für unser Unternehmen ein. ▪ Herr Müller arbeitet mit viel Engagement und Eigeninitiative. ▪ Hervorzuheben sind Herrn Müllers besonderes Engagement und seine Eigeninitiative.
Befriedigend	▪ Herr Müller zeigte Einsatzbereitschaft und Initiative. ▪ Herr Müller arbeitet mit Eigeninitiative und Engagement. ▪ Erwähnenswert sind sein Engagement und seine Eigeninitiative.
Ausreichend	▪ Herr Müller hat der geforderten Einsatzbereitschaft entsprochen. ▪ Herr Müller verfügt über ausreichend Eigeninitiative und Leistungsbereitschaft. ▪ Herr Müller arbeitet grundsätzlich engagiert und mit Eigeninitiative.

Mangelhaft

- Herr Müller hat der geforderten Einsatzbereitschaft im Wesentlichen entsprochen.
- Herr Müller erfüllte auch oft die geforderte Leistungsbereitschaft und Eigeninitiative.
- Herr Müller arbeitete auch oft engagiert und zeigte grundsätzlich auch Eigeninitiative.

Ungenügend

- Herr Müller hat sich bemüht, der geforderten Einsatzbereitschaft zu entsprechen.
- Herr Müller bemühte sich oft, der geforderten Leistungsbereitschaft und Eigeninitiative zu entsprechen.
- Herr Müller war stets bemüht, sein Engagement und seine Eigeninitiative nachzuweisen.

3.3.4.4 Textbausteine: Belastbarkeit

Sehr gut

- Auch stärkstem Arbeitsanfall ist er jederzeit gewachsen.
- Auch bei sehr hoher Belastung erzielte er sehr gute Arbeitsergebnisse.
- Trotz stärkster Beanspruchung hat er die zeitlichen Vorgaben stets eingehalten.

Gut

- Auch starkem Arbeitsanfall ist er jederzeit gewachsen.
- Auch bei hoher Belastung erzielte er gute Arbeitsergebnisse.
- Trotz starker Beanspruchung hat er zeitliche Vorgaben immer eingehalten.

Befriedigend

- Er ist starkem Arbeitsanfall gewachsen.
- Auch bei hoher Arbeitsbelastung erzielte er im Wesentlichen gute Arbeitsergebnisse.
- Er hat sich auch bei starker Beanspruchung an zeitliche Vorgaben gehalten.

Ausreichend

- Er ist starkem Arbeitsanfall im Wesentlichen gewachsen.
- Auch bei hoher Arbeitsbelastung erzielte er teilweise gute Arbeitsleistungen.
- Er ist dem üblichen Arbeitsanfall gewachsen.

Mangelhaft	▪ Dem üblichen Arbeitsanfall ist Herr Müller im Wesentlichen gewachsen. ▪ Auch bei hoher Arbeitsbelastung bemühte er sich, gute Arbeitsergebnisse zu erzielen. ▪ Herr Müller war bei starker Beanspruchung bemüht, mit Ausdauer zu arbeiten.
Ungenügend	▪ Er war stets bestrebt, den üblichen Arbeitsanfall zu bewältigen. ▪ Auch bei hoher Arbeitsbelastung bemühte er sich, teilweise gute Arbeitsergebnisse zu erzielen. ▪ Herr Müller war bei starker Beanspruchung teilweise bemüht, mit Ausdauer zu arbeiten.

3.3.4.5 Textbausteine: Denk- und Urteilsvermögen

(für gewerbliche Mitarbeiter teilweise nicht relevant)

Sehr gut	▪ Besonders hervorzuheben ist seine Urteilsfähigkeit, die ihn auch in schwierigen Lagen zu einem eigenständigen, abgewogenen und zutreffenden Urteil befähigt. ▪ Auch in akuten Problemlagen zeichnet sich Herr Müller stets durch verantwortungsbewusstes und immer zutreffendes Urteil aus, wobei er stets die Übersicht behält. ▪ Besonders hervorzuheben sind seine ausgezeichneten analytischen Fähigkeiten.
Gut	▪ Seine Urteilsfähigkeit ist geprägt durch seine klare und logische Gedankenführung, die ihn zu sicheren Urteilen befähigt. ▪ Auch in akuten Problemlagen behielt Herr Müller stets die Übersicht, wobei er immer eine verantwortungsbewusste und zutreffende Entscheidung traf. ▪ Hervorzuheben sind seine guten analytischen Fähigkeiten.
Befriedigend	▪ Seine folgerichtige Denkweise kennzeichnet seine sichere Urteilsfähigkeit. ▪ Auch in akuten Problemlagen behielt Herr Müller die Übersicht, wobei er verantwortungsbewusste Entscheidungen traf. ▪ Anzuerkennen sind seine analytischen Fähigkeiten.

Ausreichend	▪ In vertrautem Zusammenhang kann er sich auf seine Urteilsfähigkeit stützen. ▪ Erwähnenswert ist seine Urteilsfähigkeit, die ihn zu verantwortungsbewussten Entscheidungen befähigt. ▪ Erwähnenswert sind seine grundsätzlich soliden analytischen Fähigkeiten.
Mangelhaft	▪ In vertrautem Zusammenhang kann er sich im Wesentlichen auf seine Urteilsfähigkeit stützen. ▪ Seine Urteilsfähigkeit ermöglicht ihm, im Wesentlichen zutreffende Entscheidungen zu fällen. ▪ Erwähnenswert sind seine analytischen Fähigkeiten, die ihn häufig zu im Wesentlichen zutreffenden Entscheidungen befähigen.
Ungenügend	▪ Seine Urteilsfähigkeit ist geprägt durch sprunghafte, teils widersprüchliche Gedankenführung, ohne zu erkennen, worauf es ankommt. ▪ Seine Urteilsfähigkeit ist verbesserungsfähig. ▪ Herr Müller hat sich bemüht, sein analytischen Fähigkeiten zu schulen.

3.3.4.6 Textbausteine: Zuverlässigkeit

Sehr gut	▪ Herr Müller arbeitete stets sehr zuverlässig und genau. ▪ Herr Müller arbeitete absolut zuverlässig. ▪ Die Arbeitsleistung von Herrn Müller war jederzeit durch höchste Zuverlässigkeit und Verlässlichkeit geprägt.
Gut	▪ Herr Müller arbeitete stets zuverlässig und gewissenhaft. ▪ Herr Müller arbeitete jederzeit zuverlässig. ▪ Die Arbeitsleistung von Herrn Müller war stets durch hohe Zuverlässigkeit geprägt.
Befriedigend	▪ Herr Müller arbeitete zuverlässig und genau. ▪ Die Arbeitsleistung von Herrn Müller war durch Zuverlässigkeit gekennzeichnet. ▪ Herr Müller ist zuverlässig und arbeitet genau.

Ausreichend
- Herr Müller bewältigte die entscheidenden Aufgaben zuverlässig.
- Herr Müller bearbeitete die wichtigen Aufgaben zuverlässig.
- Herr Müller arbeitete bei allen wesentlichen Aufgaben zuverlässig.

Mangelhaft
- Herr Müller arbeitete in der Regel zuverlässig.
- Herr Müller arbeitete im Wesentlichen zuverlässig.
- Herr Müller bearbeitete seine Aufgaben in der Regel zuverlässig.

Ungenügend
- Herr Müller war um zuverlässige Arbeitsweise bemüht.
- Herr Müller versuchte stets, zuverlässig zu arbeiten.
- Herr Müller arbeitete nicht zuverlässig.

3.3.4.7 Textbausteine: Fachkönnen

Sehr gut
- Er beherrschte seinen Arbeitsbereich sicher, hatte oft neue Ideen und fand optimale Lösungen.
- Er arbeitete jederzeit umsichtig, sehr sorgfältig und rationell.
- Er bewältigte seine Aufgaben jederzeit sicher, arbeitete rationell und setzte sein außerordentliches Fachwissen sehr gut um.

Gut
- Er arbeitete stets selbstständig und sicher, fand gute Lösungen und hatte neue Ideen.
- Er setzte sein gutes Fachwissen stets gut um und arbeitete sicher und rationell.
- Er arbeitete sehr selbstständig, sicher und rationell und fand gute Lösungen.

Befriedigend
- Er bewältigte seinen Arbeitsbereich sicher und fand praktikable Lösungen.
- Er setzte sein fachliches Wissen um und arbeitete rationell.
- Er arbeitetet rationell und wandte sein Fachwissen zuverlässig an.

Ausreichend
- ... und bewältigte seinen Arbeitsbereich.
- Er setzte sein fachliches Wissen bei der Bewältigung seiner Aufgaben um.
- Er war für eine eigenverantwortliche Tätigkeit geeignet.

Mangelhaft	▪ Er bewältigte im Wesentlichen die in seinem Arbeitsbereich anfallenden Aufgaben. ▪ Er bearbeitete seine Aufgaben im Wesentlichen ordnungsgemäß. ▪ Er erledigte die wesentlichen Aufgaben.
Ungenügend	▪ Er war bestrebt, seinen Arbeitsbereich zu bewältigen. ▪ Er war jederzeit bemüht, seine wesentlichen Aufgaben zu bearbeiten. ▪ Er konnte die anfallenden Arbeiten nur zum Teil zum Abschluss bringen.

3.3.4.8 Formulierungsbeispiele: Fortbildung

Berufliche Fortbildungsmaßnahmen erweitern den Kenntnisstand und sind für das berufliche Weiterkommen wesentlich. Sie müssen deshalb grundsätzlich im Zeugnis aufgenommen werden. Angesichts der Vielfalt der möglichen Fortbildungsmaßnahmen können Standardformulierungen jedoch nicht vorgeschlagen werden. Bei der Formulierung der absolvierten Fortbildungsmaßnahmen ist auch zu berücksichtigen, dass insbesondere bei qualifizierten Arbeitnehmern der Hinweis auf mehrere Kurse, Seminare und Lehrgänge negativ ausgelegt werden kann als Ausnutzung des Fortbildungsangebots zu Lasten des Betriebsablaufs.

- Herr Müller verfügt über umfassende Fachkenntnisse, die er durch die erfolgreiche Teilnahme an innerbetrieblichen Fortbildungen noch erweiterte.
- Herr Müller hielt sein ausgezeichnetes Fachwissen in eigener Initiative immer auf dem aktuellen Stand.
- Zum Nutzen unseres Unternehmens erweiterte Herr Müller seine Kenntnisse durch die regelmäßige Teilnahme an Weiterbildungsveranstaltungen.

3.3.4.9 Textbausteine: Führungsfähigkeit

(nur für Führungskräfte)

Die Darstellung und Beurteilung der Führungsleistung sind komplex und nur teilweise standardisierbar.[111] Die angeführten Beurteilungen sind deshalb lediglich als Beispiele

111 Schmid, DB 1986, S. 1334.

anzusehen. Sie können individuelle Aussagen über Führungsleistungen nicht ersetzen. Dies gilt insbesondere für Aussagen über den konkreten Führungsstil.

Sehr gut	▪ Herr Müller besitzt eine natürliche Autorität, genießt das Vertrauen seiner Mitarbeiter und wird von ihnen anerkannt und geschätzt. Er versteht es, seine Mitarbeiter sicher einzuschätzen, zu motivieren und sie stets zu sehr guten Leistungen zu führen. ▪ Herr Müller erzielte mit seinen Mitarbeitern stets hervorragende Leistungen, wobei er die Belange seiner Mitarbeiter jederzeit berücksichtigte und ihre Fähigkeiten erkannte und förderte. ▪ Herr Müller pflegt einen modernen, auf Kooperation und seiner Überzeugungskraft aufbauenden Führungsstil und motivierte seine Mitarbeiter immer zu sehr guten Leistungen.
Gut	▪ Herr Müller wird von seinen Mitarbeitern anerkannt und geschätzt und ist in der Lage, die Mitarbeiter entsprechend ihren Fähigkeiten einzusetzen und mit ihnen stets gute Leistungen zu erzielen. ▪ Herr Müller praktizierte einen kooperativen Führungsstil und ist in der Lage, seine Mitarbeiter zu motivieren und sie zielgerichtet immer zu guten Leistungen zu führen. ▪ Herr Müller pflegt einen modernen, auf Kooperation und seiner Überzeugungskraft aufbauenden Führungsstil und motivierte seine Mitarbeiter stets zu guten Leistungen.
Befriedigend	▪ Herr Müller praktiziert einen kooperativen Führungsstil und ist in der Lage, seine Mitarbeiter zu motivieren und sie zu guten Leistungen zu führen. ▪ Herr Müller verstand es, die Unternehmensziele mit seinen Mitarbeitern effektiv umzusetzen und dabei die Belange seiner Mitarbeiter zu berücksichtigen. ▪ Herr Müller pflegt einen modernen, auf Kooperation und Überzeugungskraft aufbauenden Führungsstil, mit dem er seine Mitarbeiter motivierte.

Ausreichend	▪ Herr Müller praktiziert einen kooperativen Führungsstil und ist in der Lage, seine Mitarbeiter anzuleiten und verantwortlich zu führen. ▪ Herr Müller führt geradlinig und konsequent und ist in der Lage, Mitarbeiter sachgerecht anzuleiten. ▪ Herr Müller pflegt einen modernen, auf Kooperation und Überzeugungskraft aufbauenden Führungsstil, mit dem er seine Mitarbeiter sachgerecht anleitete.
Mangelhaft	▪ Herr Müller wird von seinen Mitarbeitern respektiert und bewältigt mit ihnen im Wesentlichen die seiner Abteilung gesteckten Ziele. ▪ Herr Müller praktiziert einen kooperativen Führungsstil und ist in der Lage, mit seinen Mitarbeitern, die seiner Abteilung gesteckten Ziele im Wesentlichen zu erreichen. ▪ Herr Müller pflegt einen modernen, auf Kooperation aufbauenden Führungsstil, mit dem er seine Mitarbeiter zur Bewältigung der wesentlichen Ziele motivierte.
Ungenügend	▪ Herr Müller ist in der Lage, die disziplinierte Arbeitsweise der ihm unterstellten Mitarbeiter zu gewährleisten. ▪ Herr Müller ist bestrebt, die in seinem Referat auftretenden Probleme auf der Grundlage des in unserem Hause praktizierten kooperativen Führungsstils zu analysieren und zu lösen. ▪ Herr Müller versteht es, die Arbeitsfähigkeit seines Bereiches im Wesentlichen zu gewährleisten und seine Mitarbeiter anzuleiten.

3.3.5 Die zusammenfassende Leistungsbeurteilung

Für die zusammenfassende Leistungsbeurteilung haben sich im Personalwesen weitgehend anerkannte Standardformulierungen entwickelt, die mit einem Notenschema vergleichbar sind.[112]

[112] Vgl. hierzu und zum Folgenden: Schmid, DB 1982, S. 1111ff.; Dietz, Arbeitszeugnisse ausstellen und beurteilen, S. 36ff.; Lucas, Arbeitszeugnisse richtig deuten, S. 125ff.;Dachrodt, Zeugnisse lesen und verstehen, S. 54; Knebel, Das Vorstellungsgespräch, S. 26ff.; Schulz, Alles über Arbeitszeugnisse, S. 107ff.; Küchle/Hessel, Zeugnismuster für die betriebliche Praxis, 5.11; Düwell/Dahl, Die Leistungs- und Verhaltensbeurteilung im Arbeitszeugnis, NZA 2011, S. 958 ff

Klartext

In den nachfolgenden Formulierungsvorschlägen finden sich daher außer den allgemein verwandten verklausulierten zusammenfassenden Leistungsbewertungen auch Formulierungen, die mit „Klartext“ gekennzeichnet sind. Sie drücken die zusammenfassende Leistungsbeurteilung auch für den mit der Zeugnissprache nicht versierten Arbeitnehmer klar aus. Wer Vorbehalte gegen die allgemein verwendeten verklausulierten Leistungsformulierungen hat, kann die Klartext-Formulierungen benutzen.

3.3.5.1 Textbausteine: Sehr gute Arbeitsleistungen

Erläuterung zur Formulierung: Der Zeitfaktor stets, jederzeit oder immer im Zusammenhang mit dem nicht mehr steigerungsfähigen Grad der Zufriedenheit bringt die Bestnote zum Ausdruck.

Der Superlativ „stets zur vollsten Zufriedenheit“ ist zwar grammatikalisch falsch, hat sich bei der Beurteilung von sehr guten Mitarbeitern jedoch eingebürgert. Wer berechtigterweise diese falsche Ausdrucksweise nicht verwenden will, sollte trotzdem nicht die sprachlich korrekte Fassung „stets zur vollen Zufriedenheit“ – die grammatikalisch gesehen nicht mehr steigerungsfähig ist (voller als voll gibt es nicht) – verwenden. Hierdurch würde trotz der sprachlich korrekten Ausdrucksweise für weite Kreise des Personalwesens eine nicht gewünschte Leistungsminderung signalisiert. Stattdessen sollte eine der anderen oben angeführten Standardformulierungen gewählt werden.

- **Klartext**:
  Seine Leistungen werden zusammenfassend als sehr gut beurteilt.
- Er hat die ihm übertragenen Aufgaben stets (jederzeit, immer) zu unserer vollsten Zufriedenheit erfüllt.
- Wir waren mit den Leistungen jederzeit außerordentlich zufrieden.
- Die Leistungen haben jederzeit und in jeder Hinsicht unsere volle Anerkennung gefunden.
- Wir waren mit den Leistungen stets in jeder Hinsicht außerordentlich zufrieden.
- Seine Leistungen übertrafen unsere sehr hohen Erwartungen.

3.3.5.2 Textbausteine: Gute Arbeitsleistungen

Erläuterung zur Formulierung: Der Zeitfaktor „stets“ macht deutlich, dass der Grad der ausgedrückten Zufriedenheit zeitlich nicht eingeschränkt ist. Der Grad der Zufriedenheit ist gegenüber der sehr guten Beurteilung abgeschwächt und kennzeichnet die Benotung als gut und überdurchschnittlich.

- **Klartext**:
  Seine Leistungen werden zusammenfassend als gut bewertet.
- Er hat die ihm übertragenen Aufgaben stets (jederzeit, immer) zu unserer vollen Zufriedenheit erfüllt (bewältigt).
- Wir waren während des gesamten Beschäftigungsverhältnisses mit seinen Leistungen voll und ganz zufrieden.
- Seine Leistungen fanden stets unsere volle Anerkennung.
- Die Leistungen haben unseren Erwartungen und Anforderungen stets voll entsprochen.
- Seine Leistungen übertrafen unsere hohen Erwartungen.

3.3.5.3 Textbausteine: BefriedigendeArbeitsleistungen

Erläuterung zur Formulierung: Hier fehlt der Zeitfaktor „stets“. Mit dem Mittel des beredten Schweigens wird hierdurch zum Ausdruck gebracht, dass die attestierte volle Zufriedenheit nicht immer vorhanden war und deshalb nur befriedigende Leistungen bescheinigt werden sollen.

- **Klartext**:
  Seine Leistungen werden zusammenfassend als befriedigend bewertet.
- Er hat die ihm übertragenen Aufgaben zu unserer vollen Zufriedenheit erledigt (bewältigt).
- Wir waren mit seinen Leistungen voll zufrieden.
- Wir waren mit seinen Leistungen stets zufrieden.
- Seine Leistungen haben unseren Erwartungen und Anforderungen in jeder Hinsicht entsprochen.
- Seine Leistungen übertrafen unsere Erwartungen.

3.3.5.4 Textbausteine: Ausreichende Arbeitsleistungen

Erläuterung zur Formulierung: Hier fehlt außer dem Zeitfaktor „stets" ein die Zufriedenheit beschreibendes positives Attribut. Dies kennzeichnet die lediglich ausreichende Benotung, wenn in den sonstigen Zeugnisaussagen keine bessere Tendenz erkennbar ist.

- **Klartext**:
  Seine Arbeitsleistungen werden zusammenfassend mit ausreichend beurteilt.
- Er hat die ihm übertragenen Aufgaben zu unserer Zufriedenheit erledigt.
- Mit seinen Leistungen waren wir zufrieden.
- Er hat unseren Erwartungen entsprochen.
- Seine Leistungen entsprachen unseren Erwartungen.

3.3.5.5 Textbausteine: Mangelhafte Arbeitsleistungen

Erläuterung zur Formulierung: Mangelhafte oder unzureichende Arbeitsleistungen werden in Arbeitszeugnissen mit Hilfe des beredten Schweigens vielfach dadurch ausgedrückt, dass eine aussagekräftige Leistungsbeurteilung, insbesondere die zusammenfassende Leistungsbeurteilung, fehlt. Damit umgeht der Zeugnisaussteller häufig eine unangenehme Diskussion mit dem betroffenen Arbeitnehmer, u. U. auch ein Arbeitsgerichtsverfahren über die Berechtigung der mangelhaften Leistungsbeurteilung. Es muss allerdings bezweifelt werden, dass diese Beurteilungspraxis den gegenseitigen Interessen entspricht und mit dem Grundsatz der Fürsorgepflicht des Arbeitgebers in Einklang steht.

Mit Hilfe der Standardformulierungen lassen sich auch die mangelhaften und unzureichenden Arbeitsleistungen im Zeugnis beschreiben, wobei die bekannten Floskeln eine Differenzierung zwischen oberem mangelhaft bis völlig unzureichend erlauben. Die nachfolgend angeführten Formulierungen drücken die abgestufte Benotung im mangelhaften und unzureichenden Bereich aus. Sie beginnen bei der Benotung „oberes mangelhaft" und enden bei der Benotung „völlig unzureichend".

- **Klartext**:
  Seine Leistungen entsprachen nicht unseren Anforderungen, waren jedoch nicht unzureichend.
- Er hat die ihm übertragenen Aufgaben im Großen und Ganzen (überwiegend, im Wesentlichen) zu unserer Zufriedenheit erledigt.
- Er hat unsere Erwartungen (größtenteils, im Wesentlichen) erfüllt.
- Seine Aufgaben hat er oft bewältigt.

- Er hat unseren Erwartungen (in etwa) entsprochen.
- Seine Leistungen entsprachen im Allgemeinen unseren Erwartungen.
- Seine Leistungen entsprachen häufig unseren Erwartungen.

3.3.5.6 Textbausteine: Ungenügende Arbeitsleistungen

- **Klartext**:
  Seine Arbeitsleistungen waren unzureichend.
- Er führte die ihm übertragenen Arbeiten mit (großem) Fleiß und Interesse durch.
- Er machte sich mit großem Eifer an die ihm übertragenen Aufgaben.
- Er war an seinen Aufgaben (sehr) interessiert.
- Er war (stets) bemüht, die Arbeiten (zu unserer vollen Zufriedenheit) zu erledigen.
- Er hatte Gelegenheit, alle innerhalb der Abteilung zu erledigenden Arbeiten kennen zu lernen.
- Er zeigte für seine Arbeit (großes) Verständnis und Interesse.
- Er war (stets) bestrebt, die erwarteten Leistungen zu erbringen.
- Er hat sich (stets) bemüht, den (hohen) Anforderungen gerecht zu werden.
- Neue Aufgaben betrachtete er als Herausforderung, der er sich mutig stellte.
- Er setzte sich im Rahmen seiner Möglichkeiten (stets) engagiert ein.
- Er hatte Gelegenheit, seine Aufgaben kennen zu lernen, und machte Vorschläge zu ihrer Bewältigung.

3.3.5.7 Unklare Formulierungen in der Leistungsbeurteilung

Außer den vorgestellten Standardformulierungen finden sich gelegentlich Formulierungen zur zusammenfassenden Leistungsbeurteilung, deren Einstufung in der Notenskala nicht eindeutig ist.

„Zur vollsten Zufriedenheit"

Dieses Prädikat stellt gegenüber der vollen Zufriedenheit eine Aufwertung dar. Zweifelhaft ist jedoch, ob dieses Prädikat der Beurteilung „stets zur vollen Zufriedenheit" entspricht oder es übertrifft und gute bis sehr gute Leistungen attestieren soll[113]. Indem der Zeitfaktor „stets" nicht verwendet wird, werden die sehr guten Leistungen, die durch den Begriff „vollsten" bescheinigt werden, zeitlich eingeschränkt.

[113] Weuster/Scheer, S. 95; Schleßmann, S. 194

„Zur vollsten Zufriedenheit" entspricht daher der Bewertung „stets zur vollen Zufriedenheit" und bescheinigt dem Arbeitnehmer gute Leistungen.

„Stets zur Zufriedenheit"

wird häufig als Zwischenstufe zwischen „zur vollen Zufriedenheit" und „zur Zufriedenheit" angesehen[114]. Es ist jedoch zu berücksichtigen, dass zwar ein die Zufriedenheit verstärkendes Attribut fehlt, jedoch durch den Zeitfaktor „stets" zum Ausdruck gebracht wird, dass die Leistungen konstant zufriedenstellend, also „befriedigend" waren[115]

Von manchen Arbeitsgerichten, teilweise auch vom Bundesarbeitsgericht, werden einige der oben angeführten Standardformulierungen besser eingestuft als hier dargelegt. So wurde das Prädikat „zu unserer Zufriedenheit" vom Bundesarbeitsgericht im Jahre 1976 als durchschnittliche, befriedigende Beurteilung angesehen.[116] Demgegenüber gehen die Praxis sowie die Literatur nach wie vor davon aus, dass dieses Prädikat nicht befriedigende, ausreichende Arbeitsleistungen bescheinigt. Vom Arbeitsgericht Freiburg wurde hierzu entschieden, das Prädikat „zufrieden stellende Leistungen" bringe nach dem im Arbeitsleben üblichen Sprachgebrauch „gerade noch ausreichende Arbeitsleistungen" zum Ausdruck.[117] Diese Entscheidung berücksichtigt zutreffend die gängige Zeugnisformulierungspraxis.

Bei der Einstufung der vorgestellten Standardformulierungen wurde die Bewertung durch die im Personalwesen Tätigen als Maßstab zugrunde gelegt, da Arbeitszeugnisse ihre Bedeutung überwiegend in diesem Bereich haben. Etwaige Differenzen zu einzelnen Gerichtsentscheidungen wurden in Kauf genommen.

3.3.6 Persönliche Führung (Sozialverhalten)

Aussagen über das Sozialverhalten sind wesentlicher Bestandteil eines vollständigen Arbeitszeugnisses. Vom Gesetz werden Aussagen über die dienstliche Führung des Arbeitnehmers im qualifizierten Zeugnis verlangt.

[114] Weuster/Scheer, S. 95

[115] Düwall/Dahl, Die Leistungs-und Verhaltensbeurteilung im Arbeitszeugnis, NZA 2011, 958ff

[116] BAG, DB 1976, S. 2211.

[117] Arbeitsgericht Freiburg, Urteil vom 7.3.1989, 2 Ca 590/88.

Das Sozialverhalten der Mitarbeiter am Arbeitsplatz hat in den vergangenen Jahrzehnten an Bedeutung für den Unternehmenserfolg gewonnen. Eine größere Delegation der Aufgaben und die erweiterte Übertragung von Kompetenzen auf die Mitarbeiter führten zu mehr Selbstständigkeit und Freiheit der Mitarbeiter. Die Bedeutung der Haltung des Einzelnen nimmt daher zu. Auch die stärkere Mündigkeit und Selbstständigkeit führen dazu, dass die Führung der Mitarbeiter im Unternehmen bei der Beurteilung der Qualifikation wichtiger wurde. Mitarbeiter sind nicht zuletzt aufgrund moderner Führungsprinzipien nicht mehr in dem Maße wie früher gezwungen, sich Vorgesetzten wider eigene Einsicht unterzuordnen. Sie können offener ihre Meinung sagen und dadurch mehr als früher konstruktive oder destruktive Wirkung entfalten. Das richtige Verhalten und die Einordnung im Unternehmen sind deshalb in erheblichem Maße leistungsbestimmend.[118]

Das Sozialverhalten betrifft das Verhältnis zu Vorgesetzten, Kollegen, Mitarbeitern, Kunden und Geschäftspartnern. Da der Arbeitgeber sowohl die Leistung als auch das Verhalten des Mitarbeiters zu beurteilen hat, dürfen in dem Zeugnis auch unterschiedliche Bewertungen zum Ausdruck kommen. Es gibt keinen Automatismus dahingehend, dass im Falle einer guten Leistungsbewertung auch das Verhalten als gut bewertet werden muss, wenn dieses lediglich befriedigend oder gar schlechter war.[119] Ähnlich wie bei der Leistungsbeurteilung hat sich bei der Bewertung des sozialen Verhaltens eine differenzierte Formulierungspraxis entwickelt, die ebenfalls gekennzeichnet ist durch abgestuft positive Formulierungen mit bewussten Auslassungen als beredtem Schweigen, um auffällig negative Aussagen zu vermeiden. In der Literatur wird vielfach einzelnen Zeugnisklauseln eine besonders nachteilige Aussage zugeordnet.

Anders als bei der zusammenfassenden Leistungsbeurteilung muss allerdings bezweifelt werden, ob die Klassifikation der in den Arbeitszeugnissen verwandten Formulierungen weitgehend anerkannt ist. Nach Einschätzung des Verfassers gibt es bei der Einordnung der Floskeln zur Beurteilung des Sozialverhaltens teilweise Unsicherheiten.

118 Vgl. hierzu und zum Vorstehenden: Knebel, Das Vorstellungsgespräch, S. 38.

119 LAG Rheinland-Pfalz, Urteil vom 14.5.2009, 10 Sa 183/09.

3.3.6.1 Textbausteine: Persönliche Führung

Die in Klammern gesetzten Ausführungen sind nicht notwendiger Bestandteil einer sehr guten bzw. guten Beurteilung, sie steigern jedoch die Aussagefähigkeit des Zeugnisses.

Sehr gut	▪ Sein persönliches Verhalten war stets vorbildlich. Bei Vorgesetzten, Geschäftspartnern und Kollegen ist er sehr geschätzt. (Herr Müller fördert aktiv die Zusammenarbeit, übt und akzeptiert sachliche Kritik, ist stets hilfsbereit und stellt, falls erforderlich, auch persönliche Interessen zurück.) ▪ Herr Müller war immer freundlich und zuvorkommend. Sein persönliches Verhalten war stets vorbildlich. ▪ Das persönliche Verhalten von Herrn Müller war immer vorbildlich. Er trug in hohem Maße zu einem harmonischen und erfolgreichen Arbeitsklima bei.
Gut	▪ Sein persönliches Verhalten war stets einwandfrei. Bei Vorgesetzten, Geschäftspartnern und Kollegen ist er geschätzt. (Herr Müller unterstützt die Zusammenarbeit, ist stets hilfsbereit und in der Lage, sachliche Kritik zu üben und zu akzeptieren.) ▪ Herr Müller war freundlich und zuvorkommend. Sein persönliches Verhalten war jederzeit einwandfrei. ▪ Das persönliche Verhalten von Herrn Müller war vorbildlich. Er trug zu einem harmonischen und erfolgreichen Arbeitsklima bei.
Befriedigend	▪ Sein persönliches Verhalten gegenüber Vorgesetzten, Kunden und Kollegen war einwandfrei. ▪ Herr Müller war freundlich und korrekt. Sein persönliches Verhalten war einwandfrei. ▪ Das persönliche Verhalten von Herrn Müller war immer korrekt.
Ausreichend	▪ Sein Verhalten gegenüber Vorgesetzten, Geschäftspartnern und Kollegen war höflich und korrekt. ▪ Seine Führung gab uns zu Beanstandungen keinen Anlass. ▪ Herr Müller war höflich und korrekt. Sein persönliches Verhalten war angemessen.

Mangelhaft	▪ Sein persönliches Verhalten gegenüber Kollegen und Geschäftspartnern war einwandfrei. (Deutet auf Mängel im Verhalten zu Vorgesetzten hin.) ▪ Sein persönliches Verhalten gegenüber Vorgesetzten und Geschäftspartnern war einwandfrei. (Deutet auf Probleme im Umgang mit Kollegen hin.) ▪ Das persönliche Verhalten von Herrn Müller war im Wesentlichen einwandfrei. (Deutet im Allgemeinen auf Probleme im persönlichen Verhalten hin.)
Unzureichend	▪ Das persönliche Verhalten von Herrn Müller war nicht frei von Beanstandungen. Ihm fiel es schwer, sich in die betriebliche Ordnung einzufügen. ▪ Das persönliche Verhalten von Herrn Müller war nicht frei von Beanstandungen. Im Umgang mit seinen Vorgesetzten ergaben sich Probleme. ▪ Das persönliche Verhalten von Herrn Müller war nicht frei von Beanstandungen. Im Umgang mit seinen Kollegen entstanden Probleme in der Zusammenarbeit.

3.3.6.2 Spezielle Textbausteine, Geheimcode

In der Zeugnisliteratur werden häufig besondere Zeugnisfloskeln vorgestellt, denen eine konkrete, nachteilige Aussage zugemessen wird. Ob diese Floskeln stark verbreitet sind, muss nach den Erfahrungen des Verfassers bezweifelt werden. Da die angegebenen Interpretationen aus dem Wortlaut der Formulierung auch nicht ersichtlich sind, müssen derartige Zeugnisfloskeln als unzulässige Geheimsprache abgelehnt werden.[120] Für eine solche Geheimsprache besteht auch kein Bedarf.

Wenn ein bedeutsames Fehlverhalten vorliegt, sollte sich kein Zeugnisaussteller scheuen, dies im Zeugnis klar zum Ausdruck zu bringen. Hieran ist er durch den Grundsatz der wohlwollenden Zeugniserteilung entgegen einer in der Praxis weit verbreiteten Auffassung auch keinesfalls gehindert. Im Gegenteil, der Grundsatz der Zeugniswahrheit gebietet es vielmehr, ein für das Arbeitsverhältnis wesentliches Fehlverhalten im Zeugnis anzuführen.

[120] Ähnlich Dietz: Arbeitszeugnisse ausstellen und beurteilen, S. 41.

Wer diesem Grundsatz nicht nachkommt und sich auf eine verschlüsselte Botschaft aufgrund eines vermeintlichen Geheimcodes verlässt, riskiert u. U. Schadensersatzansprüche, wenn beispielsweise der neue Arbeitgeber die verschlüsselte Warnung vor einem unehrlichen Kassierer nicht versteht.

Um unbeabsichtigten Fehldeutungen zu vermeiden und etwaigen Schadensersatzansprüchen vorzubeugen, wird dringend empfohlen, die nachstehend angeführten, in der Literatur[121] als „Geheimcode" vorgestellten Zeugnisklauseln nicht zu verwenden.

Zeugnistext	Codierte Aussage
▪ Durch seine Geselligkeit trug er zur Verbesserung des Betriebsklimas bei.	▪ Er neigt zu übertriebenem Alkoholgenuss.
▪ Für die Belange der Mitarbeiter bewies er immer Einfühlungsvermögen.	▪ Er suchte ständig sexuelle Kontakte zu Mitarbeiterinnen.
▪ Für die Belange der Belegschaft bewies er/sie immer umfassendes Verständnis.	▪ Homosexuelle/lesbische Aktivitäten im Unternehmen.
▪ Im Kollegenkreis galt er als toleranter Mitarbeiter.	▪ Für den Vorgesetzten dagegen war er ein schwerer Brocken.
▪ Mit seinen Vorgesetzten ist er gut zurechtgekommen.	▪ Ein Mitläufer, der sich gut zu verkaufen weiß.
▪ Wir lernten ihn als umgänglichen Kollegen kennen.	▪ Viele sahen ihn lieber gehen als kommen.
▪ Aufgrund seiner anpassungsfähigen und freundlichen Art war er im Betrieb sehr geschätzt.	▪ Er hatte Probleme mit dem Alkohol während der Arbeitszeit.
▪ Er hat zur Verbesserung des Betriebs Klimas beigetragen.	▪ Alkoholprobleme im Dienst.
▪ Herr M. trat engagiert für die Interessen der Kollegen ein.	▪ Herr M. war im Betriebsrat tätig.
▪ Herr M. trat sowohl innerhalb als auch außerhalb unseres Unternehmens engagiert für die Interessen der Arbeitnehmer ein.	▪ Er hat sich gewerkschaftlich betätigt.

121 Schulz, Alles über Arbeitszeugnisse, S. 114ff.; Lucas, Arbeitszeugnisse richtig deuten, S. 127ff.; Dachrodt, Zeugnisse lesen und verstehen, S. 56ff.

Formulierung: „kennen gelernt als“

Hinsichtlich der Formulierung „kennen gelernt als“ wird teilweise die Auffassung vertreten, diese werde in der Berufswelt überwiegend negativ verstanden. Der Arbeitgeber bringe damit verschlüsselt zum Ausdruck, dass gerade das Gegenteil der jeweiligen Aussage zutreffe. Dieser Auslegung hat sich das Bundesarbeitsgericht in seiner Entscheidung vom 15.11.2011 nicht angeschlossen. Die Zeugnisformulierung „als sehr interessierten und hoch motivierten Mitarbeiter kennen gelernt“ erwecke aus Sicht eines objektiven Lesers nicht den Eindruck, dem Arbeitnehmer werde hierdurch in Wahrheit Desinteresse und fehlende Motivation attestiert.[122]

Auch wenn nach diesem Urteil in der Formulierung „kennen gelernt als“ keine verschlüsselte negative Aussage gesehen werden kann, wird doch eine gewisse Distanz des Zeugnisausstellers zum Arbeitnehmer zum Ausdruck gebracht. Dies kann Anlass zu der Spekulation geben, dass das Arbeitsverhältnis nicht völlig unbelastet war. Um solche nachteiligen Auslegungstendenzen zu vermeiden, sollte die Formulierung „kennen gelernt als“ nicht verwendet und einer klaren Ausdrucksweise der Vorzug gegeben werden.

3.3.7 Schlussformulierung

In der Schlussformulierung finden sich Angaben zur Beendigung des Arbeitsverhältnisses, zunehmend eine sog. Dankes-Bedauerns-Formel sowie Zukunftswünsche. Üblicherweise werden diese Aussagen im letzten Absatz des Zeugnisses zusammengefasst.

Nach der empirischen Untersuchung von Preibisch[123] — die allerdings nicht als repräsentativ gelten kann, weil die untersuchten 659 Arbeitszeugnisse von einer Großfirma zur Verfügung gestellt wurden — enthielten 74 % der analysierten Arbeitszeugnisse einen Hinweis darauf, dass die Beendigung des Arbeitsverhältnisses auf Wunsch des Arbeitnehmers erfolgte. Es ist wohl auszuschließen, dass dieser hohe Prozentsatz mit der Realität übereinstimmt. Die Floskel „auf eigenen Wunsch“ wird häufig auch dann verwandt, wenn die Initiative zur Beendigung des Arbeitsverhältnisses vom Arbeitgeber ausgeht. In der damaligen Untersuchung[124]

[122] BAG, Urteil vom 15.11.2011, 9 AZR 386/10.

[123] Preibisch, Das Arbeitszeugnis im kommunikativen Handlungsumfeld eines Arbeitsplatzwechsels, S. 38.

[124] Die Veröffentlichung erfolgte 1982.

wurden von Preibisch im Anschluss an die Angaben zur Beendigung des Arbeitsverhältnisses in 20 % der Zeugnisse Schlussworte des Bedauerns und des Dankes ermittelt. Preibisch folgert daraus zutreffend, dass hierdurch die sonstigen Angaben im Zeugnis ein zusätzliches positives Gewicht erhalten, da diese Aussagen nicht erwartet werden und sich von floskelhaften Austrittsformulierungen abheben.[125]

Zumindest seit den 90er Jahren kann davon ausgegangen werden, dass von Personalfachleuten die Dankes-Bedauerns-Formel gezielt eingesetzt wird, um die kaum noch aussagekräftige Formel „auf eigenen Wunsch“ inhaltlich zu modifizieren und die Leistungs- und Verhaltensbeurteilungen zu unterstreichen oder zu relativieren. Knebel hat mit Recht darauf hingewiesen, keinem Vorgesetzten falle es ein, einem Arbeitnehmer zu bescheinigen, sein Ausscheiden werde bedauert, wenn dies nicht zutreffe.[126] Folgerichtig wurden in „Impulse“[127] abgestufte Grußformeln als gebräuchliche Bewertungskriterien vorgestellt, die jeder Personalchef verstehe. Nach dem Wirtschaftsmagazin „Capital“ schauen routinierte Personalchefs aus gutem Grund zuerst auf die Schlussformulierung und überprüfen, ob für die geleistete Arbeit gedankt und das Ausscheiden bedauert wird und ob die besten Wünsche für den weiteren Berufsweg mitgegeben werden (Capital 4/91). Von Dachrodt wird der Einsatz der Bedauerns-Formel als Benotungsmittel bereits 1984 dargelegt[128] und in Formularen zur Erstellung von Arbeitszeugnissen finden sich ebenfalls abgestufte Grußformeln mit Dankes- und Bedauernsklauseln.[129] Auch nach den Erfahrungen der Verfasser werden Aussagen des Dankes und des Bedauerns vielfach als bewusste Beurteilungskriterien eingesetzt.

Wer seine Aufgaben stets zur vollsten Zufriedenheit erfüllte, hat nach der Auffassung des Landesarbeitsgerichts Hessen einen Anspruch auf gute Wünsche und Dankesformulierungen im Zeugnis.[130] Diese Rechtsauffassung wird vom Bundesarbeitsgericht jedoch nicht geteilt. Durch Urteil vom 20.2.2001 hob das Bundesarbeitsgericht die Entscheidung des Landesarbeitsgerichts Hessen auf und entschied, ein Anspruch auf gute Wünsche, Dankesformulierungen oder eine Bedauernsklausel bestehe nicht. Schlusssätze würden zwar vielfach verwendet und sind nach dem

125 Preibisch, Das Arbeitszeugnis im kommunikativen Handlungsumfeld eines Arbeitsplatzwechsels, S. 38.

126 Knebel, Das Vorstellungsgespräch, 9. Aufl. 1987, S. 25.

127 Impulse, November 1989.

128 Dachrodt, Zeugnisse lesen und verstehen, 1. Aufl. 1984, S. 57.

129 Vgl. die von der Bundesvereinigung der Deutschen Arbeitgeberverbände herausgegebenen Formulare zur Erstellung von Arbeitszeugnissen, abgedruckt in Kador, Instrumente der Personalarbeit: Praktische Arbeitshilfe für Klein- und Mittelbetriebe, S. 203, 206; Personal-Formulare des Bundesinnungsverbandes des Glaserhandwerks.

130 LAG Hessen, Urteil vom 17.6.1999, 14 Sa 1157/98.

Urteil nicht beurteilungsneutral sondern geeignet, die Aussagen zu Führung und Leistung des Arbeitnehmers zu bestätigen oder zu relativieren. Soweit ein Arbeitgeber solche Redewendungen verwendet, müssen sie deshalb nach dem Bundesarbeitsgericht mit dem übrigen Zeugnisinhalt in Einklang stehen.

Kein beredtes Schweigen

Dennoch kommt das Bundesarbeitsgericht zu dem Ergebnis, zu der Gestaltungsfreiheit des Arbeitgebers gehöre auch die Entscheidung, ob er das Zeugnis um Schlusssätze anreichere. Wenn ein Zeugnis ohne abschließende Formeln in der Praxis oft als negativ beurteilt werde, sei dies hinzunehmen, da sich die Rechtsprechung zum so genannten beredten Schweigen nur auf den gesetzlich geschuldeten Zeugnisinhalt, insbesondere auf die Leistungs- und Führungsbeurteilung, aber nicht auf das Fehlen einer Schlussformulierung beziehe und das Fehlen von Schlusssätzen kein unzulässiges Geheimzeichen sei.[131] Diese Auffassung hat das Bundesarbeitsgericht in seinem Urteil vom 11.12.2012[132] bestätigt und ist der gegenteiligen Rechtsauffassung des Landesarbeitsgerichts Düsseldorf[133] und des Arbeitsgerichts Berlin[134], die dem Arbeitnehmer einen Rechtsanspruch auf die Aufnahme einer Schlussformel in das Arbeitszeugnis zubilligen, nicht gefolgt. Da die Schlussformel gerade nicht zum gesetzlich geschuldeten Zeugnisinhalt gehöre, könne aus einem Arbeitszeugnis ohne Schlussformel nicht gefolgert werden, der Verfasser habe hiermit eine besondere Aussage treffen und die Leistungs- und Verhaltensbeurteilung relativieren wollen.

Ein Anspruch auf Ergänzung oder Umformulierung einer im Zeugnis enthaltenen Schlussformel wird vom Bundesarbeitsgericht ebenfalls verneint.[135] Ist der Arbeitnehmer mit einer vom Arbeitgeber in das Zeugnis aufgenommenen Schlussformel nicht einverstanden, z. B. weil diese keine Dankesformel enthält, kann er keine Ergänzung verlangen sondern hat nur einen Anspruch auf Erteilung des Zeugnisses ohne Schlussformel.

Die Begründung des Bundesarbeitsgerichtes ist nicht überzeugend. Untersuchungen haben ergeben, dass 98 % der Zeugnisse eine Schlussformulierung enthalten.

131 BAG, Urteil vom 20.2.2001, 9 AZR 44/00.

132 BAG, Urteil vom 11.12.2012, 9 AZR 227/11

133 LAG Düsseldorf, Urteil vom 21,05,2008, 12 SA 505/08; LAG Düsseldorf, Urteil vom 3.11.2010, 12 Sa 974/10

134 ArbG Berlin, Urteil vom 7.3.2003, 88 Ca 604/03

135 BAG, Urteil vom 11.12.2012, 9 AZR 227/11

Wenn eine Schlussformulierung fehlt, wird dies in der Praxis als Hinweis verstanden, der im Zeugnis beurteilte Arbeitnehmer habe keine guten Zukunftswünsche verdient. Die fehlende Schlussformulierung führt deshalb entgegen der Auffassung des Bundesarbeitsgerichts in der Praxis zu einer Verschlechterung der Leistungs- und Führungsbeurteilung.

Da ein Zeugnis mit guter oder sehr guter Leistungs- und Führungsbeurteilung ohne Bedauerns- und Dankesformel zumindest einen gewissen Widerspruch aufweist[136], werden in den nachfolgenden Standardformulierungen die sich in der Dankes- und Bedauernsformel sowie in den Zukunftswünschen ausdrückbaren Bewertungen mitberücksichtigt. Hierbei muss allerdings darauf hingewiesen werden, dass sich diese Beurteilung, anders als die Bewertung der zusammenfassenden Leistungsbeurteilung, nicht allgemein durchgesetzt hat. Es gibt Firmen, die grundsätzlich auf dem Standpunkt stehen, das Ausscheiden eines Mitarbeiters werde nie bedauert.

3.3.7.1 Textbausteine: Für Mitarbeiter, die von sich aus gekündigt haben

Sehr gut

- Herr Müller scheidet (mit dem heutigen Tag) auf eigenen Wunsch aus unserem Unternehmen aus. Wir bedauern seine Entscheidung sehr, da wir einen wertvollen Mitarbeiter verlieren. Wir danken ihm für seine Mitwirkung in unserem Unternehmen und wünschen ihm weiterhin viel Erfolg und persönlich alles Gute.
- Das Arbeitsverhältnis von Herrn Müller endet auf seinen eigenen Wunsch. Wir bedauern sein Ausscheiden sehr, da wir einen wertvollen Mitarbeiter verlieren. Wir danken ihm für seine langjährige erfolgreiche Tätigkeit in unserem Haus und wünschen ihm für die Zukunft alles Gute und beruflich weiterhin sehr viel Erfolg.

[136] Ähnlich: Schleßmann, Das Arbeitszeugnis, S. 85; Weuster/Scheer, S. 121; Schulz, S. 112.

Gut

- Herr Müller scheidet auf eigenen Wunsch (mit dem heutigen Tag) aus unserem Unternehmen aus. Wir bedauern seine Entscheidung, danken ihm für seine Arbeit und wünschen ihm weiterhin viel Erfolg und persönlich alles Gute.
- Das Arbeitsverhältnis von Herrn Müller endet auf seinen eigenen Wunsch (am heutigen Tag). Wir bedauern sein Ausscheiden, da wir einen wertvollen Mitarbeiter verlieren, und danken ihm für seine erfolgreiche Tätigkeit in unserem Haus. Für die Zukunft wünschen wir ihm alles Gute und beruflich weiterhin viel Erfolg.

Befriedigend

- Herr Müller scheidet auf eigenen Wunsch mit dem heutigen Tag aus unserem Unternehmen aus. Wir danken ihm für seine Arbeit und wünschen ihm für die Zukunft alles Gute.
- Das Arbeitsverhältnis von Herrn Müller endet auf eigenen Wunsch am heutigen Tag. Wir danken ihm für seine Tätigkeit in unserem Haus und wünschen ihm persönlich und beruflich alles Gute.

Ausreichend

- Herr Müller scheidet mit dem heutigen Tag auf eigenen Wunsch aus unserem Unternehmen aus. Wir wünschen ihm für die Zukunft alles Gute.
- Das Arbeitsverhältnis endet auf eigenen Wunsch von Herrn Müller am heutigen Tag. Wir wünschen ihm beruflich und privat alles Gute.

Mangelhaft

- Herr Müller scheidet mit dem heutigen Tag auf eigenen Wunsch aus unserem Unternehmen aus. Wir wünschen ihm für die Zukunft viel Glück.
- Herr Müller scheidet am heutigen Tag auf eigenen Wunsch aus unserem Unternehmen aus. Wir wünschen ihm für die Zukunft viel Erfolg.

Ungenügend

- Herr Müller scheidet mit dem heutigen Tag auf eigenen Wunsch aus unserem Unternehmen aus.

3.3.7.2 Textbausteine: Bei Kündigung aus betriebsbedingten Gründen

Sehr gut

- Aus betriebsbedingten Gründen wurde das Arbeitsverhältnis von Herrn Müller mit dem heutigen Tag beendet. Wir bedauern diese Entwicklung sehr, da wir mit Herrn Müller einen ausgezeichneten Mitarbeiter verlieren. Wir danken ihm für seine bisherige wertvolle Arbeit und wünschen ihm für die Zukunft weiterhin viel Erfolg und persönlich alles Gute.
- Das Arbeitsverhältnis endet aus betriebsbedingten Gründen am heutigen Tag. Wir bedauern dies sehr, bedanken uns für die langjährige und sehr erfolgreiche Tätigkeit von Herrn Müller und wünschen ihm für die Zukunft beruflich und privat alles Gute und weiterhin viel Erfolg.

Gut

- Aus betriebsbedingten Gründen musste das Arbeitsverhältnis von Herrn Müller mit dem heutigen Tag beendet werden. Wir bedauern diese Entwicklung, da wir mit Herrn Müller einen guten Mitarbeiter verlieren. Wir danken ihm für seine bisherige Arbeit und wünschen ihm in der Zukunft weiterhin viel Erfolg und persönlich alles Gute.
- Das Arbeitsverhältnis endet aus betriebsbedingten Gründen am heutigen Tag. Wir bedauern dies sehr, bedanken uns für die langjährige und erfolgreiche Tätigkeit von Herrn Müller und wünschen ihm für die Zukunft beruflich und privat alles Gute und weiterhin viel Erfolg.

Befriedigend

- Herr Müller scheidet mit dem heutigen Tag aus betriebsbedingten Gründen aus unserem Unternehmen aus. Wir danken ihm für seine Arbeit und wünschen ihm für die Zukunft alles Gute.
- Das Arbeitsverhältnis von Herrn Müller endet am heutigen Tag aus betriebsbedingten Gründen. Wir danken ihm für seine Tätigkeit ihn unserem Haus und wünschen ihm persönlich und beruflich alles Gute.

Ausreichend

- Herr Müller scheidet mit dem heutigen Tag aus betriebsbedingten Gründen aus unserem Unternehmen aus. Wir wünschen ihm für die Zukunft alles Gute.
- Das Arbeitsverhältnis von Herrn Müller endet am heutigen Tag aus betriebsbedingten Gründen. Wir wünschen ihm beruflich und privat alles Gute.

3.3.7.3 Textbausteine: Kündigung wegen erheblicher Leistungsmängel oder Nahelegung der Kündigung

Die Textbausteine sind für die Situation geeignet, wenn Mitarbeitern aufgrund erheblicher Leistungsmängel gekündigt wurde oder die Kündigung nahe gelegt wird.

Mangelhaft
- Herr Müller scheidet mit dem heutigen Tag aus unserem Unternehmen aus. Wir wünschen ihm für die Zukunft viel Glück.
- Herr Müller scheidet am heutigen Tag aus unserem Unternehmen aus. Wir wünschen ihm beruflich und privat alles Gute.

Ungenügend
- Herr Müller scheidet mit dem heutigen Tag aus unserem Unternehmen aus.
- Das Arbeitsverhältnis endet im gegenseitigen Einvernehmen zum ...

3.3.7.4 Textbausteine: Gütliche Einigung nach Differenzen

Für die Situation, dass nach entstandenen Differenzen eine gütliche Einigung über das Ausscheiden ohne Regelung der Zeugnisformulierung zustande kommt.

Mangelhaft
- Das Arbeitsverhältnis endet im gegenseitigen Einvernehmen zum ... . Wir wünschen Herrn Müller viel Glück.
- Herr Müller scheidet einvernehmlich am heutigen Tag aus unserem Unternehmen aus. Wir wünschen ihm persönlich und beruflich alles Gute.

Ungenügend
- Das Arbeitsverhältnis endet im gegenseitigen Einvernehmen zum ...

Einvernehmliche Trennung

Nach Schulz[137] ist bei der einvernehmlichen Trennung nach der gewählten Wortwahl genau zu differenzieren. Die Formulierung „Wir haben uns von Herrn Müller einvernehmlich zum 30.6.2013 getrennt" deute auf eine Kündigung durch den Arbeitgeber hin oder darauf, dass dem Arbeitnehmer nahe gelegt wurde, selbst zu

[137] Schulz, Alles über Arbeitszeugnisse, S. 117.

kündigen, um eine Kündigung zu vermeiden. Außerdem soll hierin die Andeutung eines Prozessvergleichs zur Beendigung eines Rechtsstreits über eine fristlose Kündigung mit einer Einigung zum ordentlichen Kündigungstermin liegen. Demgegenüber fehle in der Formulierung „Das Arbeitsverhältnis von Herrn Müller endete im gegenseitigen Einvernehmen mit dem 31.12.2013" das Verb „trennen", das auf die Arbeitgeberinitiative hinweise. Bei der letztgenannten Formulierung werde deshalb die Einvernehmlichkeit betont.

Nach den Erfahrungen der Verfasser aus hunderten von Zeugnisverfahren ist diese Differenzierung nicht verbreitet. Unabhängig davon, wie die einvernehmliche Beendigung konkret ausgedrückt wird, ist aus der Tatsache der einvernehmlichen Beendigung im Allgemeinen abzulesen, dass es zu Differenzen zwischen Arbeitgeber und Arbeitnehmer gekommen ist. Dies kann sich auch aus dem Ausstellungsdatum ergeben. Liegt das Ausstellungsdatum des Zeugnisses Monate nach dem Datum des Ausscheidens aus dem Unternehmen, kann hieraus in der Regel entnommen werden, dass es zu Differenzen gekommen ist, möglicherweise wegen des Ausscheidens, möglicherweise auch wegen des Zeugnisses.

Kam es zu einer einvernehmlichen Vertragsaufhebung ohne vorangegangene Differenzen wird oft die Formulierung verwendet

3.3.7.5 Textbaustein: Einvernehmliche Vertragsaufhebung ohne vorangegangene Differenzen

„Das Arbeitsverhältnis endet im besten gegenseitigen Einvernehmen zum ...".

3.4 Besonderheiten beim Zwischenzeugnis

Das Zwischenzeugnis ist ein Zeugnis, das während des Bestandes des Arbeitsverhältnisses ausgestellt wird. Es kann sich als einfaches Zwischenzeugnis auf Art und Dauer der Beschäftigung beschränken. In aller Regel werden jedoch Angaben über die Führung und Leistung des Arbeitnehmers erforderlich werden; es handelt sich dann um ein qualifiziertes Zwischenzeugnis.

Das Zwischenzeugnis unterscheidet sich vom Endzeugnis zunächst dadurch, dass als Überschrift der Begriff „Zwischenzeugnis" angeführt wird, um es von den mit „Zeugnis" oder „Arbeitszeugnis" betitelten Endzeugnissen deutlich abzugrenzen.

Formal ist das Zwischenzeugnis im Präsenz abzufassen, weil die bewertete Tätigkeit andauert und die bescheinigten Leistungen auch im Zeitpunkt der Zeugnisausstellung erbracht werden. Das Imperfekt ist zu benutzen, wenn ein bereits abgeschlossener Vorgang beschrieben wird, z. B. die frühere Tätigkeit bei wechselndem Aufgabenbereich. Statt der für Endzeugnisse typischen Schlussformulierung findet sich im letzten Absatz des Zwischenzeugnisses ein Passus, in dem der Anlass für seine Erteilung dargelegt wird. Außerdem kann im letzten Absatz ein besonderer Hinweis auf die besondere Qualifikation oder Wertschätzung des beurteilten Arbeitnehmers aufgenommen werden.

3.4.1 Textbausteine: Anlass für die Erteilung

- Dieses Zwischenzeugnis wird Herrn Müller anlässlich der Versetzung seines Vorgesetzten ausgestellt.
- Dieses Zwischenzeugnis stellen wir Frau Meier im Zusammenhang mit einer geplanten Weiterbildungsmaßnahme zur Vorlage bei der Industrie- und Handelskammer aus.
- Auf Veranlassung des direkten Vorgesetzten von Herrn Müller, der zum Monatsende ausscheidet, erstellen wir unaufgefordert dieses Zwischenzeugnis. Verbunden damit sind unser Dank für die bisher für unser Unternehmen erbrachten Leistungen und der Wunsch nach einer weiteren vertrauensvollen Zusammenarbeit.
- Aufgrund organisatorischer Änderungen können wir Herrn Müller für die Zukunft trotz seiner bisherigen Leistungen keine Garantie für den Erhalt seines Arbeitsplatzes geben und sind seinem Wunsch deshalb gerne nachgekommen, ihm dieses Zwischenzeugnis auszustellen.
- Dieses Zwischenzeugnis wird auf Wunsch von Herrn Müller ausgestellt, da sich auf Grund einer betrieblichen Umorganisation die Abteilungsstruktur ändert und Herr Müller in Zukunft in einem neuen Bereich tätig sein wird. Wir danken Herrn Müller für seine bisherige Arbeit und wünschen ihm für die Zukunft weiterhin viel Erfolg und persönlich alles Gute.

3.5 Besonderheiten beim Ausbildungszeugnis

Bei Beendigung des Ausbildungsverhältnisses ist dem Auszubildenden ein Ausbildungszeugnis auszustellen. Dieses Zeugnis sollte mit der Überschrift „Ausbildungszeugnis" tituliert werden. Das Zeugnis enthält zunächst Angaben über die Person, die Dauer und das Ziel der Ausbildung.

3.5.1 Textbaustein: Einleitung

- Herr Peter Müller, geb. am 19. April 1992, wurde vom 1. August 2010 bis zum 28. Juni 2013 in unserem Unternehmen zum Großhandelskaufmann ausgebildet.

Danach finden sich Angaben über den Ausbildungsgang und die vom Auszubildenden absolvierten Aufgabenbereiche, wobei gegebenenfalls die verschiedenen Abteilungen, in denen der Auszubildende tätig war, angegeben werden. Im Anschluss hieran sind, ähnlich wie beim qualifizierten Arbeitszeugnis, Angaben über Führung, Leistung und Fähigkeiten des Auszubildenden zu machen. Diese Angaben sind zwar nach dem Gesetz nur auf besonderes Verlangen des Auszubildenden aufzunehmen; sie sollten in aller Regel jedoch unaufgefordert gemacht werden — falls der Auszubildende nicht widerspricht — da bei Fehlen dieser Aussagen erhebliche Mängel vermutet werden. Das Ausbildungszeugnis ist vom Ausbildenden (Lehrherrn) zu unterschreiben. Hat der Ausbildende die Ausbildung nicht selbst durchgeführt, muss auch der Ausbilder das Zeugnis mit unterschreiben (§ 16 Abs. 1 BBiG).

3.6 Besonderheiten beim Zeugnis für Praktikanten

Praktikanten absolvieren ihr Praktikum, um ihre beruflichen Kenntnisse zu vertiefen, um Praxiserfahrung zu sammeln und um Praxiskenntnisse zu erwerben oder auszubauen. Ähnlich wie die Auszubildenden das Ausbildungszeugnis benötigen Praktikanten das Zeugnis über das durchgeführte Praktikum als Nachweis für die erworbenen beruflichen Kenntnisse und Praxiserfahrungen. Dem entsprechend finden sich im Praktikantenzeugnis Angaben über die Aufgaben, mit denen der Praktikant vertraut gemacht wurde und die ihm übertragen wurden. Außerdem sind die Leistungen und die Führung des Praktikanten im Zeugnis zu bewerten, hierbei können grundsätzlich die in qualifizierten Arbeitszeugnissen üblichen Bewertungsgrundsätze und Formulierungen verwandt werden. In der Schlussformulierung des Praktikantenzeugnisses sollte ein Hinweis auf die weitere Ausbildung oder den beruflichen Werdegang aufgenommen werden.

3.6.1 Textbaustein: Hinweis auf den weiteren Werdegang

- Wir wünschen Herrn Müller für die Fortsetzung seines Studiums den verdienten guten Erfolg.

Das Praktikantenzeugnis stellt rechtlich ein Arbeitszeugnis dar, und es ist wie jedes andere Arbeitszeugnis auch vom Arbeitgeber oder einem seiner Vertreter zu unterschreiben. Das Zeugnis für Praktikanten sollte nicht mit der Überschrift „Praktikantenzeugnis“ oder „Arbeitszeugnis“ versehen werden, sondern mit der Überschrift „Zeugnis“. Aus der Einleitung des Zeugnisses ist auch ohne ausdrückliche Hinweise in der Überschrift zu entnehmen, dass es sich um ein Praktikantenzeugnis handelt.

3.6.2 Textbaustein: Einleitung

- Herr Peter Müller, geboren am 10. Juli 1990, war vom 1. Januar 2013 bis zum 30. Juni 2013 als Praktikant in unserem Unternehmen tätig.

4 Zeugnisformular mit Textbausteinen

Ausgehend von den in Kapitel 3.3 dargestellten Zeugnisbestandteilen werden in dem nachstehenden Zeugnisausstellungsformular die wichtigsten Textbausteine für die Zeugnisformulierung übersichtlich dargestellt. Sie bieten die Möglichkeit, problemlos ein individuelles Zeugnis zu fertigen durch:

- Ergänzung der persönlichen Daten,
- Ausformulierung der Tätigkeitsbeschreibung,
- Ankreuzen der entsprechenden Textbausteine zur Leistungsbeurteilung, eventuell spezielle Beurteilungen ergänzen,
- Ankreuzen der Textbausteine zur persönlichen Führung, eventuell zusätzlich spezielle Beurteilungen anführen,
- Ankreuzen der Schlussformulierung, eventuell ergänzen.

Überschrift

Arbeitszeugnis/Zeugnis

Einleitung

Herr/Frau ....
geboren am .... in ....
war vom .... bis zum ....
als .... in unserem Unternehmen tätig.
oder
Herr/Frau ....
geboren am .... in ....
trat am .... in unserem Unternehmen tätig.
oder
Herr/Frau ....
geboren am .... in ....
war vom .... bis zum ....
in unserem Hause als .... beschäftigt

Einleitung für ein Ausbildungszeugnis

Herr/Frau ....
geboren am .... in ....
wurde in unserem Unternehmen in der Zeit
vom .... bis zum ....
zum .... ausgebildet

Einleitung für ein Zwischenzeugnis

Herr/Frau ....
geboren am .... in ....
ist seit dem .... in unserem Unternehmen
als .... tätig

Einleitung bei wechselndem Aufgabenbereich

Herr/Frau ....
geboren am .... in ....
war vom .... bis zum ....
für unser Unternehmen tätig,
seit .... als ....
seit .... als ....

Tätigkeitsbeschreibung

[Bitte fügen Sie hier die konkrete Tätigkeitsbeschreibung ein]

Leistungsbeurteilung

Fachwissen:		
sehr gut	**gut**	**befriedigend**
Herr/Frau ... verfügt über umfassende Fachkenntnisse, auch in Randbereichen.	Herr/Frau ... verfügt über umfassende Fachkenntnisse.	Herr/Frau ... verfügt über solide Fachkenntnisse.
ausreichend	**mangelhaft**	**ungenügend**
Herr/Frau ... verfügt über ein solides Grundwissen in seinem/ihrem Arbeitsbereich.	Herr/Frau ... verfügt über entwicklungsfähige Kenntnisse seines/ihres Arbeitsbereichs.	Herr/Frau ... hatte Gelegenheit, sich die erforderlichen Kenntnisse seines/ihres Arbeitsbereichs anzueignen.

Auffassungsgabe und Problemlösungsfähigkeit:		
sehr gut	**gut**	**befriedigend**
Herr/Frau ... / Er/Sie ... ist in der Lage, auch schwierige Situationen sofort zutreffend zu erfassen und schnell richtige Lösungen zu finden.	Herr/Frau ... / Er/Sie ... überblickt schwierige Zusammenhänge, erkennt das Wesentliche und ist in der Lage, schnell Lösungen aufzuzeigen.	Herr/Frau ... / Er/Sie ... findet sich in neuen Situationen zurecht und ist auch in der Lage, komplizierte Zusammenhänge zu erfassen
ausreichend	**mangelhaft**	**ungenügend**
Herr/Frau ... / Er/Sie ... ist mit Unterstützung seiner/ihrer Vorgesetzten neuen Situationen gewachsen und in der Lage, komplizierte Zusammen hänge nachzuvollziehen.	Herr/Frau ... / Er/Sie ... ist mit Unterstützung seiner/ihrer Vorgesetzten neuen Situationen im Wesentlichen gewachsen.	Herr/Frau ... / Er/Sie ... war bemüht mit Unterstützung seiner/ihrer Vorgesetzten neuen Situationen gerecht zu werden.

Leistungsbereitschaft und Eigeninitiative:		
sehr gut	**gut**	**befriedigend**
Herr/Frau ... / Er/Sie ... zeigte stets Eigeninitiative und überzeugte durch seine/ihre sehr große Leistungsbereitschaft.	Herr/Frau ... / Er/Sie ... ergriff von sich aus die Initiative und setzte sich mit überdurchschnittlicher Einsatzbereitschaft für unser Unternehmen ein	Herr/Frau ... / Er/Sie ... zeigte Einsatzbereitschaft und Eigeninitiative.
ausreichend	**mangelhaft**	**ungenügend**
Herr/Frau ... / Er/Sie ... hat der geforderten Einsatzbereitschaft entsprochen.	Herr/Frau ... / Er/Sie ... hat der geforderten Einsatzbereitschaft im Wesentlichen entsprochen.	Herr/Frau ... / Er/Sie ... hat sich bemüht, der geforderten Einsatzbereitschaft zu entsprechen.

Belastbarkeit:		
sehr gut	**gut**	**befriedigend**
Auch stärkstem Arbeitsanfall ist er/sie jederzeit gewachsen.	Auch starkem Arbeitsanfall ist er/sie jederzeit gewachsen.	Herr/Frau ... ist starkem Arbeitsanfall gewachsen.
ausreichend	**mangelhaft**	**ungenügend**
Herr/Frau ... ist dem üblichen Arbeitsanfall gewachsen.	Herr/Frau ... ist dem üblichen Arbeitsanfall im Wesentlichen gewachsen.	Herr/Frau ... ist bemüht, den üblichen Arbeitsanfall zu bewältigen.

Denk- und Urteilsvermögen:		
sehr gut	**gut**	**befriedigend**
Besonders hervorzuheben ist seine/ihre Urteilsfähigkeit, die ihn/sie auch in schwierigen Lagen zu einem eigenständigen, abgewogenen und zutreffenden Urteil befähigt	Seine/ihre Urteilsfähigkeit ist geprägt durch seine/ihre klare und logische Gedankenführung, die ihn/sie zu sicheren Urteilen befähigt	Seine/ihre folgerichtige Denkweise kennzeichnet seine/ihre sichere Urteilsfähigkeit in vertrauten Zusammenhängen.
ausreichend	**mangelhaft**	**ungenügend**
Im vertrauten Zusammenhang kann er/sie sich auf seine/ihre Urteilsfähigkeit stützen.	Im vertrauten Zusammenhang kann er/sie sich im Wesentlichen auf seine/ihre Urteilsfähigkeit stützen	Seine/ihre Urteilsfähigkeit ist geprägt durch sprunghafte, teils widersprüchliche Gedankenführung ohne zu erkennen, worauf es ankommt.

Zuverlässigkeit:		
sehr gut	**gut**	**befriedigend**
Herr/Frau ... arbeitete stets sehr zuverlässig und genau	Herr/Frau ... arbeitete stets zuverlässig und gewissenhaft.	Herr/Frau ... arbeitete zuverlässig und gewissenhaft.
ausreichend	**mangelhaft**	**ungenügend**
Herr/Frau ... bewältigte die entscheidenden Aufgaben zuverlässig.	Herr/Frau ... arbeitete in der Regel zuverlässig.	Herr/Frau ... ist um zuverlässige Arbeitsweise bemüht.

Fachkönnen:		
sehr gut	**gut**	**befriedigend**
Er/Sie ... beherrscht seinen/ihren Arbeitsbereich selbstständig und sicher, hat oft neue Ideen und findet optimale Lösungen.	Er/Sie ... bewältigt seinen/ihren Arbeitsbereich selbstständig und sicher, findet gute Lösungen und hat neue Ideen.	Er/Sie ... bewältigt seinen/ihren Arbeitsbereich sicher und findet brauchbare Lösungen.
ausreichend	**mangelhaft**	**ungenügend**
Er/Sie ... bewältigt seinen/ihren Aufgabenbereich.	Er/Sie ... bewältigt im Wesentlichen die in seinem/ihrem Aufgabenbereich anfallenden Aufgaben.	Er/Sie ... ist bestrebt seinen/ihren Arbeitsbereich zu bewältigen.

Führungsfähigkeit (nur für Führungskräfte):		
sehr gut	**gut**	**befriedigend**
Herr/Frau ... besitzt eine natürliche Autorität, genießt das Vertrauen seiner/ihrer Mitarbeiter und wird von ihnen anerkannt und geschätzt. Er/sie versteht es, seine/ihre Mitarbeiter sicher einzuschätzen und sie zu sehr guten Leistungen zu führen.	Herr/Frau ... wird von seinen/ihren Mitarbeitern anerkannt und geschätzt und ist in der Lage, die Mitarbeiter entsprechend ihren Fähigkeiten einzusetzen und mit ihnen gute Leistungen zu erzielen.	Herr/Frau ... wird von seinen/ihren Mitarbeitern geachtet und besitzt die Fähigkeit, Mitarbeiter anzuleiten und verantwortungsbewusst zu den gewünschten Leistungen zu führen.
ausreichend	**mangelhaft**	**ungenügend**
Herr/Frau ... ist in der Lage, seine/ihre Mitarbeiter anzuleiten und verantwortlich zu führen.	Herr/Frau ... ist in der Lage, mit den von ihm/ihr geführten Mitarbeitern die seiner/ihrer Abteilung gesteckten Ziele im Wesentlichen zu erreichen.	Herr/Frau ... ist bestrebt, die in seinem/ihrem Referat auftretenden Probleme auf der Grundlage des in unserem Hause praktizierten Führungsstils zu analysieren und zu lösen.

Zusammenfassende Leistungsbeurteilung

Zusammenfassende Leistungsbeurteilung:		
sehr gut	**gut**	**befriedigend**
Klartext: Seine/ihre Leistungen werden zusammenfassend als sehr gut beurteilt.	**Klartext:** Die Leistungen werden zusammenfassend als gut beurteilt.	**Klartext:** Die Leistungen werden zusammenfassend als befriedigend beurteilt.
Herr/Frau ... hat den übertragenen Aufgabenbereich stets zur vollsten Zufriedenheit erfüllt	Herr/Frau ... hat die übertragenen Aufgaben stets zu unserer vollen Zufriedenheit erfüllt	Herr/Frau ... hat die übertragenen Aufgaben zu unserer vollen Zufriedenheit erledigt.
ausreichend	**mangelhaft**	**ungenügend**
Klartext: Die Arbeitsleistungen werden mit ausreichend beurteilt.	**Klartext:** Die Leistungen werden zusammenfassend als mangelhaft beurteilt.	**Klartext:** Die Arbeitsleistung war unzureichend.
Herr/Frau ... hat die übertragenen Aufgaben zur Zufriedenheit erledigt.	Herr/Frau ... hat die übertragenen Aufgaben im Großen und Ganzen zur Zufriedenheit erledigt.	Herr/Frau ... hat sich bemüht, die Arbeiten zu unserer Zufriedenheit zu erledigen

Persönlichen Führung

sehr gut	gut	befriedigend
Das persönliche Verhalten war stets vorbildlich. Bei Vorgesetzten, Geschäftspartnern und Kollegen ist er/sie sehr geschätzt.	Das persönliche Verhalten war stets einwandfrei. Bei Vorgesetzten, Kollegen und Mitarbeitern ist er/sie geschätzt.	Das persönliche Verhalten gegenüber Vorgesetzten, Kunden und Kollegen war einwandfrei.
ausreichend	**mangelhaft**	**ungenügend**
Das persönliche Verhalten gegenüber Vorgesetzten und Kollegen war höflich und korrekt. Seine/ ihre Führung gab uns zu Beanstandungen keinen Anlass.	Das persönliche Verhalten war im Wesentlichen einwandfrei.	Das persönliche Verhalten war nicht frei von Beanstandungen. Ihm/ihr fiel es schwer, sich in die betriebliche Ordnung einzufügen.

Schlussformulierung

sehr gut	gut	befriedigend
Textbausteine für Mitarbeiter, die von sich aus gekündigt haben.		
Herr/Frau ... scheidet (mit dem heutigen Tag) auf eigenen Wunsch aus unserem Unternehmen aus. Wir bedauern diese Entscheidung sehr, da wir eine/n wertvolle/n Mitarbeiter/in verlieren. Wir danken für seine/ihre Mitwirkung und wünschen ihm/ihr weiterhin viel Erfolg und persönlich alles Gute.	Herr/Frau ... scheidet auf eigenen Wunsch (mit dem heutigen Tag) aus unserem Unternehmen aus. Wir bedauern seine/ihre Entscheidung, danken ihm/ihr für seine/ihre Arbeit und wünschen ihm/ihr weiterhin viel Erfolg und persönlich alles Gute.	Herr/Frau ... scheidet auf eigenen Wunsch (mit dem heutigen Tag) aus unserem Unternehmen aus. Wir danken ihm/ihr für seine/ihre Arbeit und wünschen ihm/ihr für die Zukunft alles Gute.

Kündigung aus betriebsbedingten Gründen		
Aus betriebsbedingten Gründen endete das Arbeitsverhältnis am ... Wir bedauern diese Entwicklung sehr, da wir mit Herrn/Frau ... eine/n ausgezeichnete/n Mitarbeiter/in verlieren. Wir danken ihm/ihr für seine/ihre wertvolle Arbeit und wünschen ihm/ihr für die Zukunft weiterhin viel Erfolg und persönlich alles Gute.	Aus betriebsbedingten Gründen wurde das Arbeitsverhältnis mit dem heutigen Tage beendet. Wir bedauern diese Entwicklung, da wir mit Herrn/Frau... eine/n gute/n Mitarbeiter verlieren. Wir danken ihm/ihr für seine/ihre Arbeit und wünschen ihm/ihr für die Zukunft weiterhin viel Erfolg und persönlich alles Gute.	Aus betriebsbedingten Gründen wurde das Arbeitsverhältnis mit dem heutigen Tage beendet. Wir danken ihm/ihr für ihre Arbeit und wünschen ihm/ihr für die Zukunft persönlich alles Gute.
ausreichend	**mangelhaft**	**ungenügend**
Textbausteine für Mitarbeiter, die von sich aus gekündigt haben.		
Herr/Frau ... scheidet mit dem heutigen Tage auf eigenen Wunsch aus unserem Unternehmen aus. Wir wünschen ihm/ihr für die Zukunft alles Gute.	Herr/Frau ... scheidet mit dem heutigen Tage auf eigenen Wunsch aus unserem Unternehmen aus. Wir wünschen ihm/ihr für die Zukunft viel Glück.	Herr/Frau ... scheidet mit dem heutigen Tage auf eigenen Wunsch aus unserem Unternehmen aus.
Textbausteine für Mitarbeiter, denen gekündigt wird bzw. denen die Kündigung nahe gelegt wird.		
Herr/Frau ... scheidet mit dem heutigen Tag aus unserem Unternehmen aus. Wir wünschen ihm/ihr für die Zukunft alles Gute.	Herr/Frau ... scheidet mit dem heutigen Tag aus unserem Unternehmen aus. Wir wünschen ihm/ihr für die Zukunft viel Glück.	Herr/Frau ... scheidet mit dem heutigen Tag aus unserem Unternehmen aus.
Textbausteine für die Situation, dass nach entstandenen Differenzen eine gütliche Einigung über das Ausscheiden zustande kommt.		
	Das Arbeitsverhältnis endet im gegenseitigen Einvernehmen zum ... Wir wünschen Herrn/Frau ... viel Glück.	Das Arbeitsverhältnis endet im gegenseitigen Einvernehmen zum ...

5 Zeugnismuster

Auch ein gut durchdachtes System von Standardformulierungen kann nicht allen branchenüblichen und arbeitsplatztypischen Besonderheiten bei der Zeugnisformulierung gerecht werden. Ergänzend zu den Zeugnistextbausteinen (Kapitel 3) finden Sie in diesem Kapitel deshalb Zeugnismuster für unterschiedliche Berufe und Branchen.

In diesen Zeugnismustern sind nicht nur konkrete Beispiele für die Tätigkeitsbeschreibung zu finden, sondern auch zahlreiche die Standardformulierungen ergänzende oder ersetzende Formulierungsvorschläge, um die unterschiedlichen Leistungen sowie das Sozialverhalten differenziert beurteilen zu können.

Zeugnismuster auf www.haufe.de/arbeitshilfen

Alle Zeugnismuster haben wir für Sie auf dieser Internetseite für Sie bereitgestellt. Sie können die Muster in Ihre Textverarbeitung übernehmen und entsprechend der individuellen Bewertung anpassen.

5.1 Angestellte

5.1.1 Administrator (IT-Bereich)

ZEUGNIS

Herr Peter Müller, geboren am 17. Oktober 1969, trat am 1. Oktober 2005 in unser Unternehmen ein.

Er war als technischer Administrator und Supervisor eingesetzt. Seine Hauptaufgaben umfassten:

- Pflege der Hard- und Software
- Pflege der Telefonanlage
- Einrichtung von Access-Datenbanken
- Durchführung technischer Schulungen im Bereich Hard- und Software
- Notfallservice bei auftretenden Hard- und Softwareproblemen

Herr Müller verfügt über ein breites Fachwissen, das er kontinuierlich vertiefte und erfolgreich in seiner Arbeitspraxis einsetzte. Er arbeitete sorgfältig und zeigte Einsatzbereitschaft. Seine Aufgaben bewältigte er zu unserer vollen Zufriedenheit.

Sein persönliches Verhalten war stets korrekt.

Herr Müller verlässt unser Unternehmen mit dem heutigen Tag. Wir danken für seine Tätigkeit in unserem Haus und wünschen ihm für die Zukunft alles Gute und viel Erfolg.

Tuttlingen, den 30. April 2014

Dr. Heinz Birner Geschäftsführer	Wolfgang Petersen Personalleiter

Fazit

Sowohl die Leistungs- als auch die Verhaltensbeurteilung sind durchschnittlich. In der Schlussformulierung fehlt das Ausscheiden auf eigenen Wunsch und die Bedauernsklausel. Dies deutet daraufhin, dass das Arbeitsverhältnis vom Arbeitgeber beendet wurde.
Note: 3

5.1.2 Altenbetreuerin

ZEUGNIS

Frau Barbara Meier, geboren am 27. November 1972 in Düsseldorf, war vom 1. Mai 2009 bis zum 31. Dezember 2013 als Altenbetreuerin in unserer Sozialstation tätig.

Frau Meier war im Fachbereich Betreuung und Pflege bei überwiegend hoch betagten Patienten eingesetzt. Ihr Aufgabengebiet umfasste sämtliche Tätigkeiten im hauswirtschaftlichen Bereich, einfache Grundpflege und deren fachgerechte Dokumentation.

Frau Meier verfügt über gute Fachkenntnisse und erfüllte ihren Aufgabenbereich selbstständig und immer zuverlässig. Insbesondere im Bereich der Überwachung der Medikamenteneinnahme sowie der Dokumentation war sie sehr gewissenhaft. Frau Meier identifizierte sich mit ihren Aufgaben und arbeitete mit sehr viel Engagement und Eigeninitiative. Auch in schwierigen Situationen behielt sie den

Überblick und war aufgrund ihrer raschen Auffassungsgabe in der Lage, schnell die richtigen Maßnahmen zu ergreifen.

Gegenüber den ihr anvertrauten Patienten zeigte sie stets großes Einfüllungsvermögen und setzte sich immer für deren Wohlbefinden ein.

Frau Meier hat den ihr übertragenen Aufgabenbereich stets zu unserer vollen Zufriedenheit erfüllt.

Ihr persönliches Verhalten gegenüber Vorgesetzten, Patienten und deren Angehörigen sowie Kollegen war immer einwandfrei. Aufgrund ihrer freundlichen und zuvorkommenden Art sowie ihrer Hilfsbereitschaft war sie allseits anerkannt und geschätzt.

Das Arbeitsverhältnis von Frau Meier endet auf ihren eigenen Wunsch am heutigen Tag. Wir danken ihr für ihren Einsatz und wünschen ihr für den weiteren beruflichen und persönlichen Lebensweg weiterhin viel Erfolg und alles Gute.

Mainz, den 31. Dezember 2013

Heinz Birner
Geschäftsführer

Fazit

Eine gute Mitarbeiterin, die sich immer für die Patienten einsetzt. Die Verhaltensbeurteilung ist ebenfalls gut.
Note: 2

5.1.3 Anlageberaterin

ZEUGNIS

Frau Barbara Meier, geboren am 11. Januar 1972 in München, war vom 1. Januar 2012 bis zum 30. Juni 2013 in unserem Unternehmen als Anlageberaterin tätig.

Ihr Aufgabenbereich bestand im Wesentlichen in der Kundenberatung und dem Verkauf von Renten- und Aktienfonds und Zertifikaten an ausgewählte Kunden per Telefon.

Sie verfügt über gute Fachkenntnisse, die sie durch Teilnahme an Schulungen erweiterte und aktualisierte.

Frau Meier ist gewandt, engagiert, teamfähig und stellt sich jederzeit auf neue Situationen gut ein. Sie arbeitete selbstständig, zuverlässig und mit verkäuferischem Geschick.

Alle ihr übertragenen Aufgaben erledigte sie stets zu unserer vollen Zufriedenheit.

Ihr persönliches Verhalten gegenüber Vorgesetzten, Kunden und Kollegen war immer einwandfrei.

Frau Meier scheidet mit dem heutigen Tag aus unserem Unternehmen aus. Wir danken ihr für ihre Mitarbeit und wünschen ihr weiterhin viel Erfolg und persönliche alles Gute.

Ravensburg, den 30. Juni 2013 | Heinz Birner
Manager Sales

Fazit

Eine gute Leistungs- und Verhaltensbeurteilung. Jedoch enthält die Schlussformulierung keine Angabe darüber, von wem die Beendigung des Arbeitsverhältnisses ausging. Dies ist ein Indiz dafür, dass das Arbeitsverhältnis vom Arbeitgeber beendet wurde, ohne dass ein Fehlverhalten oder Leistungs- oder Verhaltensmängel der Anlageberaterin vorgelegen haben.
Note: 2

5.1.4 Architekt

ZEUGNIS

Herr Peter Müller war in der Zeit vom 1. April 2004 bis zum 31. Mai 2013 als verantwortlich zeichnender Architekt in unserem Unternehmen tätig. Sein Aufgabenbereich umfasste alle anfallenden planerischen sowie bauausführenden Arbeiten.

Überwiegend war Herr Müller mit der Durchführung planerischer Arbeiten wie Entwurfs-, Werks- und Detailplanung für Ein- und Mehrfamilienwohnhäuser, Wohnblocks und Geschäftshäuser befasst. Daneben wurden Herrn Müller Verhandlungen mit Behörden und Handwerkern sowie die örtliche Bauaufsicht für mehrere Projekte übertragen.

Herr Müller verfügt über überdurchschnittliche planerische Fähigkeiten und Kreativität. Er ergriff von sich aus die Initiative und setzte sich mit überdurchschnittlicher Einsatzbereitschaft für die ihm übertragenen Projekte ein. Auch starkem Arbeitsanfall ist er jederzeit gewachsen. Er arbeitet zuverlässig und genau und bewältigt seine Aufgaben sicher. Den ihm übertragenen Aufgabenbereich hat er stets zu unserer vollen Zufriedenheit erfüllt.

Sein persönliches Verhalten war jederzeit einwandfrei. Herr Müller scheidet auf eigenen Wunsch aus unserem Unternehmen aus. Wir danken ihm für seine Arbeit und wünschen ihm für die Zukunft weiterhin Erfolg und persönlich alles Gute.

Solingen, den 31. Mai 2013

Heinz Birner

Fazit

Ein engagierter, belastbarer Mitarbeiter mit überdurchschnittlichen Fachkenntnissen. Auch die Verhaltensbeurteilung ist gut.
Note: 2

5.1.5 Arzthelferin

ZEUGNIS

Frau Barbara Meier, geboren am 29. März 1976, war vom 1. Juni 2005 bis zum 31. März 2014 in meiner Praxis für Allgemein-, Sport- und Kurmedizin als Arzthelferin tätig.

Ihr Aufgabenbereich umfasste im Wesentlichen:

- Organisation des Praxisablaufes
- Kassen-, BG.-, Kur- und Privatabrechnung
- Anwendung des EDV-Programmes MEDYS 8 mit Softwarepflege
- Blutentnahmen und Laborarbeiten (kleines Labor), im.- s.c. Injektionen
- Mitwirkung bei diagnostischen und therapeutischen Maßnahmen des Arztes (kleine Chirurgie)
- Anwendung und Pflege medizinischer Geräte und Instrumente (EKG, Reizstrom, Lufu)
- Verbände (Tape, Gips, Zinkleim, Kompression)

Frau Meier ist eine außergewöhnlich belastbare Mitarbeiterin, die durch ihre freundliche und zielbewusste Art den Praxisablauf auch bei starkem Arbeitsanfall optimal organisierte.

Sie besitzt ein umfassendes Fachwissen und arbeitete gewissenhaft, sicher und genau. Sie beherrscht Blutentnahmen, Injektionen, allgemeine Wundpflege, Verbände wie Tape, Gips, Zinkleim und Kompression und sie versteht es gut, ihr Fachwissen Auszubildenden zu vermitteln. Ihren Aufgabenbereich erfüllte Frau Meier stets zu meiner vollen Zufriedenheit.

Ihr persönliches Verhalten war jederzeit einwandfrei. Frau Meier ist hilfsbereit, zuvorkommend und aufgeschlossen und allseits anerkannt und geschätzt.

Frau Meier verlässt meine Praxis auf eigenen Wunsch. Ich bedauere ihr Ausscheiden, danke für ihre Tätigkeit und wünsche ihr weiterhin viel Erfolg und persönlich alles Gute.

Pirmasens, den 31. März 2014

Dr. Heinz Birner
Arzt

Fazit

Überdurchschnittlich gute Mitarbeiterin.
Note: 1-2

5.1.6 Assistentin der Geschäftsführung

ZEUGNIS

Frau Barbara Meier, geboren am 11. Januar 1980, war in der Zeit vom 1. Januar 2010 bis zum 30. September 2013 als Assistentin der Geschäftsführung in unserem Unternehmen tätig.

Ihr Aufgabenbereich umfasste im Wesentlichen:

- Abwicklung der Arbeiten im Zusammenhang mit Handelsregistereintragungen
- Abwicklung von Marketingprojekten und Bearbeitung von bereichsübergreifenden Projekten
- Gestaltung und Pflege unserer Homepage

- Erstellung unserer Firmenbroschüre, Gestaltung unseres jeweiligen Firmenjahreskalenders, Durchführung von Werbemaßnahmen
- Organisation von Gesamtmanagement-Meetings
- selbstständige Erledigung von vertraulichen Dokumentationen und Schriftverkehr für die Geschäftsführung
- Koordinierung von Arbeitsabläufen in der Geschäftsleitung, Terminplanung, Geschäftsreiseplanung, Konferenzvorbereitung

Frau Meier verfügt über ausgezeichnete Fachkenntnisse, die sie jederzeit äußerst sicher und zielgerichtet in der Praxis einsetzte. Dank ihrer raschen Auffassungsgabe überblickte Frau Meier sowohl neue als auch schwierige Situationen sofort und löste auftretende Probleme sehr schnell und praxisorientiert. Die ihr übertragenen Aufgaben erfüllte sie jederzeit selbstständig, zuverlässig und mit einem hohen Maß an Sorgfalt und Genauigkeit. Frau Meier zeichnet sich nicht nur durch Kompetenz und hohen persönlichen Einsatz, sondern auch durch ihr hervorragendes Organisationstalent und ihre zügige Arbeitsweise aus. Auch bei sehr hoher Arbeitsbelastung und in Stresssituationen behielt sie immer den Überblick, setzte richtig Prioritäten und arbeitete methodisch, gründlich und fehlerfrei. Frau Meier ist eine sehr verantwortungsbewusste und stets loyale Mitarbeiterin, die gerne Verantwortung übernahm.

Die Leistungen der Frau Meier haben jederzeit und in jeder Hinsicht unsere vollste Anerkennung gefunden.

Frau Meier war absolut vertrauenswürdig und wurde von Vorgesetzen und Kollegen gleichermaßen anerkannt und geschätzt. Ihr persönliches Verhalten war zu jeder Zeit vorbildlich.

Frau Meier scheidet mit dem heutigen Tag auf eigenen Wunsch aus unserem Unternehmen aus. Wir bedauern ihre Entscheidung sehr, danken ihr für ihre ausgezeichneten Leistungen und wünschen ihr weiterhin viel Erfolg und persönlich alles Gute.

Stuttgart, 30. September 2013

Dr. Heinz Birner
Geschäftsführender Gesellschafter

Fazit

Sehr gute Leistungs- und sehr gute Verhaltensbeurteilung.
Note: 1

5.1.7 Assistenzärztin

ZEUGNIS

Frau Barbara Meier, geboren am 12. Dezember 1982, war befristet in der Zeit vom 1. Juni 2011 bis zum 30. April 2013 in der chirurgischen Abteilung unserer Klinik beschäftigt.

Die chirurgische Abteilung unseres Hauses versorgt alle Patienten der mittleren und großen Chirurgie bis hin zu Pankreasreaktionen und die angrenzende Thoraxchirurgie.

Frau Meier wurde in die Arbeit der Stationsärztin eingeführt und übernahm nach einem Monat alle verantwortlichen Arbeiten einer Stationsärztin einer allgemeinchirurgischen Station mit 20 Betten. Außerdem wurde sie in der Ambulanztätigkeit eingesetzt und nahm unter Anleitung an der Indikationssprechstunde und am D-Arztverfahren teil und sie wirkte mit beim Verfassen von Gutachten für Berufsgenossenschaften und privaten Unfallversicherungsträgern.

Frau Meier führte nach kurzer Einarbeitungszeit mit großem Geschick die in der Ambulanz anfallenden kleineren Eingriffe wie Wundversorgung einschließlich der Lokal- und Leitungsanästhesie, die Reposition und Ruhigstellung von Frakturen und Luxationen sowie mindestens 25 Proktoskopien/Rektoskopien selbstständig durch.

Während der Nacht- und Bereitschaftsdienste war Frau Meier für die gesamte chirurgische Notfallaufnahme, die ambulante Notfallversorgung und die chirurgischen Patienten der Intensivstation zuständig. Außerdem war ihr die selbstständige Anfertigung und Beurteilung von Röntgenbildern des Knochengerüstes einschließlich Kopf, Knöcheln, Brustkorb und Wirbelsäule übertragen.

Außerdem wurde Frau Meier im Operationssaal eingesetzt und attestierte bei zahlreichen mittleren und größeren Operationen.

Frau Meier arbeitete im ambulanten, stationären und operativen Bereich jederzeit äußerst zuverlässig, konzentriert und rationell. Ihr Arbeitsstil war stets sehr einsatzfreudig und effizient, sie war jederzeit auch zu erheblichem Arbeitseinsatz bereit. Sie verfügt über gute chirurgische Fachkenntnisse und manuelles Geschick. Gegenüber den ihr anvertrauten Patienten und Verletzten bewies sie stets viel Umsicht. Hervorzuheben ist ihre sorgfältige Arbeitsweise auch unter hoher Arbeitsbelastung und ihr ausgeprägtes Verantwortungsbewusstsein sowie ihre Fähigkeit, zu ihren Patienten ein vertrauensvolles Arzt- Patientenverhältnis aufzubauen . Alle anfallenden Untersuchungen und die anvertrauten Aufgaben bewältigte sie jederzeit zu unserer vollen Zufriedenheit.

Frau Meier ist durch ihr konziliantes und hilfsbereites Wesen und durch ihre Fachkompetenz bei Vorgesetzten, Patienten und Mitarbeitern angesehen und beliebt. Ihr persönliches Verhalten war stets einwandfrei.

Das Arbeitsverhältnis endet mit Ablauf des befristeten Arbeitsverhältnisses am 30. April 2013. Wir danken Frau Meier für ihre Tätigkeit in unserem Haus und wünschen ihr weiterhin Erfolg und persönlich alles Gute.

Gottenheim, 30. April 2013

Dr. Heinz Birner
Chefarzt Chirurgie

Dr. Volker Petersen
Verwaltungsdirektor

Fazit

Eine gute Mitarbeiterin, die sich durch großes Engagement und Zuverlässigkeit auszeichnet. Auch die Verhaltensbeurteilung ist überdurchschnittlich.
Note: 2

5.1.8 Auftragssachbearbeiter

ZEUGNIS

Herr Peter Müller, geboren am 9. August 1970, war in der Zeit vom 1. April 2006 bis zum 31. Mai 2013 als kaufmännischer Angestellter für den Bereich Auftragssachbearbeitung in unserem Unternehmen tätig. Nach der Einarbeitung in die Auftragssachbearbeitung wurde er als Sachbearbeiter eingesetzt. Hierbei umfasste sein Aufgabenbereich im Wesentlichen folgende Tätigkeiten:

- Angebotsausarbeitung und Erstellung
- Termin- und Kapazitätsbestimmung mit den Sachgebietsleitern sowie der Produktion und dem Versand
- Korrespondenz mit unseren Kunden
- Betreuung der Kunden im Haus
- Abwicklung von Aufträgen und Rückfragenbearbeitung
- Reklamationsbearbeitung mit Gutschrifterteilung
- Aufbereitung standardisierbarer Aufträge zum Erfassen mit anschließender Kontrolle über unser EDV-System

Herr Müller arbeitete stets sorgfältig und genau. Er zeigte Eigeninitiative und überzeugte durch seine Einsatzbereitschaft und seine guten Leistungen. Er arbeitete gewissenhaft und umsichtig und erfüllte seinen Aufgabenbereich stets zu unserer vollen Zufriedenheit.

Sein persönliches Verhalten war jederzeit einwandfrei.

Herr Müller verlässt unser Unternehmen auf eigenen Wunsch, um sich einer neuen Aufgabe zu widmen. Wir bedauern sein Ausscheiden, danken ihm für die gute Zusammenarbeit und wünschen ihm weiterhin viel Erfolg und persönlich alles Gute.

Dortmund, den 31. Mai 2013

Heinz Birner

Fazit

Eine gute Leistungs- und Verhaltensbeurteilung.
Note: 2

5.1.9 Bankkaufmann/Anlageberatung

ZEUGNIS

Herr Peter Müller, geboren am 4. November 1970 in Gärtringen, trat am 1. Februar 2005 in die Petersen-Bank ein.

Als Privatkundenberater mit Spezialisierung Wertpapiergeschäft umfasste sein Aufgabengebiet insbesondere:

- abschluss-, ertrags- und bedarfsorientierte ganzheitliche Kundenberatung
- Ausschöpfung und Weiterentwicklung bestehender Kundenbeziehungen
- ertrags- und risikoorientierte Akquisition von Neukunden
- Erzielung kontinuierlicher Erträge aus dem Aktiv-, Passiv- und Dienstleistungsgeschäft

Aufgrund seiner ausgezeichneten und detaillierten Fachkenntnisse ist Herr Müller in der Lage, auch komplexe Aufgaben immer selbstständig, sorgfältig und systematisch zu lösen. Herr Müller war ein verantwortungsvoller Mitarbeiter, der sich durch seine gewissenhafte und ergebnisorientierte Arbeitsweise auszeichnete. Auch stärkstem Arbeitsanfall ist er jederzeit gewachsen. Seine große Einsatzbereitschaft und überdurchschnittliche Arbeitsqualität sowie seine Aquisitionsstärke sind besonders hervorzuheben. Herr Müller erfüllte seinen Aufgabenbereich sicher und rationell jederzeit zu unserer außerordentlichen Zufriedenheit.

Aufgrund seiner Fachkompetenz und seiner verbindlichen Art war Herr Müller ein allseits geschätzter und anerkannter Mitarbeiter. Sein persönliches Verhalten gegenüber Vorgesetzten, Kunden und Kollegen war stets einwandfrei. Er zeichnete sich durch ein hohes Maß an Loyalität und Diskretion aus und repräsentierte unsere Bank vorbildlich.

Herr Müller scheidet zum 30. September 2013 auf eigenen Wunsch aus unserem Hause aus, um sich einer neuen Aufgabe zu widmen. Wir bedauern sein Ausscheiden sehr, da wir einen wertvollen Mitarbeiter verlieren. Wir danken Herrn Müller für die stets sehr gute und angenehme Zusammenarbeit und wünschen ihm für seine berufliche Zukunft weiterhin viel Erfolg sowie persönlich alles Gute.

Hamburg, den 30. September 2013

ppa. Heinz Birner
Direktor

Fazit

Das Zeugnis ist in sich stimmig und in allen Beurteilungspunkten weit über dem Durchschnitt mit der Gesamtnote gut bis sehr gut.
Note: 1-2

5.1.10 Bauführer

ZEUGNIS

Herr Dipl.-Ing. (FH) Peter Müller, geboren am 19. Juli 1980 in Stuttgart, war vom 1. August 2007 bis zum 30. April 2013 in unserem Unternehmen tätig.

Er arbeitete zunächst im Rahmen unseres beruflichen Einstiegsprogramms bis zum 31. Dezember 2007 in der Abteilung Arbeitsvorbereitung in Karlsruhe. Sein Aufgabenbereich umfasste die Erstellung von Baustelleneinrichtungs-, Termin- und Arbeitsplänen sowie Wirtschaftsanalysen mit Hilfe unserer CAD- und Terminplanungssysteme. Außerdem gehörte zu seinem Aufgabenbereich die Ermittlung der notwendigen Schalungen und Gerüste, deren Ausschreibung und die Mitwirkung bei der Vergabe.

Ab dem 1. Januar 2005 arbeitete Herr Müller als Bauführer auf Baustellen unserer Niederlassung Südbaden. Sein Tätigkeitsgebiet umfasste die Überwachung und Kontrolle des Baustellenpersonals, die Prüfung der Aufmaße und Abrechnungen der Subunternehmen sowie die Personal-, Material- und Gerätedisposition. Außerdem wurde ihm bei Urlaubsabwesenheit des Bauleiters die Bauleitung übertragen.

Herr Müller arbeitete stets zuverlässig, zielstrebig und selbstständig. Seine im Studium erworbenen umfassenden Fachkenntnisse konnte er gut in der Praxis umsetzen und durch seine sehr gute Arbeitsmotivation erfolgreich erweitern. Besondere Anerkennung fanden die von Herrn Müller erarbeiteten Problemlösungen und deren praktische Umsetzung.

Seine Aufgaben bewältigte Herr Müller jederzeit kostenbewusst und termingerecht stets zu unserer vollen Zufriedenheit.

Sein persönliches Verhalten war jederzeit einwandfrei. Herr Müller ist allseits anerkannt und geschätzt.

Herr Müller verlässt unser Unternehmen zum 30. April 2011 auf eigenen Wunsch, um sich einer neuen Aufgabe zu widmen. Wir bedauern seine Entscheidung, da wir mit ihm einen guten Mitarbeiter verlieren. Wir danken ihm für seine Tätigkeit in unserem Unternehmen und wünschen ihm weiterhin viel Erfolg und persönlich alles Gute.

Karlsruhe, den 30. April 2013

ppa. Heinz Birner
Geschäftsleitung

ppa. Volker Petersen
Personalleitung

Fazit

Ein guter Mitarbeiter, der insbesondere auch in schwierigen Situationen gute Leistungen erbrachte. Die Beurteilung seines persönlichen Verhaltens ist ebenfalls gut.
Note: 2

5.1.11 Bilanzbuchhalter

ZEUGNIS

Herr Peter Müller, geboren am 23. Oktober 1964, war vom 1. April 2007 bis zum 31. August 2013 als Bilanzbuchhalter in unserem Unternehmen tätig.

Er war im Wesentlichen mit folgenden Aufgaben betraut:

- Erledigung aller Aufgaben im Bereich der Buchhaltung (inkl. Anlagenbuchhaltung)
- Erstellung der Monatsabschlüsse und der Jahresabschlüsse nach HGB
- Bearbeitung der laufenden Steuererklärungen
- Unterstützung im Controlling und Reporting
- Unterstützung des kaufmännischen Leiters
- Mitwirkung bei der Lohnbuchhaltung

Herr Müller verfügt über ein umfangreiches und vielseitiges Fachwissen, welches er eigeninitiativ auf dem aktuellen Stand hielt und immer äußerst sicher und zielgerichtet in der Praxis einsetzte. Er erfüllte seine Aufgaben absolut zuverlässig, selbstständig, termingerecht und mit hoher Sorgfalt und Genauigkeit. Darüber hinaus bewies er stets eine gute Übersicht und Arbeitseinteilung. Aufgrund seiner raschen Auffassungsgabe überblickte Herr Müller auch schwierige Zusammenhänge und war in der Lage, Probleme schnell zutreffend zu analysieren und gute Lösungen zu finden. Wir kannten ihn als einen verantwortungsbewussten, gewissenhaften und sehr engagierten Mitarbeiter, der auch bei starker Arbeitsbelastung eine hohe Arbeitsqualität erzielte.

Die Leistungen des Herrn Müller fanden stets unsere volle Anerkennung.

Sein persönliches Verhalten gegenüber Vorgesetzten und Kollegen sowie Geschäftspartnern war jederzeit einwandfrei. Er war immer freundlich und zuvorkommend.

Herr Müller verlässt unser Unternehmen zum heutigen Tage auf eigenen Wunsch. Wir bedauern sein Ausscheiden und danken ihm für die stets gute Zusammenarbeit. Für seinen weiteren Berufs- und Lebensweg wünschen wir ihm alles Gute und weiterhin viel Erfolg.

München, den 31. August 2013

Heinz Birner
Geschäftsführer

Fazit

Ein guter, absolut zuverlässiger Mitarbeiter, dessen Verhalten ebenfalls als gut bewertet wird.
Note: 2

5.1.12 Buchhalter

ZEUGNIS

Herr Peter Müller, geboren am 8. Februar 1965 in Zülpich, war vom 1. November 2006 bis zum 30. April 2013 in unserem Hause als Buchhalter tätig.

Sein Aufgabenbereich umfasste die gesamten anfallenden Arbeiten der Lohn- und Finanzbuchhaltung. Hierzu gehörten die Führung der Personen- und Sachkonten, die Erstellung der monatlichen Lohn- und Gehaltsabrechnungen, die Überwachung des gesamten Zahlungsverkehrs mit Lieferanten, Behörden und Finanzamt und die selbstständige Führung der Korrespondenz.

Herr Müller verfügt über solide buchhalterische Fachkenntnisse. Er hat der geforderten Einsatzbereitschaft entsprochen und ist dem üblichen Arbeitsanfall gewachsen. Den ihm übertragenen Aufgabenbereich hat er stets zu unserer Zufriedenheit erfüllt.

Sein persönliches Verhalten war einwandfrei.

Herr Müller scheidet mit dem heutigen Tag auf eigenen Wunsch aus unserem Unternehmen aus. Wir wünschen ihm für die Zukunft alles Gute

Köln, den 30. April 2013

Heinz Birner
Leiter Rechnungswesen

Fazit

Durchschnittlicher, nicht sehr engagierter Mitarbeiter, der stärkerem Arbeitsanfall nicht gewachsen ist. Auch die Verhaltensbeurteilung ist nur durchschnittlich. Es verwundert daher nicht, dass in der Schlussformel die Beendigung des Arbeitsverhältnisses nicht bedauert und Herrn Müller für die Zukunft nicht weiterhin viel Erfolg gewünscht wird.
Note: 3-4

5.1.13 Bürokauffrau

ZEUGNIS

Frau Barbara Meier, geboren am 20. April 1974 in Karlsruhe, trat am 1. September 2012 als Bürokauffrau in unser Unternehmen ein.

Sie war in unserer zentralen Verwaltungsabteilung tätig. Ihr Aufgabenbereich umfasste im Wesentlichen:

- Angebotserstellung
- Auftragsbearbeitung
- Kontrolle von Lieferantenauftragsbestätigungen
- Buchung von Lieferscheinen
- Reklamationsbearbeitung
- allgemeiner Schriftverkehr und Telefondienst
- Kundenerfassung und Stammdatenpflege

Frau Meier arbeitete umsichtig und gründlich. Sie bewältigte ihre Aufgaben zu unserer Zufriedenheit.

Ihr persönliches Verhalten war jederzeit einwandfrei.

Frau Meier scheidet auf eigenen Wunsch mit dem heutigen Tag aus unserem Unternehmen aus. Wir wünschen ihr für die Zukunft alles Gute.

Böblingen, den 30. April 2013

Heinz Birner
Geschäftsführer

Fazit

Das persönliche Verhalten der Frau Meier ist gut. Jedoch lassen ihre Leistungen zu wünschen übrig. Sie ist offenbar nicht in der Lage, selbstständig, zuverlässig und zügig zu arbeiten.
Note: 4

5.1.14 Consultant

ZEUGNIS

Herr Peter Müller, geboren am 25. November 1970, war vom 1. April 2007 bis zum 31. Januar 2014 in unserem Unternehmen als Consultant tätig. Sein Aufgabenbereich umfasste im Wesentlichen:

- Konzeption und Realisierung von kundenspezifischen Softwarepaketen zur Installation von Anwendungen unseres Standard-Softwareprodukts IDEAL
- Beratung von Kunden bei der Implementierung und Betriebsunterstützung von IDEAL
- Planung, Vorbereitung und Durchführung von Schulungen zu IDEAL
- Präsentation unserer Softwareprodukte bei Kunden
- Mitwirkung bei der Erarbeitung von Schulungsunterlagen

Herr Müller verfügt über gute Fachkenntnisse, die er erfolgreich einsetzte. Er arbeitete kreativ, selbstständig und zuverlässig. Hervorzuheben ist seine Kundenorientierung und seine Flexibilität, die ihn als überzeugenden Gesprächspartner bei unseren Kunden auswies. Seine Aufgaben erfüllte Herr Müller selbstständig, rationell und erfolgreich stets zu unserer vollen Zufriedenheit.

Sein persönliches Verhalten war jederzeit einwandfrei.

Das Arbeitsverhältnis endet auf eigenen Wunsch von Herrn Müller am 31. Januar 2014, da er sich einer neuen Aufgabe stellen will. Wir danken ihm für seine erfolgreiche Tätigkeit in unserem Haus und wünschen ihm weiterhin viel Erfolg und persönlich alles Gute.

Köln, den 31. Januar 2014

Peter Birner Geschäftsführer	Wolfgang Petersen Personalleiter

Fazit

Ein überdurchschnittliches Zeugnis mit einer guten Leistungs- und Verhaltensbeurteilung.
Note: 2

5.1.15 Controller

ZEUGNIS

Herr Peter Müller, geboren am 2. Februar 1975, war vom 1. Juli 2009 bis zum 31. Oktober 2013 als Controller in unserem Unternehmen tätig.

Sein Aufgabenbereich umfasste im Wesentlichen:

- Erstellung und Analyse der Monats- und Quartalsberichterstattung
- Mitwirkung bei der Budgetplanung und der Jahresabschlusserstellung
- Überwachung von Preisdifferenzen
- Erstellung von Statistiken und Grafiken

Herr Müller verfügt über umfassende Fachkenntnisse und arbeitete sich schnell und sicher in sein Aufgabengebiet ein. Er bewältigte seine Aufgaben stets zuverlässig und gewissenhaft. Auch starkem Arbeitsanfall ist Herr Müller jederzeit gewachsen. Besonders hervorzuheben ist seine hohe Leistungsbereitschaft. Den übertragenen Aufgabenbereich hat Herr Müller zu unserer vollsten Zufriedenheit erfüllt.

Sein Verhalten gegenüber Vorgesetzten und Kollegen war stets einwandfrei.

Herr Müller verlässt unser Unternehmen zum heutigen Tage auf eigenen Wunsch. Wir wünschen ihm für seine berufliche Zukunft weiterhin viel Erfolg und persönlich alles Gute.

Dresden, den 31. Oktober 2013

Heinz Birner
Geschäftsführer

Fazit
Ein engagierter, belastbarer und zuverlässiger Mitarbeiter mit guten Fachkenntnissen. Sein persönliches Verhalten war ebenfalls gut. **Note: 2**

5.1.16 Datentypistin

ZEUGNIS

Frau Barbara Meier, geboren am 5. November 1971 in Korb, war in der Zeit vom 1. Dezember 2011 bis zum 28. Februar 2014 zur Aushilfe als Datentypistin in der Fachgruppe „Ärztemuster-Koordination“ unseres Hauses tätig.

Die wesentlichen Aufgaben von Frau Meier bestanden darin, Ärztemuster-Anforderungen mit Artikel-Nummern, Anzahl und Arztadressen in ein Datenterminal einzugeben. Außerdem sortierte sie die Eingangspost und führte die Ablage von Anforderungen und Verarbeitungslisten durch.

Frau Meier kam mit dem Datenterminal und dem von ihr anzuwendenden Verarbeitungsprogramm gut zurecht und war bereits nach kurzer Zeit voll einsetzbar. Sie arbeitete sorgfältig und genau und zeichnet sich durch ihre zügige Arbeitsweise und ihren Fleiß aus. Mit ihren Leistungen waren wir sehr zufrieden.

Bei Vorgesetzten und Kollegen war sie gleichermaßen geschätzt und beliebt.

Ihre Führung war jederzeit einwandfrei.

Frau Maier verlässt uns nach Ablauf des befristeten Arbeitsverhältnisses. Wir danke ihr für ihre Tätigkeit und wünschen ihr für die Zukunft alles Gute.

Offenbach, den 28. Februar 2014

ppa. Heinz Birner
Verwaltungsleiter

Fazit

Der Mitarbeiterin werden gute Leistungen und ein gutes persönliches Verhalten bescheinigt. Das Zeugnis wird durch die Schlussformulierung etwas abgewertet, in der Frau Meier nicht weiterhin viel Erfolg gewünscht wird.
Note: 2

5.1.17 Einkaufssachbearbeiter

ZEUGNIS

Herr Peter Müller, geboren am 9. Mai 1973 in Soest, war in der Zeit vom 1. Februar 2002 bis zum 30. April 2013 als Facheinkäufer in unserem Unternehmen tätig.

Herrn Müller war der Einkauf von Produktionsmaterial wie werkzeugfallende Kunststoff- und Metallteile, Lackrohstoffe und Klebstoffe mit einem Einkaufsvolumen von ca. 40 Millionen Euro pro Jahr übertragen.

In dieser Funktion war Herr Müller verantwortlich für die Erstellung von Marktanalysen und Angebotsvergleichen sowie für die Verhandlungsführung und die Auswahl der Lieferanten. Außerdem arbeitete er Rahmenverträge aus. Darüber hinaus war er für die Bearbeitung von Reklamationen sowie für Erstmusterteileanforderungen zuständig und arbeitete in verschiedenen Kundenprojekten als Teilprojektleiter mit.

Im Rahmen der Unternehmensrichtlinien und Einkaufsanweisungen führte Herr Müller sein Sachgebiet selbstständig. Am 5. September 1996 wurde ihm Handlungsvollmacht erteilt.

Herr Müller verfügt über sehr gute Markt- und Produktkenntnisse, ein ausgeprägtes technisches Verständnis sowie kaufmännisches Gespür und Verhandlungsgeschick. Hervorzuheben sind seine guten Englisch- und EDV-Kenntnisse. Sein fachliches Können und seine Erfahrung im Projektmanagement machten ihn zu einem kompetenten und geschätzten Gesprächspartner.

Herr Müller ist ein zielorientierter und durchsetzungsstarker Mitarbeiter, der die ihm übertragenen Aufgaben überdurchschnittlich engagiert und stets zu unserer vollen Zufriedenheit ausführte. Aufgrund seiner Flexibilität zeigte er sich auch schwierigen Situationen jederzeit gewachsen.

Das persönliche Verhalten von Herrn Müller war jederzeit einwandfrei.

Herr Müller verlässt unser Unternehmen zum heutigen Tage auf eigenen Wunsch. Wir danken ihm für seine bisherige Tätigkeit und wünschen ihm für seine berufliche Zukunft weiterhin viel Erfolg und persönlich alles Gute.

Kaiserslautern, den 30. April 2013

ppa. Heinz Birner
Einkaufsleiter

ppa. Volker Petersen
Personalleiter

Fazit

Eine gute Leistungsbeurteilung, die Herrn Müller als engagierten und ausgesprochen kompetenten Mitarbeiter beschreibt. Die Verhaltensbeurteilung ist ebenfalls gut.
Note: 1-2

5.1.18 Elektroingenieur

ZEUGNIS

Herr Dipl. Ing. Elektrotechnik Peter Müller war vom 1. Januar 2005 bis zum 31. März 2014 als Projekt-Ingenieur in unserem Technischen Büro in Weil am Rhein tätig.

Herrn Müller wurde zunächst die Planung der Mess- und Regeltechnik einer verfahrenstechnischen Pilotanlage eines Großkunden aus der Chemieindustrie übertragen. Hierbei war er für das gesamte Detailengineering verantwortlich und erstellte die Montageunterlagen sowie die komplette Dokumentation. Anschließend übernahm Herr Müller die Betriebsbetreuung einer pharmazeutischen Großanlage. Er analysierte und optimierte die laufende Produktionsanlage und erarbeitete und realisierte Lösungen für die vorhandenen Probleme. Dabei bearbeitete Herr Müller das Basis- und Detailengineering und führte mit bis zu fünf Mitarbeitern die Installationen in der Anlage und die Änderungen im Prozessleitsystem sowie die Inbetriebnahme durch.

Seit April 2008 ist Herr Müller als Projektleiter tätig. In dieser Funktion ist er Ansprechpartner der Kunden und koordiniert die Projekte von der Auftragserteilung bis zur Inbetriebnahme und der Übergabe der Anlagen an den Kunden. Er ist verantwortlich für die Gerätespezifikation, den Einkauf, die Planung sowie für die Information an die Montageabteilung und die Überprüfung der Installation. Derzeit ist er als Projektleiter mit der Abwicklung der gesamten MSR-Technik und Elektrotechnik für Benzindampfrückgewinnungsanlagen eines Kunden beauftragt.

Außerdem war Herr Müller von Anbeginn an mit der Ausarbeitung von Angeboten für unsere Kunden betraut.

Herr Müller verfügt über umfassende Fachkenntnisse, auch in Randbereichen, und arbeitete sich jeweils mit großem Engagement sehr schnell in seine Aufgabengebiete ein. Er beherrscht seine Arbeitsbereiche selbstständig und sicher und erledigte die ihm übertragenen Aufgaben zielorientiert, rationell und effizient.

Er zeigte stets Eigeninitiative und überzeugte durch seine große Leistungsbereitschaft. Auch starkem Arbeitsanfall war er jederzeit gewachsen. Hervorzuheben sind seine Teamfähigkeit und seine genaue Arbeitsweise sowie seine Fähigkeit, Mitarbeiter zu guten Leistungen zu motivieren.

Den ihm übertragenen Aufgabenbereich erfüllte Herr Müller jederzeit zu unserer vollsten Zufriedenheit.

Sein persönliches Verhalten war stets einwandfrei. Bei Vorgesetzten, Kollegen, Mitarbeitern und Kunden ist er anerkannt und geschätzt.

Wegen der Schließung unseres Technischen Büros in Weil am Rhein endet das Arbeitsverhältnis am 31. März 2014. Wir bedauern diese Entwicklung sehr, da wir mit Herrn Müller einen ausgezeichneten Mitarbeiter verlieren. Wir danken ihm für seine bisherige wertvolle Mitarbeit und wünschen ihm für die Zukunft weiterhin viel Erfolg und persönlich alles Gute.

Frankfurt am Main, den 31. März 2014

Heinz Birner
Geschäftsführer

Georg Weider
Planungsleiter

Fazit

Eine sehr gute Leistungs- und Verhaltensbeurteilung. Die sehr guten Leistungen des Herrn Müller werden durch die Schlussformulierung nochmals betont.
Note: 1

5.1.19 Ergotherapeutin

ZEUGNIS

Frau Barbara Meier, geboren am 3. Januar 1972, war vom 1. Juli 2004 bis zum 31. Mai 2013 als Ergotherapeutin in meiner Praxis tätig.

Frau Meier wurde im Fachgebiet Pädiatrie mit Kindern im Alter von 1½ bis 14 Jahren bei folgenden Diagnosen eingesetzt:

- AD-HS (Aufmerksamkeitsstörungen mit und ohne Hyperaktivität)
- Legasthenie und Dyskalkulie
- Störungen in der Wahrnehmungsverarbeitung

- Motorische Koordinationsstörungen
- Sprachstörungen
- Psychisch funktionale Störungen
- Globale und isolierte Entwicklungsstörungen.

Ihr Aufgabenbereich umfasste im Wesentlichen:

- Anamneseerhebung, Durchführung und Interpretation der Befunderhebung unter Verwendung von SIPT, FEW, MOT 4-6, FTM, GKB, DES, DP1 und DP2, Screening nach Mottier und Greuchen
- Planung und Durchführung der Einzel- und Gruppenbehandlungen
- Beratung von Eltern, Erziehern, Ärzten und Psychologen und Zusammenarbeit mit diesem Personenkreis

Frau Meier besitzt ein umfassendes, detailliertes und aktuelles Fachwissen im Fachgebiet Ergotherapie/Pädiatrie und sie setzte dieses erfolgreich in ihrer täglichen Arbeit ein. Sie verfügt über eine gute Patientenbeobachtung und arbeitete auch in Krisenzeiten situationsgerecht, umsichtig und fürsorglich. Frau Meier engagierte sich auch über die übliche Arbeitszeit hinaus mit großer Einsatzbereitschaft für die Praxis und die Patienten. Ihre Aufgaben bewältigte sie selbstständig und sicher stets sehr sorgfältig und mit hervorragendem Können.

Sie ist eine hochqualifizierte Fachkraft, die ihre Aufgaben jederzeit zu meiner vollsten Zufriedenheit erfüllte.

Frau Meier ist eine loyale Mitarbeiterin, die sich gut ins Team integrierte. Ihr Verhalten gegenüber Vorgesetzten, Patienten und Kolleginnen war stets vorbildlich.

Frau Meier scheidet auf eigenen Wunsch aus privaten Gründen aus unserer Praxis aus. Ich bedauere dies sehr, da ich eine ausgezeichnete Fachkraft verliere. Für die sehr guten Leistungen möchte ich mich bei Frau Meier ausdrücklich bedanken. Ich wünsche ihr für ihren weiteren Berufsweg weiterhin viel Erfolg und privat alles Gute.

Karlsruhe, den 31. Mai 2013

Heinz Birner
Ergotherapeut

Fazit

Eine ausgezeichnete Mitarbeiterin, mit einem sehr guten persönlichen Verhalten. Note: 1

5.1.20 Erzieherin

ZEUGNIS

Frau Barbara Meier, geb. am 15. März 1965, war vom 15. August 2008 bis zum 31. März 2014 als Erzieherin in unserem Kindergarten tätig.

Unser Kindergarten bietet in fünf Gruppen 115 Kindern Platz, die von fünf Erzieherinnen und zwei Zweitkräften sowie einer Vorpraktikantin betreut werden.

Frau Meier war alleinige Gruppenleiterin und betreute eine gemischte Gruppe von in der Regel 23 Kindern im Alter von 3 bis zu 6 Jahren. Die pädagogische Arbeit erstreckte sich über den ganzen Tag, wobei in den Vormittagsstunden das Angebot an die Gesamtgruppe gerichtet war und in den Nachmittagsstunden — bedingt durch die geringere Kinderzahl — die gezielte Förderung einzelner Kinder im Vordergrund stand. Als Gruppenleiterin war Frau Meier für die pädagogische und organisatorische Arbeit verantwortlich. Außerdem arbeitete sie an der pädagogischen und organisatorischen Konzeption des gesamten Kindergartens mit.

Frau Meier war die Freude am Beruf der Erzieherin am Umgang mit Kindern anzumerken. Sie stellte in kürzester Zeit den Kontakt zu den Kindern her und verstand es, die Kinder auf kreativem Gebiet anzuregen und zu fördern. Durch Angebote und im Freispiel begeisterte sie und regte immer wieder zu neuen Spielen an. Frau Meier ist in der Lage, die Bedürfnisse und Interessen, aber auch die Schwächen und Schwierigkeiten der Kinder schnell zu erkennen und darauf einzugehen. Es gelang ihr, die Kinder zu motivieren, die Begabungen zu fördern und die Persönlichkeit der Kinder weiter zu entwickeln, wobei sie großen Wert auf das Sozialverhalten der Kinder sowie auf die Erziehung zur Selbstständigkeit legte. Der Gruppenraum war gemütlich eingerichtet und wurde durch mitgebrachte Gegenstände noch ergänzt und verschönert.

Zu den Eltern hatte Frau Meier ein gutes Verhältnis. Sie pflegte Kontakte, besprach Probleme und gab Rat und Hilfestellung bei Entscheidungen wie Frühförderung und Einschulung. Die Elternarbeit wurde durch Gruppenelternabende und andere Angebote an die Eltern vertieft. Es gelang Frau Meier, die Eltern ihrer Gruppe zu motivieren und zu Aktivitäten für die Gruppe und den Kindergarten anzuregen.

Bei den wöchentlichen Dienstbesprechungen, bei denen Arbeitspläne erarbeitet und anstehende Probleme besprochen wurden, arbeitete sie aktiv mit, brachte Ideen ein und unterstützte die Teamarbeit durch gemeinschaftsfördernde Aktivitäten.

Frau Meier arbeitete selbstständig und engagiert. Sie war stets ordentlich, pünktlich und hat übertragene oder freiwillig übernommene Aufgaben immer gut und zuverlässig erledigt. Sie hat sich über ihre Gruppe hinaus auch jederzeit für die gesamte Einrichtung verantwortlich gefühlt und die Kindergartenleitung bei organisatorischen Aufgaben unterstützt.

Zusammenfassend kann gesagt werden, dass Frau Meier ihre Aufgabe als Erzieherin in unserem Kindergarten stets zu unserer vollen Zufriedenheit erfüllte. Ihre Arbeit wurde vom Träger, der Kindergartenleitung und den Eltern von Anfang an positiv bewertet.

Ihr persönliches Verhalten war jederzeit einwandfrei. Sie war allseits anerkannt und geschätzt.

Auf Wunsch von Frau Meier endet das Arbeitsverhältnis zum 31. März 2008. Wir danken ihr für die Mitarbeit und wünschen ihr für ihre berufliche Zukunft weiterhin viel Erfolg und persönlich alles Gute.

Hamburg, den 31. März 2014
Heinz Birner (Vorsitzender des Trägervereins)

Fazit

Eine überdurchschnittliche Leistungsbeurteilung, wobei sich Frau Meier insbesondere durch ihren Umgang mit den Kindern und deren Förderung und Motivation auszeichnet. Auch die Verhaltensbeurteilung ist gut.
Note: 2

5.1.21 Fremdsprachenkorrespondentin

ZEUGNIS

Frau Barbara Meier, geboren am 20. Oktober 1969 in München, gehörte unserem Unternehmen vom 1. Januar 2001 bis zum 31. März 2014 als Fremdsprachenkorrespondentin an.

Nach einer dreimonatigen Einarbeitungszeit in unserer Münchner Zentrale war Frau Meier in unserer Niederlassung in Paris tätig.

Ihre Aufgaben umfassten die Aufnahme von deutschen und französischen Diktaten sowie deren Übernahme und Weiterbearbeitung in einem Textverarbeitungsprogramm, die Fertigung von Reinschriften nach Konzepten, die Übersetzungen einfacher Texte, die Erledigung von Routineschriftwechsel nach Stichwortangaben sowie die Abwicklung des französischen Telefon- und Besucherverkehrs.

Frau Meier verfügt über gute französische Sprachkenntnisse und beherrscht die deutsche Sprache sicher. Sie arbeitete zügig und gewissenhaft zu unserer vollen Zufriedenheit.

Ihr persönliches Verhalten war einwandfrei.

Frau Meier scheidet mit Ablauf des 31. März 2014 aus unserem Unternehmen aus. Wir danken ihr für ihre Arbeit und wünschen ihr für die Zukunft alles Gute.

Paris, den 31. März 2014

Heinz Birner (Personalleiter)

Fazit

Eine durchschnittliche Mitarbeiterin, die ihre Aufgaben ordnungsgemäß erfüllt, allerdings ohne viel Eigeninitiative und Engagement. Die Verhaltensbeurteilung ist ebenfalls nur durchschnittlich. Die Schlussformulierung spricht dafür, dass der Mitarbeiterin gekündigt wurde, ohne dass betriebliche Gründe vorlagen.
Note: 3-4

5.1.22 Geschäftsführungssekretärin

ZEUGNIS

Frau Barbara Meier, geboren am 4. Oktober 1966 in Stuttgart, trat am 1. Dezember 2001 als Geschäftsführungssekretärin in unser Unternehmen ein.

Neben den üblichen Arbeiten als Chefsekretärin wie Organisation des Geschäftsführungssekretariats, Korrespondenz nach Diktat und Stichwortangaben, Terminplanung für den Geschäftsführer, Empfang von Besuchern, Telefondienst, Führung von Protokollen und Präsenzlisten bei Aufsichtsratssitzungen, Gesellschafterversammlungen und Geschäftsführertagungen waren ihr folgende Aufgaben übertragen:

- Führung und Bearbeitung der Akten für die betriebliche Altersversorgung
- Berechnung der Betriebsrenten für die jährliche Pensionsrückstellung in der Bilanz
- Bearbeitung der Gruppenunfallversicherung für die leitenden Mitarbeiter

Frau Meier führte den ihr übertragenen komplexen Aufgabenbereich stets zur vollsten Zufriedenheit der Geschäftsführung aus. Hervorzuheben sind ihre Einsatzfreudigkeit und ihre außerordentlich hohe Belastbarkeit. Technischen Neuerungen gegenüber ist sie aufgeschlossen. Auf ihre zügige, umsichtige und gewissenhafte Arbeitsweise konnte sich die Geschäftsführung auch in schwierigen Situationen jederzeit verlassen. Die mit der Tätigkeit als Chefsekretärin verbundene Diskretion hat Frau Meier stets gewahrt. Das Unternehmen wurde von ihr immer vorbildlich repräsentiert.

Das persönliche Verhalten von Frau Meier gegenüber Vorgesetzten, Mitarbeitern und Kunden unseres Unternehmens war stets einwandfrei.

Frau Meier scheidet aus privaten Gründen auf eigenen Wunsch mit dem heutigen Tag aus unserem Unternehmen aus. Wir bedauern ihre Entscheidung sehr und danken ihr für ihre bisherige Arbeit. Unsere besten Wünsche begleiten sie für ihre Zukunft.

Stuttgart, den 30. April 2013

Heinz Birner
Geschäftsführer

Fazit

Eine sehr gute Mitarbeiterin, auf die sich der Arbeitgeber in jeder Situation immer verlassen konnte. Die Verhaltensbeurteilung ist gut.
Note: 1-2

5.1.23 Grafik-Designerin

ZEUGNIS

Frau Barbara Meier, geboren am 21. Februar 1974 in Weil, war vom 1. Februar 2012 bis zum 31. Mai 2013 befristet in unserem Hause als Grafik-Designerin tätig.

Sie war im Bereich Corporate Design eingesetzt. Ihr Aufgabenbereich umfasste alle Arbeiten vom Entwurf bis zur Druckvorstufe.

Im Einzelnen war sie unter Anwendung der Macintosh-Programme QuarkXPress, Illustrator und Photoshop vor allem mit folgenden Aufgaben befasst:

- Signetgestaltung
- Layouts
- Druckunterlagenvorbereitung

Außerdem holte sie Angebote bei Lithoanstalten und Druckereien ein und organisierte für Kunden Anzeigenschaltungen.

Frau Meier hat sich schnell in die Arbeitsabläufe der Entwicklung und Fortführung von Corporate Design eingearbeitet und gute neue Ideen eingebracht und erfolgreich umgesetzt. Sie arbeitete engagiert, zuverlässig und sorgfältig. Hervorzuheben sind ihre Teamfähigkeit sowie ihre flexible und kreative Arbeitsweise.

Ihre Aufgaben bewältigte Frau Meier jederzeit zu unserer vollen Zufriedenheit.

Ihr persönliches Verhalten war stets einwandfrei.

Wir danken Frau Meier für ihre Tätigkeit in unserem Haus und wünschen ihr weiterhin viel Erfolg und persönlich alles Gute.

Konstanz, den 31. Mai 2013

Heinz Birner Leiter Marketing	Rolf Bühler Personalleiter

Fazit
Eine gute Leistungs- und Führungsbeurteilung. Note: 2

5.1.24 Kaufmännische Angestellte in der Betriebsverwaltung eines technischen Büros

ZEUGNIS

Frau Barbara Meier, geboren am 9. März 1967 in Ehingen, trat am1. Dezember 1996 als kaufmännische Angestellte in unser Unternehmen ein und arbeitete in unserer Zweigniederlassung in Freiburg im technischen Büro.

Sie war in der Betriebsverwaltung tätig. Zu ihren Aufgaben gehörten im Wesentlichen:

- Führen der Haupt- und Nebenkasse
- Führen der Essensmarkenkasse
- Ausgeben von Bundesbahnfahrkarten
- Bearbeitung von Fremdrechnungen
- Terminüberwachung
- Bestellüberwachung
- Schreiben der gesamten Korrespondenz

Wir haben Frau Meier als engagierte und gewissenhafte Mitarbeiterin kennengelernt, die die ihr übertragenen Aufgaben zu unserer vollen Zufriedenheit erledigte.

Das Verhalten und die Führung gegenüber Vorgesetzten und Kollegen waren jederzeit einwandfrei.

Wegen der Auflösung unseres technischen Büros in Freiburg musste das Arbeitsverhältnis von Frau Meier zum 31. März 2014 beendet werden. Wir danken ihr für ihre Leistungen und wünschen ihr für die Zukunft weiterhin Erfolg und persönlich alles Gute.

Freiburg, den 31. März 2014

i. V. Heinz Birner (Niederlassungsleiter)

Fazit
Eine engagierte Mitarbeiterin, jedoch mit eingeschränkten Fachkenntnissen. Gute Verhaltensbeurteilung. Note: 3

5.1.25 Kaufmännischer Angestellter in der Einkaufsabteilung

ZEUGNIS

Herr Peter Müller, geboren am 4. November 1965 in Gießen, war vom 1. Januar 2002 bis zum 31. Mai 2013 als Industriekaufmann in unserer Einkaufsabteilung tätig.

Sein Aufgabengebiet umfasste den weitgehend selbstständigen Einkauf der Materialien für unsere Produktgruppen aus der Kellereitechnik, dem Edelstahl-Apparatebau, dem Armaturenbau sowie der Solarienfertigung.

Herrn Müller oblagen alle mit diesem Aufgabengebiet verbundenen Aufgaben wie Einholung von Angeboten, Führung von Preisverhandlungen, Disposition und Beschaffung des Materials, Rechnungsprüfung sowie die Abwicklung des mit dem Einkauf verbundenen Schriftverkehrs.

Herr Müller zeigte Einsatzbereitschaft und Initiative und verfügt über eine sichere Urteilsfähigkeit. Er arbeitete selbstständig und sicher, hatte oft neue Ideen und findet gute Lösungen. Seine Leistungen haben stets unsere volle Anerkennung gefunden.

Bei Vorgesetzten, Kollegen und Geschäftspartnern ist Herr Müller geschätzt. Sein persönliches Verhalten war jederzeit einwandfrei.

Aus betriebsbedingten Gründen musste das Arbeitsverhältnis von Herrn Müller mit dem heutigen Tag beendet werden. Wir bedauern diese Entwicklung, da wir mit Herrn Müller einen guten Mitarbeiter verlieren. Wir danken ihm für seine geleistete Arbeit und wünschen ihm in der Zukunft wieder Erfolg und persönlich alles Gute.

Karlsruhe, den 31. Mai 2013

Heinz Birner
Leiter Einkauf

Fazit

Eine gute Leistungs- und Verhaltensbeurteilung. Da Herrn Müller in der Schlussformulierung „wieder Erfolg“ gewünscht wird, sind möglicherweise Umstände aufgetreten, die seine Leistungen beeinträchtigt haben.
Note: 2

5.1.26 Kaufmännische Angestellte im Handwerksbetrieb

ZEUGNIS

Frau Barbara Meier, geboren am 8. August 1966, war vom 1. Oktober 2002 bis zum 31. März 2014 in meinem Glasereibetrieb als kaufmännische Angestellte tätig.

Sie war mit der Organisation und der Durchführung der anfallenden Büroarbeiten befasst. Hierzu gehörten insbesondere:

- die Bearbeitung der ein- und ausgehenden Post einschließlich der Aktenführung
- der Empfang von Kunden und die Bedienung des Telefons
- die Durchführung der allgemeinen Schreibarbeiten mit Hilfe eines Schreibcomputers einschließlich der Erstellung von Angeboten nach Diktat
- die Fakturierung und das Mahnwesen
- die Erfassung der Arbeitszeit der einzelnen gewerblichen Mitarbeiter mit Hilfe einer EDV-Anlage
- die Vorbereitung der Buchhaltungsunterlagen für den Steuerberater.

Frau Meier verfügt über organisatorisches Geschick und ist durch ihre zügige Arbeitsweise auch großem Arbeitsanfall jederzeit gewachsen. Mit ihrer schnellen Auffassungsgabe und ihrer selbstständigen, zuverlässigen und gründlichen Arbeitsweise erledigte sie ihren Aufgabenkreis stets zu meiner vollen Zufriedenheit. Ihr persönliches Verhalten war jederzeit einwandfrei.

Frau Meier scheidet auf eigenen Wunsch aus meinem Betrieb aus. Ich bedauere ihre Entscheidung, danke ihr für ihre Mitarbeit und wünsche ihr weiterhin viel Erfolg und persönlich alles Gute.

Breisach, den 31. März 2014

Heinz Birner
Geschäftsführer

Fazit

Eine überdurchschnittliche Leistungs- und Verhaltensbeurteilung, die durch die gute Schlussformulierung ergänzt wird.
Note: 2

5.1.27 Key-Account-Manager

ZEUGNIS

Herr Dipl.- Ing. (FH) Peter Müller, geboren am 23. August 1964 in Erfurt, war in der Zeit vom 1. Juli 2004 bis zum 31. März 2014 in unserem Unternehmen tätig.

Er war als Key-Account-Manager mit dem Vertrieb der Produktlinie A-15 betraut.

Sein Aufgabenbereich umfasste im Wesentlichen:

- Umsatz- und Ergebnisverantwortung für vier unserer bedeutendsten Großkunden mit Standorten in Europa, Lateinamerika und Indien mit einem Umsatz von ca. 30 Millionen EUR p. A.
- Erstellung und Umsetzung der Absatzstrategie für diese Großkunden einschließlich der Sicherstellung der Belieferung aus eigenen Produktionswerken in Deutschland und Frankreich
- Sicherstellung der Auslastung eigener regionaler Produktionskapazitäten
- Erarbeitung von Marktanalysen und kontinuierliche Marktbeobachtung
- Mitarbeit bei der Erstellung von Budget und Verkaufsplänen
- Eigenständige Terminierung von Kundenbesuchen
- Bearbeitung von kaufmännischen Kundenanfragen
- Koordinierung von Kundenseminaren und technischen Unterstützungsmaßnahmen

Herr Müller hatte sich schnell in seinen Aufgabenbereich eingearbeitet und verfügt über gute Vertriebs- und Produktkenntnisse, die auch die technische Kompetenz zur Beratung der Kunden bei der komplexen Verarbeitung der Produktlinie A-15 umfasst. Er ist ein engagierter Mitarbeiter, der seine Aufgaben selbständig, zuverlässig und erfolgreich bewältigte. Hervorzuheben ist seine zielgerichtete und termingerechte Arbeitsweise sowie seine Eigeninitiative und Leistungsbereitschaft. Auch bei unseren Kunden ist Herr Müller als kompetenter Gesprächspartner anerkannt und geschätzt. Seinen Aufgabenbereich bewältigte Herr Müller jederzeit zu unserer vollen Zufriedenheit.

Sein persönliches Verhalten gegenüber Vorgesetzten, Kunden und Arbeitskollegen war stets einwandfrei.

Bedingt durch einen von der Konzernspitze verfügten Personalabbau und der vorgeschriebenen Sozialauswahl endete das Arbeitsverhältnis von Herrn Müller am 31. März 2014.

Wir bedauern diese Entwicklung sehr, danken Herrn Müller für seine guten Leistungen in unserem Unternehmen und wünschen ihm weiterhin viel Erfolg und persönlich alles Gute.

Köln, den 31. März 2014

Jakob Beck Verkaufsleiter	Heinz Birner Personalleiter

Fazit

Die Leistungs- und die Verhaltensbeurteilung sind gut. Indem in der Schlussformulierung die vorgeschriebene Sozialauswahl ausdrücklich erwähnt wird, bringt der Arbeitgeber zum Ausdruck, dass er Herrn Müller gerne weiterbeschäftigt hätte.
Note: 2

5.1.28 Kosmetikerin

ZEUGNIS

Frau Barbara Meier, geboren am 10. März 1979, war vom 1. Februar 2003 bis zum 31. Mai 2013 in meinem Unternehmen tätig.

Frau Meier war als Kosmetikerin eingesetzt. Mit zunehmender Erfahrung wurde ihr auch zeitweise die Leitung in Vertretung der Inhaberin übertragen.

Das Aufgabengebiet von Frau Meier umfasste im Wesentlichen:

- Kosmetische Behandlungen wie medizinische Fußpflege, Gesichtsbehandlungen, Maniküre/Pediküre, Reflexzonenmassage, Aromatherapie, Sauerstofftherapie sowie Epilation
- Bestellwesen
- Kassenführung/Verkauf

Außerdem übernahm Frau Meier in Abwesenheit der Geschäftsführung die Führung von Mitarbeitern und die Koordination von Warenlieferungen.

Frau Meier ist eine sehr engagierte und strebsame Mitarbeiterin, die sich auf Grund ihrer guten Auffassungsgabe schnell und sicher in neue Aufgaben einarbeitet. Sie verfügt über gute kosmetische Fachkenntnisse und manuelles Geschick. Sie arbeitete immer zuverlässig, ordentlich und zügig und erbrachte stets gute Leistungen auch unter Zeitdruck. Besonders hervorzuheben sind ihre Eigeninitiative und ihr Verantwortungsbewusstsein, auf Grund der ihr auch die zeitweise Leitung des Kosmetikhauses während der Abwesenheit der Geschäftsführung anvertraut wurde.

Hervorzuheben ist auch, dass sie im betrieblichen Interesse an diversen Weiterbildungsmaßnahmen teilnahm und die hierin gewonnen Erkenntnisse in der Praxis erfolgreich umsetzte.

Ihre Aufgaben erfüllte Frau Meier stets selbstständig und souverän jederzeit zu unserer vollen Zufriedenheit.

Ihr persönliches Verhalten gegenüber Vorgesetzten, Kunden und Kollegen war stets einwandfrei. Auf Grund ihrer positiven Ausstrahlung und ihres freundlichen Auftretens war sie auch bei Kunden stets anerkannt und geschätzt.

Das Arbeitsverhältnis von Frau Meier endet am 31. Mai 2013. Wir danken ihr für die langjährige und stets produktive Zusammenarbeit in unserem Hause. Wir wünschen Frau Meier weiterhin viel Erfolg und persönlich alles Gute.

Freiburg, den 31. Mai 2013

Marion Birner
Geschäftsführerin

Fazit

Eine gute, engagierte und absolut vertrauenswürdige Mitarbeiterin. Die Verhaltensbeurteilung ist ebenfalls überdurchschnittlich.
Note: 2

5.1.29 Kraftfahrzeugingenieur

ZEUGNIS

Herr Peter Müller, geboren am 15. April 1965 in Bremen, trat am 1. Oktober 2012 als Diplom-Ingenieur in unser Unternehmen ein.

In einem firmeninternen Ausbildungsprogramm bekam Herr Müller zunächst die produktspezifischen Kenntnisse vermittelt. Dabei durchlief er das Forschungs- und Entwicklungszentrum, die Produktkonstruktion, den Motorenversuch sowie die Gießerei und verschiedene Fertigungsabteilungen.Danach wurde er in unserer Abteilung Zylinderverkauf im Bereich Erstausrüstung für einen Kunden der Automobilindustrie eingesetzt. Während der Einarbeitungszeit hatte Herr Müller Gelegenheit, zusammen mit einem erfahrenen Verkaufsingenieur, durch Besuche beim Kunden die dortige Struktur des Hauses kennen zu lernen. Danach übernahm er die Betreuung dieses Kunden in Zusammenarbeit mit den Konstruktions-, Entwicklungs-, Versuchs- und Betriebsabteilungen. Dabei war er an der Neu- und Weiterentwicklung von Zylindern und Kolben für Vierzylindermotoren beteiligt. Im Einzelnen umfasste sein Aufgabengebiet insbesondere:

- Unterbreitung von technischen Lösungsvorschlägen bei Problemfällen und Neuentwicklungen
- Auswertung von Versuchsberichten und Übermittlung an den Kunden
- Terminüberwachung
- Bearbeitung von technischen Anfragen, Schadensfällen und Reklamationen

Herr Müller verfügt über gute technische Kenntnisse, die er bei der Bewältigung seines Aufgabenbereiches einsetzte. Den ihm übertragenen Aufgabenbereich erfüllte er stets zu unserer Zufriedenheit.

Herr Müller hatte guten Kontakt zu unserem Kunden sowie zu den verschiedenen Stellen unseres Hauses. Seine Führung und sein Verhalten gegenüber Vorgesetzten und Mitarbeitern waren einwandfrei.

Herr Müller scheidet zum 31. März 2014 aus unserem Unternehmen aus.

Stuttgart, den 31. März 2014

Heinz Birner
Personalleiter

Fazit

Auch wenn dem Mitarbeiter in der zusammenfassenden Leistungsbeurteilung durchschnittliche Leistungen bescheinigt werden, dürften diese nicht befriedigend gewesen sein. Dem Mitarbeiter mangelte es offenbar an Engagement, Zuverlässigkeit und Selbstständigkeit. Die Führungsbeurteilung ist durchschnittlich. Da der Grund der Beendigung des Arbeitsverhältnisses nicht angegeben ist, wurde dem Mitarbeiter vermutlich wegen Leistungsmängel gekündigt.
Note: 4

5.1.30 Krankenpfleger Geriatrie

ZEUGNIS

Herr Peter Müller, geboren am 25. März 1970 in Düsseldorf, war vom 1. März 2006 bis zum 31. März 2014 als Krankenpfleger in unserem Hause tätig.

Unsere Klinik mit 120 Betten wurde im Rahmen des Geriatrieplanes des Landes Baden-Württemberg aufgebaut. Unser Ziel ist die multimorbide ganzheitliche Behandlung der Patienten, um Pflegebedürftigkeit zu vermeiden. Hierfür wird nach den individuellen Problemen des alten Menschen ein therapeutisches Team zusammengestellt und gemeinsam mit dem Patienten an seinen Rehabilitationszielen gearbeitet. Die Verweildauer der Patienten beträgt durchschnittlich sechs Wochen.

Herr Müller war auf einer Station mit 47 Patienten eingesetzt. Sein Aufgabengebiet umfasste im Wesentlichen:

- Datensammlung bei der Aufnahme von Patienten
- Unterstützung und stellvertretende Übernahme bei den ATL5
- Vorbereitung, Assistenz sowie Nachsorge bei Maßnahmen der Diagnostik und Therapie
- Mithilfe bei der Erstellung und Durchführung der Rehabilitationsmaßnahmen
- Führen der Patientendokumentation und Berichterstattung bei der Patientenübergabe

Herr Müller arbeitete selbstständig und jederzeit zuverlässig und motiviert und überzeugte durch sein fundiertes Fachwissen im Krankenpflegebereich. Er verfügt über eine gute Patientenbeobachtung und arbeitete flexibel. Er leitete situationsgerecht die notwendigen Maßnahmen ein und bewältigte auch kritische Situationen umsichtig und fürsorglich. Im Umgang mit Patienten bewies er große Aufmerksamkeit, Sorgfalt und Hilfsbereitschaft.

Die ihm übertragenen Aufgaben bewältigte er jederzeit zu unserer vollen Zufriedenheit. Bei Vorgesetzten, Patienten und Kollegen ist er anerkannt und geschätzt.

Herr Müller scheidet zum 31. März 2014 aus unserem Hause aus.

Wir danken ihm für seine Tätigkeit und wünschen ihm weiterhin viel Erfolg und persönlich alles Gute.

Freiburg, den 31. März 2014

Dr. H. Birner	W. Wieder	V. Petersen
Chefarzt	Pflegedienstleitung	Klinikdirektor

Fazit

Eine gute Leistungs- und Führungsbeurteilung.
Note: 2

5.1.31 Krankenpfleger Kardiologie

ZEUGNIS

Herr Peter Müller war vom 15. Juli 2000 bis zum 30. April 2013 als Krankenpfleger in unserem Herzzentrum beschäftigt.

Vom 15. Juli 2000 bis zum 31. Dezember 2001 war Herr Müller auf unserer kardio-chirurgischen Intensivstation eingesetzt. Zu seinen Aufgaben gehörten die Vorbereitung zur Übernahme frischoperierter Patienten aus dem Operationssaal sowie die lückenlose Überwachung einschließlich der spezifischen Parameter nach kardiochirurgischen Eingriffen. Außerdem oblagen ihm die Durchführung von ärztlichen Anordnungen sowie die umfangreiche ganzheitliche und differenzierte Pflege bis zur Verlegung der Patienten auf die kardio-chirurgische Wachstation.

Zum 1. Januar 2002 wechselte Herr Müller auf eigenen Wunsch auf eine unserer allgemein-kardiologischen Stationen. Auf dieser Station werden vor allem Infarkt-Patienten im subakuten und chronischen Stadium, Patienten mit Angina-pectoris-Beschwerden verschiedener Schweregrade, Herzfehlern und Myokarditiden behandelt sowie Patienten in der präoperativen Phase und in der Mobilisationsphase nach Bypass-Operationen sowie Herzklappenersatz. Außerdem werden Patienten mit Herz-Rhythmus-Störungen verschiedener Genese diagnostiziert und überwacht. Herrn Müller wurde auf dieser Station die Pflege und Überwachung dieser Patienten einschließlich der Durchführung von ärztlichen Anordnungen übertragen. Er war zunächst im Tagdienst eingesetzt und war seit dem 1. April 2002 auf eigenen Wunsch im Dauernachtdienst tätig.

Herr Müller arbeitete selbstständig und jederzeit zuverlässig. Er verfügt über eine gute Patientenbeobachtung und leitete situationsgerecht die notwendigen Maßnahmen ein. In Notfallsituationen reagierte er adäquat und sachgemäß, und bei Bedarf organisierte er einen geordneten Einsatz der sachlichen und personellen Ressourcen.

Herr Müller hat sich in die Aufgabengebiete der verschiedenen Stationen jeweils schnell eingearbeitet und zeichnete sich durch sein fundiertes Fachwissen im Krankenpflegebereich aus. Im Umgang mit Patienten bewies er große Aufmerksamkeit, Sorgfalt und Hilfsbereitschaft.

Die ihm übertragenen Aufgaben bewältigte er jederzeit zu unserer vollen Zufriedenheit. Bei Vorgesetzten, Patienten und Kollegen war er geschätzt und anerkannt.

Herr Müller scheidet zum 30. April 2013 auf eigenen Wunsch aus unserem Hause aus. Wir danken ihm für seine Tätigkeit und wünschen ihm weiterhin Erfolg und persönlich alles Gute.

Berlin, den 30. April 2013

Heinz Birner
Verwaltungsleiter

Petra Simon
Pflegeleiterin

Fazit

Ein zuverlässiger Mitarbeiter mit durchschnittlichem Fachwissen. Die Führungsbeurteilung ist gut.
Note: 2-3

5.1.32 Lehrer an einer Privatschule

ZEUGNIS

Herr Peter Müller, geboren am 2. Oktober 1962 in Stuttgart, war vom 1. November 2000 bis zum 30. April 2013 als Lehrer an unserer Schule tätig.

Sein Deputat betrug im Schuljahr 2000/01 19 Unterrichtsstunden pro Woche, ab dem Schuljahr 2001/02 wurde es auf ein volles Deputat von 25 Unterrichtsstunden pro Woche erhöht.

Herr Müller übernahm mit seinem Eintritt zum 1. November 2000 eine Klasse des staatlich anerkannten Kaufmännischen Berufskollegs 1 als Klassenlehrer, die er in dieser Funktion durch die am Ende des Schuljahres stattfindende Prüfung führte. Auch danach war Herr Müller jedes Jahr als Klassenlehrer für Klassen verantwortlich.

Er unterrichtete in der staatlich anerkannten Kaufmännischen Berufsfachschule (Wirtschaftsschule) die Fächer Deutsch und Geschichte mit Gemeinschaftskunde, im staatlich anerkannten Kaufmännischen Berufskolleg 1 die Fächer Englisch 1 (Grammatik, Landeskunde, Textarbeit), Englisch II (Englische Korrespondenz, Liefer- und Zahlungsverkehr), Geschichte mit Gemeinschaftskunde sowie im staatlich anerkannten Kaufmännischen Berufskolleg II die Fächer Englische Konversation, Englische Korrespondenz und Englisch-Amerikanische Wirtschaftskunde. Da für das Fach Englische Konversation kein Lehrbuch eingeführt ist, entwarf Herr Müller im Rahmen des geltenden Lehrplanes ein eigenes Konzept für dieses Fach, ergänzt durch eine Unterrichtseinheit über Rhetorik. An den staatlichen Abschlussprüfungen nahm er als Mitglied der Prüfungskommission teil. Herr Müller war ebenfalls an der Aufgabenerstellung und der Durchführung der Prüfung zum international geprüften Wirtschaftsassistenten der International Schools Association, Genf, beteiligt.

Herrn Müllers Leistungen haben stets in jeder Hinsicht unsere vollste Anerkennung gefunden. Sein Unterricht war interessant undabwechslungsreich. Er gestaltete ihn ergebnisorientiert und der jeweiligen Alters- und Leistungsgruppe stets angemessen. Er forderte die Schüler und verstand es, sie bei auftretenden Schwierigkeiten gezielt zu unterstützen. Dies zeigen auch die guten Prüfungsergebnisse seiner Schüler in seinen Fächern sowie deren hohe Leistungsbereitschaft. Mit pädagogischem Geschick war er in der Lage, auch anfangs schwierige Klassen für seinen Unterricht zu gewinnen und zu guten Leistungen zu motivieren.

In Konferenzen und Gesprächen mit der Schulleitung sowie den Eltern und Kollegen überzeugte Herr Müller durch seine umfassende fachliche Kompetenz. Er hat die Fähigkeit, sich rasch und umfassend in neue Fachbereiche einzuarbeiten und konzeptionelles Denken mit praktischem Handeln zu verbinden.

Bei der Schulleitung, den Eltern, Kollegen und Schülern war er gleichermaßen anerkannt und geschätzt. Hervorzuheben ist seine freundliche und integrierende Art. Sein persönliches Verhalten war stets einwandfrei.

Die Unterrichtstätigkeit von Herrn Müller endet am 30. April 2013, da der Unterrichtsbetrieb zu diesem Zeitpunkt eingestellt wird. Wir danken Herrn Müller für die erfolgreiche und engagierte Zusammenarbeit und wünschen ihm für die Zukunft weiterhin viel Erfolg und persönlich alles Gute.

Mannheim, den 30. April 2013

Heinz Birner
Direktor

Fazit

Herr Müller ist eine sehr gute Lehrkraft, die es versteht, die Schüler zu motivieren und zu fördern. Überdurchschnittliche Führungsbeurteilung.
Note: 1-2

5.1.33 Marketing-Mitarbeiterin

ZEUGNIS

Frau Barbara Meier, geboren am 11. März 1971 in Hannover, stand vom 1. September 2005 bis zum 31. Mai 2013 in den Diensten unserer Gesellschaft.

Frau Meier war innerhalb unserer Abteilung Marketing-Management Veterinär tätig. Sie war hierbei mit folgenden Aufgaben befasst:

- Erstellung und Pflege von wissenschaftlichen Daten im Rahmen der Vorbereitung zur Nachzulassung
- Erstellung und Pflege einer umfassenden Literaturdatei auf PC unter Zuhilfenahme der Anwendersoftware Access und Excel
- Beschaffung, Aufbereitung und teilweise Auswertung von veterinärmedizinischer Fachliteratur
- selbstständiges Zusammentragen einer auf verschiedene Tier-Spezies bezogenen Dosis-Wirkungs-Datei eines Narkotikums

Darüber hinaus übernahm Frau Meier vertretungsweise die Organisation, Verwaltung und Abrechnung der Fortbildungsveranstaltungen unseres Außendienstes.

Frau Meier konnte sich aufgrund ihrer sehr guten Auffassungsgabe und ihres großen Interesses rasch in ihr Aufgabengebiet einarbeiten. Hervorzuheben sind ihr besonderes Verständnis und ihr Interesse für veterinärmedizinische Sachverhalte, ihre sorgfältige Arbeitsweise sowie ihre Zuverlässigkeit. In der Zusammenarbeit zeigte sie sich für neue Ideen aufgeschlossen. Die ihr übertragenen Aufgaben hat sie stets gewissenhaft zu unserer vollsten Zufriedenheit ausgeführt.

Aufgrund ihrer freundlichen, höflichen und humorvollen Art trug Frau Meier in starkem Maße zu einem harmonischen Arbeitsklima bei. Sie war bei Vorgesetzten und Kollegen gleichermaßen anerkannt und geschätzt. Ihre persönliche Führung war stets einwandfrei.

Frau Meier verlässt uns mit dem heutigen Tag auf eigenen Wunsch. Wir bedauern ihren Entschluss, danken ihr für ihre guten Leistungen und wünschen ihr für die Zukunft weiterhin viel Erfolg und persönlich alles Gute.

Saarbrücken, den 31. Mai 2013

ppa. Heinz Birner
Marketingleiter

Fazit

Eine gute Leistungs- und Verhaltensbeurteilung.
Note: 2

5.1.34 Marketing-Sachbearbeiterin

ZEUGNIS

Frau Dipl. Ing. agr. Barbara Meier, geboren am 25. Oktober 1973 in Bochum, war vom 1. Januar 2002 bis zum 31. Mai 2013 in unserem Unternehmen tätig.

Sie wurde als Sachbearbeiterin eingesetzt für das Sachgebiet Marktforschung Landmaschinen und Mähdrescher

in unserer Abteilung „Planung und Marktbeobachtung Agrartechnik, Informations- und Kommunikationsdienste“. In diesem Rahmen betreute Frau Meier sämtliche betroffenen Datenpools unterschiedlichster Herkunft, erledigte deren Pflege, Plausibilitätsprüfungen und Aufbereitung für die Nutzung in internen Informationen, Marktstatistiken, Planungsmodellen und Prognoseberechnungen. Die weiterführenden Berechnungen und Planungen (Produktmengengerüste) für die Bauprogrammplanung, Investitionskalkulation und Preisbildung stimmte sie mit der Vertriebsabteilung ab.

Ihr oblag des Weiteren die Wettbewerbsbeobachtung hinsichtlich der Produkttechnik, ferner erstellte sie technische Vergleiche und Kategoriemodelle zur Marktsegmentierung und zur Verbesserung der Marktpräsenz zur Erhöhung der Prognosesicherheit.

Zur Informationsbeschaffung unterhielt Frau Meier umfangreiche internationale Kontakte innerhalb unseres Vertriebsnetzes (Tochtergesellschaften und Importeure) mit Ansprechpartnern der mitbewerbenden Industrie und bei dienstleistenden Instituten.

Frau Meier verfügt über ausgezeichnete EDV- und PC-Kenntnisse. Sie war geschätzte Ansprechpartnerin in der Direktion Marketing/Vertrieb bei Problemlösungen mit den PC-Software-Paketen Microsoft Word, Excel, Access, Powerpoint, Corel Draw, Visual Basic und auch bei Hardware-Installationen. Außerdem erstellte sie Programme für die Großrechnerdatenbanken in Applications Systems.

Frau Meier besitzt ein gutes und umfassendes Fachwissen im Bereich Marketing und kann die vorhandenen Instrumentarien und Methoden jederzeit praxisorientiert umsetzen. Aufgrund ihrer beruflichen Ausbildung und ihrer bisherigen Tätigkeit verfügt sie auch über ein außerordentlich gutes, breit angelegtes Fachwissen über Landwirtschaft und Landtechnik.

Frau Meier beherrschte ihr Arbeitsgebiet souverän, arbeitete sicher und selbstständig und auch unter erhöhter Belastung zuverlässig und genau.

Sie reagierte auf neue Aufgaben sensibel, erkannte rasch das Wesentliche und behielt die Übersicht. Sie war stets zuverlässig und erledigte ihre Aufgaben zügig, verantwortungs- und pflichtbewusst stets zu unserer vollen Zufriedenheit. Sie zeigte große Einsatzbereitschaft und Initiative und war eine gute Teamarbeiterin, die aktiv die Zusammenarbeit unterstützte.

Frau Meier war unbedingt vertrauenswürdig und wurde von Vorgesetzten und Kollegen gleichermaßen anerkannt und geschätzt. Ihr Verhalten war vorbildlich.

Frau Meier scheidet auf eigenen Wunsch aus unserem Unternehmen aus. Wir bedauern diese Entscheidung, danken für die erfolgreich geleistete Arbeit und wünschen ihr für die Zukunft alles Gute.

Hamburg, den 31. Mai 2013

Dr. Heinz Birner
Marketingleiter

Fazit

Eine überdurchschnittlich gute Mitarbeiterin, auf die sich ihr Arbeitgeber immer verlassen konnte. Auch die Verhaltensbeurteilung ist weit überdurchschnittlich.
Note: 1-2

5.1.35 Marketing-Sachbearbeiter

ZEUGNIS

Herr Peter Müller, geboren am 5. Juli 1968 in Essen, trat am 1. Juli 2002 in unser Unternehmen ein. Er war im Bereich „Market Research" tätig und berichtete direkt an den Leiter Produktmanagement.

Herr Müller machte sich kurzfristig mit dem ihm übertragenen komplexen Verantwortungsbereich vertraut. Auf der Basis seiner guten Fachkenntnisse erstellte er fundierte Analysen unterschiedlicher Marktsegmente, die unter Berücksichtigung der jeweiligen Unternehmensdisposition entsprechende strategische Ziele und Marketingmaßnahmen beinhalteten.

In dieser Funktion umfasste sein Aufgaben- und Verantwortungsbereich im Wesentlichen:

- Erarbeitung von Unternehmensstrategien und Vermarktungsmaßnahmen für die Segmente Textileinzelhandel, computerintegrierte Fertigung (CIM), fehlertolerante Systeme und Banken
- Kontaktpflege zu Verbänden, Softwarepartnern, Fachverlagen und Marktforschungsinstituten
- maßgebliche Mitarbeit bei der Erstellung der jährlichen Marketingplanung

Aufgrund seiner guten Auffassungsgabe und seiner Fähigkeit, schwierige und neue Problemstellungen zu analysieren und selbstständig zu lösen, konnte er auch anspruchsvolle Produktmarketingaufgaben erfolgreich ausführen. Herr Müller vertrat unsere Interessen mit Energie und großem persönlichem Einsatz jederzeit zu unserer vollen Zufriedenheit. Er verfügt über ein sehr fundiertes und praxisorientiertes Fachwissen und arbeitet auch unter großem Zeitdruck selbstständig, eigenverantwortlich und mit hoher Qualität.

Sein Verhalten gegenüber Vorgesetzten, Kollegen und externen Gesprächspartnern war vorbildlich, kooperativ und konstruktiv.

Mit dem heutigen Tag scheidet Herr Müller auf eigenen Wunsch aus unserem Unternehmen aus. Wir bedauern seine Entscheidung und wünschen ihm für die Zukunft weiterhin viel Erfolg und persönlich alles Gute.

München, den 30. April 2013

i.V. Heinz Birner
Marketingleiter

Fazit

Eine weit überdurchschnittliche Leistungs- und Verhaltensbeurteilung.
Note: 1-2

5.1.36 Masseur

ZEUGNIS

Herr Peter Müller, geboren am 19. Juli 1980, war vom 1. Juli 2005 bis zum 30. April 2013 in unserem Hause in der Abteilung für physikalische Therapie/Krankengymnastik als Masseur/ med. Bademeister tätig.

Herr Müller übte alle folgenden Tätigkeiten aus, die zum Berufsbild med. Bademeister/Masseur gehören:

Klassische Massage, Bindegewebsmassage, Extensionsmassage, Colonmassage, Unterwassermassage, Reflexzonentherapie, Akupressurbehandlung, medizinische Bäder und Packungen sowie Kältepackungen und Kältetherapie einschließlich Kryo-Jet (verdampfter Flüssigstickstoff), außerdem sämtliche elektrotherapeutischen Anwendungen von Reizstrom über Interferenzstrom bis Ultraschall und Hochfrequenzbehandlung, Stangerbäder, Inhalationen, Kneipp-Therapie und selektive UV-Therapie (SUP-Bestrahlung).

Die Behandlungsindikation der Klinik sind Erkrankungen des rheumatischen Formenkreises mit entzündlichen und nichtentzündlichen Erkrankungen (Spondylarthritis ankylosans, chronische Polyarthritis, Arthropathia psoriatika, Wirbelsäulensyndrom, Zustand nach Bandscheiben-OP, Zustand nach Gelenkersatz, Arthrosen, Osteochondrosen, Unfallfolgen, Poliofolgen sowie andere neurologische Krankheitsbilder und die sonstigen Begleiterkrankungen).

Herr Müller übte seine Tätigkeiten selbstständig und mit sehr großem Verantwortungsbewusstsein zu unserer vollen Zufriedenheit aus. Mit großem Interesse nahm er an den klinikinternen Weiterbildungen und Fachbesprechungen einschließlich Therapiekonferenzen teil. Herr Müller war wegen seines ruhigen und dem Patienten zugewandten Wesens sowohl bei den Patienten als auch von seinen Vorgesetzten und den Mitarbeitern der Klinik sehr geschätzt.

Wir bedauern sehr, dass Herr Müller uns verlässt und wünschen ihm für seinen weiteren persönlichen und beruflichen Lebensweg alles Gute.

Bad Krozingen, den 30. April 2013

Dr. med. Birner
Chefarzt

Fazit

Ein Mitarbeiter, der gerne an Weiterbildungen teilnahm, aber seine Fachkenntnisse hierdurch vermutlich kaum verbesserte. Er wurde von den Patienten mehr geschätzt als von seinen Vorgesetzten.
Note: 3

5.1.37 Operation Managerin

ZEUGNIS

Frau Barbara Meier, geboren am 2. August 1971 in Nürnberg, war vom 1. Januar 2004 bis zum 31. Dezember 2013 als Operation Managerin in unserer Filiale in Koblenz tätig.

Sie war im Wesentlichen mit folgenden Aufgaben betraut:

- Organisation des gesamten Büroablaufes
- Allgemeine Korrespondenz sowie alle anfallenden operativen Tätigkeiten wie z. B. Ablauforganisation, Preisverhandlungen mit Frachtführern, Datenbankpflege
- Schnittstelle zur Geschäftsführung in München
- Ansprechpartnerin der Mitarbeiter in allen Belangen
- Schulung und Einarbeitung neuer Mitarbeiter
- Faktura der Kundenrechnungen, Mahnwesen und Kassenverwaltung

Frau Meier war maßgeblich an dem Aufbau unserer Filiale in Koblenz beteiligt.

Sie überzeugt durch ihre fundierten und umfassenden Fachkenntnisse. Aufgrund ihrer raschen Auffassungsgabe konnte sie sich schnell in alle ihr übertragenen

Aufgabenbereiche einarbeiten, auch schwierige Zusammenhänge überblicken und schnell sachgerechte Lösungen aufzeigen. Auch bei sehr hoher Arbeitsbelastung erzielte Frau Meier sehr gute Arbeitsergebnisse. Hervorzuheben ist ihre Eigeninitiative und große Leistungsbereitschaft. Sie arbeitete stets selbstständig, zuverlässig und sorgfältig zu unserer vollsten Zufriedenheit.

Aufgrund ihrer freundlichen Art war sie bei Vorgesetzten und Kollegen gleichermaßen geschätzt. Ihr persönliches Verhalten war stets einwandfrei.

Frau Meier verlässt unser Unternehmen auf eigenen Wunsch. Wir bedauern ihr Ausscheiden sehr, da wir eine sehr gute Mitarbeiterin verlieren. Wir danken ihr für ihre Tätigkeit und wünschen ihr beruflich weiterhin viel Erfolg und persönlich alles Gute.

München, den 31. Dezember 2013

pp. Heinz Birner Geschäftsleitung	Volker Petersen Filialleiter Koblenz

Fazit

Weit überdurchschnittliche Leistungsbeurteilung. Die Verhaltensbeurteilung ist gut.
Note: 1-2

5.1.38 Organisator

ZEUGNIS

Herr Peter Müller, geboren am 2. Mai 1958 in Münster, war seit dem 1. Oktober 2000 in unserer EDV-Abteilung als Organisator beschäftigt.

Mit Hilfe des in unserem Hause eingesetzten Pre-Compilers Faster hat Herr Müller mehrere Cobolprogramme für neue Anwendungsgebiete entwickelt. Für seine Aufgabenlösungen benutzte Herr Müller die IBM-Anlage AS 400.

Hierbei sammelte er Erfahrungen in Job-Control und ICCF-Steuerung für den Bildschirmdialog. Außerdem übernahm Herr Müller zeitweise bei Ausfall eines Operators dessen Vertretung, um die Dienstleistungen der EDV-Abteilung schneller kennen zu lernen. Herr Müller nutzte die Möglichkeit und absolvierte folgende Lehrgänge:

- Grundlagen der Datenfernverarbeitung
- Konzept des virtuellen Speichers
- Verfahrenstechnik bei der Implementierung von DV-Anwendungen
- DOS-VS CICS DL/1 Anwendungsorganisation

In den vorgenannten Bereichen eignete er sich fundiertes Fachwissen an und setzte es im Rahmen seiner Tagesarbeit erfolgreich um.

Herr Müller erledigte alle ihm übertragenen Aufgaben zügig und zuverlässig stets zu unserer Zufriedenheit.

Sein Verhalten gegenüber Vorgesetzten und Kollegen war einwandfrei.

Herr Müller scheidet mit dem heutigen Tag aus unserem Unternehmen aus. Wir wünschen ihm für die Zukunft alles Gute.

Furtwangen, den 30. April 2013

Heinz Birner
Geschäftsführer

Fazit

Eine durchschnittliche Leistungs- und Verhaltensbeurteilung. Herrn Müller wurde vermutlich gekündigt, ohne dass betriebliche Gründe vorlagen.
Note: 3

5.1.39 Produktmanager

ZEUGNIS

Herr Peter Müller stand vom 1. Januar 2004 bis zum 30. April 2013 in den Diensten unserer Gesellschaft.

Er war zunächst als Junior Produktmanager im Bereich Marketing-Management eingesetzt. Während seiner Tätigkeit als Junior Produktmanager wurde sein Aufgabengebiet sukzessive erweitert und deckte schließlich den gesamten Verantwortungsbereich eines Produktmanagers ab. Es umfasste im Wesentlichen folgende Bereiche:

- Erarbeitung von Marktanalysen in Zusammenarbeit mit der Marketingforschung
- Ausarbeitung von kurz- und mittelfristigen Marketing-Strategien für die im Produkt-Management betreuten Präparate
- Erarbeitung von Werbekonzepten und -strategien in Zusammenarbeit mit Werbeagenturen
- Text- und Gestaltungsentwürfe für einzelne Bewerberunterlagen (Aussendungen, Prospekte, Anzeigen usw.)
- Vorschläge für die Packmittelgestaltung und Packmitteländerung
- Erarbeitung der Argumentation und Präsentation der Verkaufshilfen mit bzw. vor den Außendienstmitarbeitern und den Gebietsverkaufsleitern
- Aktualisierung und Optimierung der Schulungsunterlagen,
- kurz- und mittelfristige Umsatzplanung
- Absatz- und Werbeplanung sowie deren ständige Kontrolle,
- Erarbeitung von Basisinformationen für neue Projekte und Mitarbeit bei der marketingtechnischen Umsetzung

Herr Müller besitzt ein fundiertes betriebswirtschaftliches Fachwissen und hat ein Gespür für künftige Entwicklungen. Zur Verfolgung seiner Ziele zeigte er ein gesundes Durchsetzungsvermögen, aber auch Verständnis für die Belange anderer Abteilungen. Es gelang ihm, diese für seine Ideen zu gewinnen, zur Zusammenarbeit zu motivieren und somit die Zielerreichung zu gewährleisten. Er identifizierte sich mit den ihm gestellten Aufgaben in hohem Maße und bewältigte diese selbstständig, zielstrebig und engagiert stets zu unserer vollsten Zufriedenheit. Dabei entfaltete er Aktivität, Kreativität und Eigeninitiative. Bei den für sein Aufgabengebiet notwendigen Verhandlungen mit Agenturen und innerbetrieblichen Abteilungen war er ein geschätzter und akzeptierter Gesprächspartner.

Herr Müller erwarb sich aufgrund seines Wissens und Könnens, seines sympathischen Auftretens und seiner entgegenkommenden Art die Achtung und Anerkennung seiner Vorgesetzten und Kollegen. Seine Führung war jederzeit einwandfrei.

Herr Müller verlässt uns auf eigenen Wunsch. Wir bedauern seine Entscheidung sehr, danken ihm für seine bisherige Arbeit und wünschen ihm für die Zukunft weiterhin viel Erfolg und persönlich alles Gute.

Freiburg, den 30. April 2013

Heinz Birner
Geschäftsführer

Fazit

Ein weit überdurchschnittlicher, sehr engagierter und zielstrebiger Mitarbeiter. Die Verhaltensbeurteilung ist gut.
Note: 1-2

5.1.40 Programmierer

ZEUGNIS

Herr Peter Müller, geboren am 9. März 1967 in Köln, war vom 1. Juli 2012 bis zum 31. März 2014 in unserer Geschäftsstelle in Frankfurt als Anwendungsprogrammierer beschäftigt.

Ihm oblagen zunächst die Konzeption und Realisierung eines dialogorientierten Programmpaketes zur Produktarchivierung und Kundenverwaltung auf einem SAP-System unter dem Betriebssystem Unix.

Nach Abschluss dieses Projekts wurde Herr Müller mit der Entwicklung eines Informations- und Verkaufssystems beauftragt.

Herr Müller zeichnete sich durch gute Fachkenntnisse bei der Programmierung von fehlertoleranten Großrechnern aus sowie durch seine Bereitschaft zur eigenständigen Arbeitsweise. Er identifizierte sich mit seinen komplexen Aufgaben und nahm die Interessen des Unternehmens jederzeit zu unserer Zufriedenheit wahr. Sein persönliches Verhalten war stets vorbildlich.

Herr Müller verlässt uns auf eigenen Wunsch. Wir bedanken uns bei ihm für seine Mitarbeit und wünschen ihm für seine berufliche Zukunft alles Gute und viel Erfolg.

Frankfurt, den 31. März 2014

Heinz Birner
Geschäftsführer

Fazit

Herr Müller besitzt gute Fachkenntnisse, ist jedoch nicht in der Lage, selbstständig zu arbeiten. Die Leistungsbeurteilung ist nur durchschnittlich, die Verhaltensbeurteilung gut.

Note:
Leistungsbeurteilung: 3
Verhaltensbeurteilung: 2

5.1.41 Prüfplaner

ZEUGNIS

Herr Dipl. Ingenieur Peter Müller, geboren am 9. Oktober 1975 in Lübeck, trat am 1. Juli 2004 als Prüfplaner in die Abteilung Fertigungsplanung unseres Unternehmens ein.

Zunächst war er in der Prüfvorbereitung überwiegend mit der Bearbeitung von Prüfplänen und Prüfprogrammen zum Prüfen von Leiterplatten-Baugruppen befasst.

Mit Wirkung vom 1. Februar 2006 wurde er auf eigenen Wunsch als

Prüfplaner in die „Qualitätssicherung Fremderzeugnisse“ versetzt.

Hierbei umfasste sein Aufgabengebiet folgende Tätigkeiten:

- Erstellen, Austesten und Übergeben von Prüfplänen sowie Prüfprogrammen und Adaptern für die Wareneinkaufskontrolle von Fremderzeugnissen unter Berücksichtigung der Wirtschaftlichkeit
- Abstimmung der Prüfpläne mit den Zulieferanten und ggf. der Prüfvorbereitungen der Produktbereiche hinsichtlich der zu prüfenden Parameter der Stichprobenmengen und Prüfverfahren, Prüfmethoden, Prüffolgen und Prüfmittel
- Auswahl und Beschaffung geeigneter Prüfgeräte
- Erarbeitung der Beanstandungen aufgrund der Prüfberichte der Wareneingangskontrolle
- Durchsetzung der Beanstandungen bei den Zulieferanten

Herr Müller verfügt über gute Fachkenntnisse. Die ihm übertragenen Aufgaben führte er immer sorgfältig aus. Mit seinen Arbeitsergebnissen waren wir jederzeit zufrieden.

Sein Verhalten gegenüber Vorgesetzten und Kollegen war stets einwandfrei.

Herr Müller verlässt unser Unternehmen auf eigenen Wunsch zum 31. Mai 2013. Wir danken ihm für seine Mitarbeit und wünschen ihm alles Gute.

Darmstadt, den 31. Mai 2013

Heinz Birner
Geschäftsführer

Fazit

Ein durchschnittlicher Mitarbeiter mit gutem persönlichem Verhalten.
Note: 2-3

5.1.42 Regelungstechniker

ZEUGNIS

Herr Peter Müller, geboren am 28. Dezember 1963 in Lörrach, war in der Zeit vom 1. Juli 1999 bis zum 31. März 2014 als Regelungstechniker in unserem Hause tätig.

Sein Aufgabenbereich umfasste die selbstständige Erarbeitung von Schaltplänen für die Regelung und Steuerung über das Erstellen von Funktionsbeschreibungen und Ausschreibungsunterlagen für den Bereich Heizung und Lüftung. Im Einzelnen war er mit folgenden Aufgaben befasst:

- Erstellen von Schaltplänen mit Schaltplan-Software EPLAN 4.10
- Prüfen von Schaltplänen für Brennersteuerung, Kälteanlagen und Sanitäranlagen
- Überprüfung von Motordatenblättern, Pumpendatenblättern, Schaltschranktüransichten- und Montageplattenzeichnungen sowie Gerätestücklisten
- Rechnungsprüfung und Überprüfung von Aufmaßlisten
- Funktionsüberprüfung und Abnahme der Anlagen sowie der
- Erstellung von Revisions-Unterlagen

Herr Müller verfügt über umfassende Fachkenntnisse und arbeitete selbstständig, zuverlässig und zielorientiert. Er beherrschte seinen Arbeitsbereich und überzeugte durch seine exakte, rationelle und jeweils termingerechte Arbeitsweise.

Seinen Aufgabenbereich bewältigte Herr Müller jederzeit zu unserer vollen Zufriedenheit.

Sein persönliches Verhalten war stets einwandfrei. Sowohl in unserem Hause als auch bei unseren Kunden ist Herr Müller anerkannt und geschätzt und genießt großes Vertrauen und Ansehen.

Wegen der schwierigen Auftragslage im Baugewerbe endete das Arbeitsverhältnis von Herrn Müller aus betrieblichen Gründen. Wir bedauern diese Entwicklung sehr, da wir mit Herrn Müller einen guten Mitarbeiter verlieren. Wir wünschen Herrn Müller für die Zukunft weiterhin viel Erfolg und persönlich alles Gute.

Freiburg, den 31. März 2014
Planungsbüro H. Birner und Partner   Heinz Birner

Fazit

Überdurchschnittlich guter Mitarbeiter, der aufgrund fehlender Aufträge leider nicht weiterbeschäftigt werden kann.
Note: 1-2

5.1.43 Reisebüro-Fachkraft

ZEUGNIS

Frau Barbara Meier, geboren am 25. November 1965 in Berlin, war vom 1. April 2005 bis zum 31. Mai 2013 als Reisebüro-Fachkraft in unserem Reisebüro beschäftigt.

Unser Reisebüro ist ein Verkaufsbüro mit IATA-Lizenz und mit der Vertretung aller wichtigen und großen Reiseveranstalter wie TUI, C&N, FTI beauftragt.

Frau Meier wurde in allen Bereichen der Kundenberatung und des Verkaufs mit den Schwerpunkten Flug und Touristik eingesetzt, wobei Buchungen und Reservierungen mit dem Computer-Reservierungssystem START/AMADEUS erfolgten, außerdem wirkte Frau Meier bei der Ausbildung der Auszubildenden mit.

Frau Meier arbeitete selbständig, gewissenhaft und kundenorientiert. Ihre Aufgaben bewältigte sie sicher und kompetent stets zu unserer vollen Zufriedenheit.

Sie wurde als hilfsbereite Mitarbeiterin und Kollegin von allen geschätzt. Ihr persönliches Verhalten war jederzeit einwandfrei.

Das Arbeitsverhältnis von Frau Meier endete nach ihrer Elternzeit, da die von Frau Meier gewünschte Teilzeittätigkeit aus innerbetrieblichen Gründen nicht zu realisieren war.

Wir danken Frau Meier für ihre Tätigkeit und wünschen ihr persönlich und beruflich alles Gute.

Gelsenkirchen, den 31. Mai 2013

Heinz Birner
Geschäftsführer

Fazit

Eine gute Leistungs- und Führungsbeurteilung.
Note: 2

5.1.44 Rettungssanitäter

ZEUGNIS

Herr Peter Müller, geboren am 15. März 1977, war vom 1. April 2005 bis zum 28. Februar 2014 in unserem Unternehmen tätig.

Herr Müller war als Rettungssanitäter und Krankenwagenfahrer eingesetzt. Seine Tätigkeit umfasste das Führen von Krankentransportfahrzeugen und die Betreuung von beförderten kranken, hilfsbedürftigen Patienten, einschließlich derer von klinischen Intensivstationen. Herr Müller war verantwortlich für die Überwachung des Gesundheitszustandes der Patienten und leitete bei Verschlechterung die erforderlichen Maßnahmen ein. Außerdem oblagen ihm die Desinfektion und die technische Verantwortung für sein Fahrzeug.

Herr Müller arbeitete selbständig und jederzeit motiviert und zuverlässig, wobei er auch starkem Arbeitsanfall stets gewachsen war. Er verfügt über eine gute Patientenbeobachtung und leitete situationsgerecht die notwendigen Maßnahmen ein. Herr Müller nahm erfolgreich an innerbetrieblichen Fortbildungen teil und überzeugte durch fundierte Fachkenntnisse im Rettungsdienstbereich.

Im Umgang mit Patienten bewies er große Aufmerksamkeit, Sorgfalt und Hilfsbereitschaft.

Herr Müller bewältigte die ihm übertragenen Aufgaben jederzeit zu unserer vollen Zufriedenheit.

Sein persönliches Verhalten gegenüber Vorgesetzten, Patienten und Kollegen war stets einwandfrei.

Herr Müller scheidet mit dem heutigen Tag aus unserem Unternehmen aus. Wir danken ihm für seine Tätigkeit und wünschen ihm weiterhin Erfolg und persönlich alles Gute.

Freiburg, den 28. Februar 2014

Heinz Birner Geschäftsführer	Wolfgang Petersen Rettungsdienstleiter

Fazit

Ein guter, selbstständiger und zuverlässiger Mitarbeiter. Die Verhaltensbeurteilung ist ebenfalls gut.
Note: 2

5.1.45 Röntgenfacharzt

ZEUGNIS

Herr Dr. Peter Müller, geboren am 10. Oktober 1965, war aufgrund eines befristeten Arbeitsvertrages in der Zeit vom 1. April 2012 bis zum 31. März 2014 als Facharzt für Radiologie in der Röntgenabteilung unseres Krankenhauses tätig.

Das Krankenhaus ist ein Notfallkrankenhaus mit 153 ausgewiesenen Betten und verfügt und verfügt übert die Fachabteilungen Allgemein- und Unfallchirurgie, Innere Medizin, Anästhesie und Intensivmedizin, Radiologie sowie eine Notfallaufnahme, in der jährlich 11.000 Patienten versorgt werden.

Er war als Facharzt für Radiologie und ständiger Vertreter des leitenden Arztes unserer Röntgenabteilung eingesetzt. Zu seinen Aufgaben gehörten im Wesentlichen:

Befundung aller in der Röntgenabteilung erbrachten konventionellen Röntgenleistungen, Durchleuchtung mit Zielaufnahmen, internistisch-radiologische Leistungen im Thoraxbereich, Oesophagus, Trachea, Nasennebenhöhlen, Erstellung und Befundung gehaltener Aufnahmen im Skelettbereich, Durchführung der Röntgen-Demonstrationen in Vertretung des leitenden Arztes, Teilnahme an den regelmäßigen Fortbildungen und den Frühbesprechungen, ferner Vertretung des leitenden Arztes bei Abwesenheit.

Herr Dr. Müller zeichnete sich durch seine hohe Fachkompetenz aus und er überzeugte durch seine große Leistungsbereitschaft. Er arbeitete auch bei starkem Arbeitsanfall jederzeit zuverlässig und rationell. Die ihm unterstellten Mitarbeiter setzte er zielgerichtet und erfolgreich ein.

Alle ihm übertragenen Aufgaben bewältigte er zur vollen Zufriedenheit.

Sein persönliches Verhalten war stets einwandfrei. Herr Dr. Müller ist loyal und auch im Umgang mit Patienten zuvorkommend und höflich.

Aufgrund von Umstrukturierungsmaßnahmen im Zusammenhang mit der Privatisierung war eine Verlängerung des befristeten Arbeitsverhältnisses leider nicht möglich. Wir danken Herrn Dr. Müller für seine Tätigkeit und wünschen ihm viel Erfolg und alles Gute.

Bad Sassendorf, den 31. März 2014

OA Dr. med. Heinz Birner Ärztlicher Leiter Röntgenabteilung	Prof. Dr. med. Wolfgang Petersen Ärztlicher Direktor

Fazit

Eine gute Leistungs- und Verhaltensbeurteilung. die Führungsfähigkeiten des Herrn Dr. Müller werden jedoch nur als durchschnittlich bewertet.
Note: 2-3

5.1.46 Sachbearbeiterin/Auftragsabwicklung

ZEUGNIS

Frau Barbara Meier, geboren am 13. Juli 1972 in Offenburg, trat am 1. April 2011 als Sachbearbeiterin/Auftragsabwicklung in unsere Dienste.

Die Hauptaufgaben im Rahmen dieser Tätigkeit bestanden in:

- Überprüfung der vom Vertrieb eingehenden Aufträge
- EDV-mäßige Aufbereitung und Erfassung dieser Aufträge
- Weiterleitung an die Logistik zur Produktionsplanung
- Information der Kunden über Liefertermine
- Koordination zwischen Vertrieb, TKD und Software-Abteilung in der Installationsphase

Frau Meier hat sich rasch in das sehr umfangreiche Gebiet eingearbeitet und konnte ihre Aufgaben nach kurzer Zeit selbstständig bearbeiten.

Die ihr übertragenen Arbeiten erledigte sie zügig und gewissenhaft zu unserer vollen Zufriedenheit.

Im Kunden- und Kollegenkreis war sie sehr beliebt. Ihr Verhalten gegenüber Vorgesetzten war korrekt.

Frau Meier verlässt uns auf eigenen Wunsch zum 31. Mai 2013. Wir wünschen ihr für die Zukunft alles Gute.

Stuttgart, den 31. Mai 2013

Heinz Birner
Geschäftsführer

Fazit

Der Mitarbeiterin werden befriedigende Leistungen attestiert, die Verhaltensbeurteilung ist jedoch nicht ausreichend. Es ist anzunehmen, dass die durchschnittlich arbeitende Mitarbeiterin aufgrund eines persönlichen Fehlverhaltens aus dem Unternehmen ausscheiden musste.
Note
Leistungsbeurteilung: 3
Verhaltensbeurteilung: 4-5

5.1.47 Sachbearbeiter/Versicherung

ZEUGNIS

Herr Peter Müller, geboren am 20. Juni 1962, war vom 1. Juni 2006 bis zum 30. April 2013 in unserer Gesellschaft tätig.

Er war als Sacharbeiter Antragswesen/Verkaufsförderung in der Bezirksdirektion Stuttgart eingesetzt und mit folgenden Aufgaben befasst:

- Antragssichtung in allen Sparten
- Erstellung von Angeboten
- Abgabe von Deckungszusagen
- Anfertigung von Statistiken

- Bearbeitung von Versicherungsfachfragen Mitwirkung bei Verkaufsförderungsmaßnahmen
- Betreuung von Kunden und Vertretern
- Überwachung stornogefährdeter Verträge

Herr Müller besitzt fundierte Fachkenntnisse und arbeitete selbständig und sicher. Die anfallenden fachlichen Arbeiten im Bereich Sachgeschäft hat er in Zusammenarbeit mit der Direktion und dem Außendienst immer gut gelöst. Verwaltungstechnische Arbeiten und Vertretungsarbeiten wurden von ihm immer einwandfrei erledigt. Seine Aufgaben bewältigte er zu unserer vollen Zufriedenheit. Aufgrund seiner kooperativen Haltung war Herr Müller immer anerkannt und beliebt. Sein persönliches Verhalten war einwandfrei.

Das Arbeitsverhältnis von Herrn Müller endet mit Ablauf des heutigen Tages. Wir danken ihm für seine Mitarbeit in unserer Gesellschaft und wünschen ihm für seinen beruflichen wie auch privaten Lebensweg alles Gute.

Stuttgart, den 30. April 2013

Heinz Birner Verwaltungsleiter	Wolfgang Petersen Personalleiter

Fazit

Ein durchschnittlicher Mitarbeiter, der seine Aufgaben im Bereich Sachgeschäft nicht sehr selbstständig bewältigte. Die Verhaltensbeurteilung ist ebenfalls nur durchschnittlich.
Note: 3-4

5.1.48 Schreibkraft

ZEUGNIS

Frau Barbara Meier, geboren am 3. Dezember 1971 in Saarbrücken, trat am 1. Februar 2011 in das Fertigungs- und Servicezentrum unserer Zweigniederlassung in Mannheim ein.

Zu ihren Aufgaben gehörte das Schreiben von Bestellungen, Briefen, Rechnungen und Angeboten nach Vorlage und Diktat. Ferner oblagen ihr die Zuordnung des Posteingangs und der E-Mails sowie die Aktenablage.

Frau Meier arbeitete zuverlässig und genau. Die ihr übertragenen Aufgaben hat sie zu unserer vollen Zufriedenheit erledigt.

Ihr Verhalten gegenüber Vorgesetzten und Mitarbeitern war jederzeit einwandfrei.

Frau Meier verlässt unsere Firma mit dem heutigen Tag auf eigenen Wunsch. Wir wünschen ihr für die Zukunft alles Gute.

Nürnberg, den 31. März 2014

Heinz Birner
Niederlassungsleiter

Fazit

Eine durchschnittliche, nicht sehr engagierte Mitarbeiterin. Die Verhaltensbeurteilung ist gut.
Note: 3

5.1.49 Sekretärin

ZEUGNIS

Frau Barbara Meier, geboren am 3. Juli 1957 in Hamburg, war vom 1. August 1997 bis zum 31. Mai 2013 als Sekretärin des Vertriebsleiters in unserem Hause tätig.

Die A&B OHG ist ein mittelständisches Unternehmen, das seit über 30 Jahren formschöne Küchengeräte- und helfer entwickelt, produziert und vertreibt.

In dieser Funktion hatte sie folgenden Aufgabenbereich:

- Organisation des Sekretariats einschließlich Registratur
- Ausführung der Korrespondenz nach Diktat, Diktaphon und Vorlagen
- Empfang von Besuchern
- Telefondienst
- Terminkoordination
- Vorbereitung und Abrechnung von Dienstreisen

Frau Meier führte den ihr übertragenen Aufgabenbereich stets zur vollen Zufriedenheit durch. Hervorzuheben sind ihre Einsatzfreudigkeit, ihre hohe Belastbarkeit, ihre Ausdauer und ihr Fleiß. Auf ihre zuverlässige, umsichtige und gewissenhafte Arbeitsweise war auch in schwierigen Situationen jederzeit Verlass. Dienstliche Belange hat Frau Meier stets voll berücksichtigt und hierbei private Belange zurückgestellt.

Aufgrund ihrer fachlichen Kompetenz und ihrer persönlichen Integrität war Frau Meier sowohl bei ihrem Vorgesetzten und der Geschäftsführung als auch bei Kollegen sehr geschätzt.

Ihr persönliches Verhalten war stets einwandfrei.

Frau Meier verlässt uns zum 31. Mai 2013 auf eigenen Wunsch. Wir bedauern ihre Entscheidung, danken ihr für ihre bisherige Tätigkeit und wünschen ihr weiterhin Erfolg und persönlich alles Gute.

Hannover, den 31. Mai 2013

Heinz Birner
Vertriebsleiter

Fazit

Eine weitaus überdurchschnittliche Leistungs- und Verhaltensbeurteilung mit guter Schlussformulierung.
Note: 1-2

5.1.50 Senior-Developer (IT-Bereich)

ZEUGNIS

Herr Peter Müller, geboren am 9. Oktober 1970 in Planegg, war vom 1. Januar 2009 bis zum 30. April 2013 als Senior-Developer in unserem Unternehmen beschäftigt.

Unser Unternehmen entwickelt und vertreibt Komplettlösungen für den Bereich Datenmanagement (ASP-Modelle).

Auf Grund eines Personalengpasses war Herr Müller befristet mit folgenden Aufgaben befasst:

- Erstellung einer multidimensionalen Datenbank
- Installation der Version 2.5 des APD Portals

- Mitarbeit bei der Daten- und Formataktualisierung sowie der Entwicklung des Datenfilters für die Portal-Anwendung einschließlich Koordination und Zusammenarbeit des Supports
- Erstellung von Reports in der Programmiersprache von SAS (base)

Herr Müller verfügt über sehr gute Fachkenntnisse bei multidimensionalen Datenbanken und realisierte schnell kostengünstige und gute Lösungen. Er arbeitete systematisch, zielstrebig und erfolgsorientiert.

Seine Aufgaben bewältigte er stets mit großem Erfolg und jederzeit zu unserer vollen Zufriedenheit.

Herr Müller ist bei Vorgesetzen und Kollegen geschätzt. Sein persönliches Verhalten war stets einwandfrei.

Das Arbeitsverhältnis endet nach erfolgreichem Projektabschluss. Wir danken Herrn Müller für seine Tätigkeit in unserem Haus und bedauern, dass mangels Nachfolgeprojekte keine Verlängerung des Arbeitsverhältnisses möglich ist und wünschen ihm persönlich und beruflich alles Gute.

Hamm, den 30. April 2013

Heinz Birner	Volker Petersen
Leiter Entwicklung	Personalleiter

Fazit

Eine weit überdurchschnittliche Leistungs- und Verhaltensbeurteilung.
Note: 1-2

5.1.51 Stahlbauingenieur

ZEUGNIS

Herr Dipl. Ing. Peter Müller, geboren am 3. März 1963 in Koblenz, trat am 1. Juli 2002 als Stahlbauingenieur in unser Unternehmen ein und wurde nach kurzer Einarbeitungszeit mit dem Auf- und Ausbau der Abteilung „Statik" betraut.

Diese Abteilung hat sich unter der Verantwortung von Herrn Müller zu einem effizienten und anerkannten Bereich in unserem Unternehmen entwickelt. Der Aufgabenbereich von Herrn Müller umfasste im Wesentlichen:

- Unterstützung der Konstruktion und statische Berechnung für Angebote und Ausführungen in den Bereichen Stahlbau, Stahlleichtbau und Betonbau
- Entwicklung neuer und Optimierung bestehender Produktreihen in Zusammenarbeit mit den Konstruktionsbereichen unseres Hauses und externen Stellen
- Konzeption technischer Arbeitsunterlagen für Verkäuferschulungen und Vertriebsunterstützung

Besondere Anerkennung erwarb sich Herr Müller durch seine maßgebliche Mitarbeit bei der Entwicklung eines internen EDV-Programmpakets zur Optimierung unserer Statik- und Kalkulationsarbeiten.

Herr Müller war als kompetenter Ansprechpartner von Behörden, Kunden und den Fachabteilungen unseres Hauses geschätzt. Die technische Leitung konnte sich stets auf seinen fachlich fundierten Rat und sein ausgewogenes Urteil verlassen. Herr Müller überzeugte durch fachliche Qualifikation, Durchsetzungsvermögen und persönliche Integrität. Hervorzuheben sind seine Fähigkeit, konzeptionell und konstruktiv zu arbeiten, schwierige Sachverhalte zu analysieren und umsichtig zu lösen sowie seine Fähigkeit, Mitarbeiter zu motivieren und erfolgreich zu führen. Seinen komplexen Aufgaben- und Verantwortungsbereich bewältigte Herr Müller jederzeit zu unserer außerordentlichen Zufriedenheit.

In den zurückliegenden Jahren erwarb er sich das Vertrauen und die Wertschätzung seiner Vorgesetzten, Kollegen und Mitarbeiter.

Sein persönliches Verhalten war stets einwandfrei.

Mit großem Bedauern akzeptieren wir den Wunsch von Herrn Müller, mit dem heutigen Tag aus unserem Unternehmen auszuscheiden, und sprechen ihm an dieser Stelle unseren Dank für seine engagierte Tätigkeit aus. Für seine private und berufliche Zukunft wünschen wir ihm alles Gute und weiterhin viel Erfolg.

Waiblingen, den 30. April 2013

ppa. Heinz Birner
Geschäftsführer

Fazit
Ein sehr guter Mitarbeiter, der über ausgezeichnete Fachkompetenz verfügt. Die Verhaltensbeurteilung ist ebenfalls weit überdurchschnittlich. Note: 1-2

5.1.52 Stellvertretender Verwaltungsleiter

ZEUGNIS

Herr Peter Müller, geboren am 15. Juli 1965 in Hannover, war in der Zeit vom 1. Januar 2000 bis zum 30. April 2013 als stellvertretender Verwaltungsleiter in unserem Verband tätig.

Sein Aufgabenbereich umfasste im Wesentlichen:

- Bearbeitung der Personalangelegenheiten der Angestellten und Beamten einschließlich der Vergütungs- und Gehaltsabrechnungen über das regionale Rechenzentrum
- Vorbereitung und Aufstellung von Wirtschaftsplänen, der mittelfristigen Finanzplanung, Jahresrechnungen sowie Statistiken
- kurzfristige Liquiditätsplanung, Aufnahme von Kurzkrediten, Anlage von Festgeldern
- Abschluss und Aktualisierung von Versicherungsverträgen (Haftpflicht-, Feuer-, Maschinen-, Bauwesen-, Elektronik-, Eigenschaden- und andere Versicherungen), Abwicklung von Schadensfällen und Dienstunfällen

Herr Müller hat sich aufgrund seiner guten Auffassungsgabe schnell in die verschiedenartigen Aufgabengebiete eingearbeitet. Er verfügt neben seiner guten Allgemeinbildung über fundierte und umfangreiche Fachkenntnisse, die er bei Auftreten neuer Problemstellungen jeweils aus eigenem Antrieb rasch erweiterte.

Seine fachliche Kompetenz und seine Motivation ermöglichten es ihm in kurzer Zeit, sein umfangreiches Arbeitspensum gründlich und mit guten Ergebnissen zu bewältigen. Er griff zusätzliche Aufgaben selbst auf, übernahm gerne Verantwortung und schöpfte seine Zuständigkeiten voll aus.

Den ihm übertragenen Aufgabenbereich hat er stets zu unserer vollsten Zufriedenheit erfüllt. Sein verbindliches Auftreten, seine überzeugende Argumentation sowie seine rhetorischen Fähigkeiten ermöglichten es ihm, die Interessen des Verbandes auch in kontroversen öffentlichen Diskussionen mit Bürgern gut zu vertreten.

Herr Müller verlässt uns, um bei einer anderen Institution eine leitende Position zu übernehmen. Wir lassen ihn nur ungern gehen. Es ist uns ein besonderes Anliegen, ihm für seine Mitarbeit in unserem Verband unseren besonderen Dank auszusprechen. Für seine berufliche und persönliche Zukunft wünschen wir ihm den verdienten Erfolg und persönlich alles Gute.

Hamburg, den 30. April 2013

Heinz Birner
Vorstand

Volker Petersen
Verwaltungsleiter

Fazit

Eine weit überdurchschnittlich gute Leistungsbeurteilung. Das persönliche Verhalten des Herrn Müller wird nur sehr allgemein angesprochen. Aus der sehr guten Schlussformulierung kann jedoch geschlossen werden, dass auch das persönliche Verhalten tadellos war.
Note: 1-2

5.1.53 Steuerberater

ZEUGNIS

Herr Peter Müller, geb. am 16. Juni 1974, war in der Zeit vom 1. Oktober 2007 bis zum 31. Mai 2013 in unserer Kanzlei als Steuerberater tätig.

Sein Aufgabenbereich umfasste die steuerrechtliche und wirtschaftliche Beratung, die Jahresabschlusserstellung, die Anfertigung von Steuererklärungen und die Prüfung von Steuerbescheiden sowie die Bearbeitung von außergerichtlichen Rechtsbehelfen.

Im Rahmen der Beratung war Herr Müller mit der steuerlichen und wirtschaftlichen Optimierung von Unternehmensaktivitäten, der betriebswirtschaftlichen Beurteilung von Investitionen und der Beurteilung der wirtschaftlichen Lage von Unternehmen befasst. Er bearbeitete auch Fragen der grenzüberschreitenden Unternehmensstruktur, der Gestaltung grenzüberschreitender Liefer- und Leistungsbeziehungen sowie des Umwandlungssteuerrechts und erstellte Steuerbelastungsvergleiche.

Die Erstellung von Jahresabschlüssen bezog sich auf Unternehmen unterschiedlichster Branchen und Rechtsformen. Neben den regelmäßigen Jahresabschlüssen hat Herr Müller auch Schlussbilanzen bei Unternehmensumwandlungen erstellt. Außerdem hat er in allen Steuergebieten Steuererklärungen aufbereitet und gefertigt und die Einkunftsermittlung durchgeführt.

Herr Müller verfügt über gute steuerliche und betriebswirtschaftliche Fachkenntnisse. Hervorzuheben ist seine Fähigkeit zu analytischem Denken sowie seine verantwortungsbewusste, fundierte und gewissenhafte Arbeitsweise. Er besitzt gute PC-Kenntnisse und arbeitete sich schnell in die DATEV-Anwendungsprogramme ein.

Seinen Aufgabenbereich bewältigte Herr Müller selbstständig und zuverlässig stets zu unserer vollen Zufriedenheit.

Sein persönliches Verhalten war jederzeit einwandfrei. Herr Müller ist in unserem Hause und bei unseren Mandanten anerkannt und geschätzt.

Herr Müller verlässt unser Unternehmen zum 31. Mai 2013, da ihm unsere Sozietät die von ihm gewünschten Entwicklungsmöglichkeiten nicht bietet. Wir danken ihm für seine Tätigkeit in unserem Hause und wünschen ihm weiterhin viel Erfolg und persönlich alles Gute.

Dortmund, den 31. Mai 2013

Heinz Birner
Steuerberater

Fazit

Die überdurchschnittliche Leistungs- und Verhaltensbeurteilung werden durch die gute Schlussformulierung ergänzt, in der Herrn Müller für die Tätigkeit gedankt und weiterhin viel Erfolg und persönlich alles Gute gewünscht wird. Note: 1-2

5.1.54 Steuerfachgehilfin

ZEUGNIS

Frau Barbara Meier, geb. am 20. Dezember 1978, war vom 1. Februar 2002 bis zum 31. März 2014 in meiner Kanzlei als Steuerfachgehilfin tätig.

Ihr war die selbstständige Betreuung von Mandanten übertragen. Hierbei umfasste ihr Aufgabenbereich im Wesentlichen:

- Erstellung von Bilanzen und Einnahmen-Überschuss-Rechnungen
- Bearbeitung von Einkommen-, Umsatz-, Gewerbesteuer- und Körperschaftsteuererklärungen
- Finanzbuchhaltung
- Lohnbuchhaltung

Frau Meier zeigte Eigeninitiative und setzte sich mit überdurchschnittlicher Einsatzbereitschaft für unsere Kanzlei ein. Sie verfügt über umfassende Steuerfachkenntnisse und beherrscht ihren Arbeitsbereich selbstständig und sicher. Die ihr übertragenen Aufgaben erledigte sie jederzeit zu meiner vollen Zufriedenheit.

Ihr persönliches Verhalten war stets einwandfrei. Sowohl in unserem Hause als auch bei unseren Mandanten ist sie anerkannt und geschätzt.

Frau Meier scheidet auf eigenen Wunsch mit dem heutigen Tag aus meiner Kanzlei aus. Ich bedauere ihre Entscheidung, danke ihr für ihre bisherige Arbeit und wünsche ihr für die Zukunft weiterhin viel Erfolg und persönlich alles Gute.

Freiburg, den 31. März 2014

Heinz Birner
Steuerberater

Fazit

Eine überdurchschnittliche Leistungs- und Verhaltensbeurteilung.
Note: 2

5.1.55 Systemprogrammierer

ZEUGNIS

Herr Peter Müller, geboren am 5. September 1975 in Bonn, trat am 1. September 2006 in unser Unternehmen ein und war bis zum 30. April 2013 in der Entwicklungsabteilung Software-Qualitätssicherung als Systemprogrammierer tätig.

Schwerpunkte seiner Aufgaben waren:

- Wartung und Pflege der Entwicklungsrechner bezüglich der Software-Konfigurationen und SW-Releasestände
- Optimieren der Entwicklungsrechner Systemkonfigurationen
- Mitarbeit bei der Herstellung eines Automatiktests für IOCS

Die gestellten Aufgaben erforderten ein umfassendes und fundiertes Wissen über UNIX, C und C++ sowie über die Systemkonfigurationen.

Herr Müller zeigte sich gegenüber neuen Anforderungen aufgeschlossen. Die ihm übertragenen Aufgaben wurden von ihm selbst-ständig und zu unserer vollen Zufriedenheit gelöst. Seine Führung gegenüber Vorgesetzten und Kollegen war stets tadellos.

Herr Müller scheidet auf eigenen Wunsch aus unserem Unternehmen aus. Für den weiteren Lebensweg wünschen wir ihm alles Gute.

Münster, den 30. April 2013

Heinz Birner
Geschäftsführer

Fazit

Eine durchschnittliche Leistungsbeurteilung. Die Verhaltensbeurteilung ist gut. Note: 3

5.1.56 Systemtechniker

ZEUGNIS

Herr Peter Müller, geboren am 2. März 1978 in Heidelberg, trat am 1. April 2007 in die Betriebsabteilung Energie- und Automatisierungstechnik unserer Zweigniederlassung Stuttgart als Systemtechniker ein.

Zu seinen Aufgaben im Rahmen der Betreuung des Rechnerbestandes gehörten im Wesentlichen:

- Aufbau einer PC-Infrastruktur mit Vernetzung und Ankoppelung von Druckern und diversen Endgeräten
- Installation von verschiedenen PC-Softwarepaketen
- Mitarbeit an Beschaffungsplanung und anschließender Bestellabwicklung
- Führung einer Geräteparkbestandsliste
- Durchführung von Reparatur- und Servicearbeiten
- Erstellung von Prozessbildern und Zuweisungslisten

Wir haben Herrn Müller als einen hilfsbereiten, Mitarbeiter kennengelernt, der über gutes Fachwissen verfügt. Die ihm übertragenen Aufgaben erledigte er zu unserer vollen Zufriedenheit.

Das Verhalten und die Führung gegenüber Kunden, Vorgesetzten und Mitarbeitern waren jederzeit einwandfrei.

Herr Müller verlässt unsere Firma mit dem heutigen Tag auf eigenen Wunsch, um sich weiterzubilden.

Wir wünschen ihm für die Zukunft alles Gute.

Stuttgart, den 31. März 2014

Heinz Birner
Niederlassungsleiter

Fazit

Herr Müller ist hilfsbereit, lässt aber Engagement und Zuverlässigkeit vermissen. In der Verhaltensbeurteilung werden die Vorgesetzten nach den Kunden genannt. Dies kann auf Schwierigkeiten im Umgang mit den Vorgesetzten hinweisen.
Note: 3-4

5.1.57 Technischer Angestellter

ZEUGNIS

Herr Peter Müller, geboren am 4. April 1983 in Hamburg, war in der Zeit vom 1. Januar 2009 bis zum 31. Dezember 2013 in unserem Ingenieurbüro als technischer Angestellter tätig. Er war insbesondere mit folgenden Aufgaben betraut:

- Entwurfsplanung
- Ausführungsplanung
- Ausschreibung
- Wertung der Angebote
- Bauleitung
- Abrechnung
- Abnahme

Herr Müller arbeitete sich innerhalb kurzer Zeit in sein Aufgabengebiet ein und setzte seine umfassenden Fachkenntnisse immer sicher und zielgerichtet in der Praxis um. Dank seiner raschen Auffassungsgabe und seines ausgeprägten technischen Verständnisses war er in der Lage, auch schwierige Situationen sofort zutreffend zu erfassen und auftretende Probleme rasch und erfolgsorientiert zu lösen. Er identifizierte sich mit seinen Aufgaben, arbeitete mit großem Engagement und Eigeninitiative und führte seine Aufgaben stets zügig und termingerecht aus. Dabei überzeugte er nicht nur durch seine selbstständige, genaue und rationelle Arbeitsweise, sondern auch durch sein großes Verantwortungs- und Kostenbewusstsein. Auch bei starker Arbeitsbelastung und in Stresssituationen behielt er den Überblick und erzielte immer gute Arbeitsergebnisse.

Herr Müller erfüllte die ihm übertragenen Aufgaben stets zu unserer vollen Zufriedenheit.

Sein persönliches Verhalten gegenüber Vorgesetzten, Kunden und Mitarbeitern war einwandfrei.

Das Arbeitsverhältnis endet aus betriebsbedingten Gründen fristgerecht zum 31. Dezember 2013. Wir bedauern diese Entwicklung sehr, danken Herrn Müller für seine guten Leistungen und wünschen ihm weiterhin viel Erfolg und persönlich alles Gute.

Bonn, den 31. Dezember 2013

Heinz Birner
Gesellschafter

Fazit

Eine gute Leistungs- und eine gute Verhaltensbeurteilung.
Note: 2

5.1.58 Telefonistin

ZEUGNIS

Frau Barbara Meier, geb. am 23. Juni 1953 in Berchtesgaden, war vom 1. Juli 2000 bis zum 30. April 2013 in unserem Hause tätig.

Sie wurde zunächst in der Versandgruppe in der Expedition mit Aufgaben wie Belegsortierung, Kontrolle (Nummern/Namensvergleich) und dem Versand von Tagesauszügen und Belegen beauftragt. Im April 1992 wurde sie auf ihren Wunsch in die Telefonzentrale versetzt. Neben der Annahme und Vermittlung von Gesprächen über unsere Siemens-Telefonanlage bediente sie auch unser zentrales Telefaxgerät und war mit der Informationsweitergabe und Briefverteilung an Belegschaftsangehörige befasst.

Frau Meier war bereits nach kurzer Einarbeitungszeit in der Lage, den Anforderungen voll gerecht zu werden. In Anerkennung ihrer Leistungen kamen ihr 2001 und 2003 Gehaltsgruppensteigerungen zu. Sie erwies sich als engagierte, fleißige und pünktliche Mitarbeiterin. Ihre Aufgaben bewältigte sie zu unserer vollen Zufriedenheit. Ihr Verhalten war einwandfrei.

Das Arbeitsverhältnis mit Frau Meier endete am 30. April 2013. Wir danken ihr für ihre Tätigkeit bei uns und wünschen ihr für die Zukunft alles Gute.

Dresden, den 30. April 2013

Heinz Birner
Personalleiter

Fazit

Eine durchschnittliche Leistungs- und Verhaltensbeurteilung. Die Leistungen der Mitarbeiterin haben offenbar erheblich nachgelassen.
Note: 3-4

5.1.59 Vertriebsbeauftragter

ZEUGNIS

Herr Peter Müller, geboren am 1. April 1969 in Mainz, ist am

1. Oktober 2004 in unser Unternehmen eingetreten und wurde in der Niederlassung Frankfurt als Vertriebsbeauftragter eingesetzt.

Vom 1. Oktober 2004 bis zum 30. Juni 2007 war er im Bereich mittelständische Wirtschaft tätig, danach im Vertrieb Großkunden und Konzerne für ein fest definiertes Interessentenpotential.

Seine Aufgaben waren im Einzelnen:

- vertriebstechnische Aufbereitung des Potentials
- Organisation und Durchführung von Vorführungen und Seminaren
- Entwicklung von Lösungskonzepten
- Erstellung von Angeboten

Bei der Bewältigung seiner Aufgaben kamen Herrn Müller besonders beim Entwickeln von Lösungskonzepten seine Kenntnisse in der Datenfernverarbeitung und Bürokommunikation zugute.

Herr Müller arbeitete sorgfältig und gewissenhaft. Besonders aufgefallen ist sein Fleiß bei der Interessentenakquisition und Kundenbetreuung. Die ihm übertragenen Aufgaben hat er zu unserer vollen Zufriedenheit erfüllt.

Sein Verhalten zu Vorgesetzten, Kunden, Interessenten und Mitarbeitern war stets freundlich, korrekt und angenehm.

Herr Müller verlässt zum 31. Mai 2013 auf eigenen Wunsch unser Unternehmen, um sich einer neuen Aufgabe zu widmen. Wir wünschen ihm für seinen weiteren Berufsweg viel Erfolg.

Frankfurt, den 31. Mai 2013

Heinz Birner
Niederlassungsleiter

Fazit

Eine durchschnittliche Leistungs- und Führungsbeurteilung. Herrn Müller wird bei der Interessentenakquisition Fleiß, jedoch nicht Erfolg bescheinigt.
Note: 3

5.1.60 Verkäuferin

ZEUGNIS

Frau Barbara Meier, geboren am 3. Juli 1958 in Hamburg war in der Zeit vom 1. April 2005 bis zum 31. Mai 2013 als Verkäuferin für Fleisch und Wurst bei mir beschäftigt.

Alle ihr übertragenen Aufgaben hat Frau Meier selbstständig und zu meiner Zufriedenheit erledigt.

Sie war stets pünktlich und zuverlässig.

Ihr Verhalten zu mir und den Kunden war einwandfrei.

Ich bedanke mich für ihre Mitarbeit und wünsche ihr privat und beruflich alles Gute.

Bühl, den 31. Mai 2013

Heinz Birner
Geschäftsinhaber

Fazit

Eine durchschnittliche Leistungs- und Verhaltensbeurteilung. Aufgrund der Schlussformulierung muss davon ausgegangen werden, dass Frau Meier wegen Leistungs- oder Verhaltensmängel gekündigt wurde.
Note: 3-4

5.1.61 Vorstandsassistent

ZEUGNIS

Herr Peter Müller, geboren am 28. Oktober 1971, war vom 1. September 2005 bis zum 31. Mai 2013 als Assistent des Vorstandes tätig.

Ihm oblag die Unterstützung der Vorstandsmitglieder und des Vorstandsvorsitzenden. Zu seinen wesentlichen Aufgaben gehörten:

- Koordination und Kontrolle der Umsetzung von Vorstandsbelangen im Unternehmen
- Unterstützung des Vorstandes bei der Erarbeitung, Fortentwicklung und Umsetzung der Unternehmensstrategie
- Unterstützung des Vorstandsvorsitzenden im Rahmen des Tagesgeschäftes
- Vor- und Nachbereitung von Vorstands- und Aufsichtsratssitzungen, Hauptversammlungen und Fachtagungen
- Mitwirkung bei der Öffentlichkeitsarbeit
- kaufmännische Sonderaufgaben, z. B. Akquisitionsunterstützung sowie Aufbau der organisatorischen Regelungen

Herr Müller bewältigte die ihm übertragenen Aufgaben mit überdurchschnittlicher Einsatzbereitschaft und Eigeninitiative zuverlässig und zügig jederzeit zu unserer vollen Zufriedenheit. Er überblickte schwierige Zusammenhänge, erkennt das Wesentliche und ist in der Lage, schnell gute Lösungen aufzuzeigen.

Sein persönliches Verhalten war jederzeit einwandfrei. Bei Vorgesetzten, Verhandlungspartnern und Mitarbeitern ist er anerkannt und geschätzt.

Herr Müller verlässt unser Unternehmen zum 31. Mai 2013 auf eigenen Wunsch. Wir bedauern seine Entscheidung, danken ihm für seine Tätigkeit in unserem Haus und wünschen ihm weiterhin viel Erfolg und persönlich alles Gute.

München, den 31. Mai 2013

Heinz Birner
Vorstandsvorsitzender

Fazit

Eine überdurchschnittliche Leistungs- und Verhaltensbeurteilung, die durch die gute Schlussformulierung bestätigt wird.
Note: 2

5.1.62 Web-Designerin

ZEUGNIS

Frau Barbara Meier, geboren am 15. September 1974, war vom 1. August 2002 bis zum 30. April 2013 in unserem Unternehmen tätig. Sie wurde als Webdesignerin eingesetzt und im Wesentlichen mit folgenden Aufgaben befasst:

- Gestaltung von Internetseiten
- Erstellung und Umsetzung von Sites in HTML
- Bildbearbeitung für das Internet

Frau Meier ist mit den Programmen Photoshop und Fireworks Bereich Bildprogramme und Frontpage vertraut. Sie arbeitete stets sorgfältig undsehr zuverlässig und ist in der Lage, die ihr vorgegebenen Gestaltungswünsche sowie die mit den Internetprojekten verbundene Ziel schnell zutreffend zu erfassen und erfolgreich umzusetzen. Darüber hinaus überzeugte sie jederzeit durch ihr großes Engagment und ihre Leistungsbereitschaft.

Ihre Aufgaben bewältigte sie stets zu unserer vollen Zufriedenheit.

Das persönliche Verhalten von Frau Meier war jederzeit einwandfrei. Sie ist eine angenehme, offene und hilfsbereite Mitarbeiterin.

Wir danken Frau Meier für die gute Zusammenarbeit, die bedauerlicherweise aus betrieblichen Gründen am 30. April 2013 endet und wünschen ihr für die Zukunft viel Erfolg und persönlich alles Gute.

Gelsenkirchen, den 30. April 2013

Heinz Birner Marketing- und Vertriebsleiter	Volker Petersen Personalleiter

Fazit

Eine gute Leistungsbeurteilung. Das persönliche Verhalten der Frau Meier war ebenfalls gut. Jedoch sollte Frau Meier auf die Änderung der falsch interpretierbaren Wendung „Sie ist eine angenehme, offene und hilfsbereite Mitarbeiterin" bestehen.
Note: 2

5.1.63 Werbegrafiker

ZEUGNIS

Herr Peter Müller, geboren am 4. Oktober 1965 in Dortmund, trat am 1. Januar 2005 in unser Unternehmen ein und wurde in unserer Werbeabteilung als Werbegrafiker eingesetzt.

Sein Aufgabengebiet umfasste die Erstellung von Prospektseiten für unsere Werbemittel vom Entwurf bis zur Reinzeichnung.

Herr Müller hat sich schnell in seinen Aufgabenbereich eingearbeitet und mit Engagement und neuen Ideen alle Aufgaben innerhalb der vorgegebenen Konzeption sehr sorgfältig und immer termingemäß stets zu unserer außerordentlichen Zufriedenheit erledigt. Aufgrund der von ihm erbrachten Leistungen war er zur Beförderung zum Gruppenleiter vorgesehen.

Er ist bei Vorgesetzten und Kollegen geschätzt. Sein persönliches Verhalten war stets einwandfrei.

Herr Müller verlässt uns mit dem heutigen Tag auf eigenen Wunsch, um eine neue Aufgabe zu übernehmen. Wir bedauern sein Ausscheiden sehr, danken ihm für seine Arbeit und wünschen ihm für die Zukunft weiterhin viel Erfolg und persönlich alles Gute.

Wuppertal, den 31. März 2014

Heinz Birner
Leiter Marketing

Fazit

Eine weit überdurchschnittliche Leistungs- und Führungsbeurteilung.
Note: 1-2

5.1.64 Werkstattmeister

ZEUGNIS

Herr Peter Müller, geb. am 7. Juni 1965 in Nordrach, war in der Zeit vom 1. Januar 1999 bis zum 30. April 2013 in unserer Schreinerei tätig.

Er war als Werkstattmeister mit der Leitung unserer aus bis zu 23 Mitarbeitern bestehenden Abteilung „Montage, Service und Kundendienst" befasst. Sein Aufgabenbereich umfasste die Planung, Durchführung und Kontrolle sämtlicher Montageeinsätze mit folgenden Schwerpunkten:

- Planung des Personaleinsatzes für die Montage nach Absprache mit der Kundschaft
- Einteilung der Montagemitarbeiter
- Koordination der Service- und Kundendiensteinsätze

Herr Müller arbeitete jederzeit zuverlässig und genau. Er verfügt über gute Fachkenntnisse, zeigte Eigeninitiative und Engagement. Bei seinen Mitarbeitern ist Herr Müller geschätzt. Den ihm übertragenen Aufgabenbereich erfüllte Herr Müller zu unserer vollen Zufriedenheit.

Sein persönliches Verhalten war jederzeit einwandfrei. Aus betrieblichen Gründen endet das Arbeitsverhältnis am 30. April 2013. Wir bedauern diese Entwicklung und wünschen Herrn Müller für die Zukunft alles Gute.

Freiburg, den 30. April 2013

Heinz Birner
Geschäftsführer

Fazit

Eine durchschnittliche Leistungsbeurteilung. Die Verhaltensbeurteilung ist gut. Herr Müller wurde offenbar von seinen Mitarbeitern, jedoch nicht von seinen Vorgesetzten geschätzt.
Note: 3

5.1.65 Zahnarzthelferin

ZEUGNIS

Frau Barbara Meier, geboren am 13. November 1979 in Offenburg, trat am 1. Dezember 2011 als Zahnarzthelferin in meine Zahnarztpraxis ein.

Frau Meier arbeitete überwiegend in der Assistenz am Behandlungsstuhl auf allen zahnärztlichen Gebieten einschließlich der Chirurgie und Kieferorthopädie. Außerdem umfasste ihre Tätigkeit die Wartung des Instrumentariums und die Terminvereinbarung. Im Bereich der Praxisverwaltung half sie bei der Quartals- und Prothetikabrechnung mit. Den ihr übertragenen Aufgabenbereich hat Frau Meier im Wesentlichen zu meiner Zufriedenheit erledigt.

Ihr Verhalten war korrekt.

Frau Meier verlässt meine Praxis am 30. April 2013

Ich wünsche ihr für die Zukunft alles Gute.

Karlsruhe, den 30. April 2011

Dr. Heinz Birner
Zahnarzt

Fazit

Ein schlechtes Arbeitszeugnis, aus dem herauszulesen ist, dass Frau Meier nicht nur mangelhaft arbeitete, sondern auch Fehlverhalten an den Tag legte.
Note: 4-5

5.1.66 Zahntechnikerin

ZEUGNIS

Frau Barbara Meier, geboren am 15. Mai 1975, war vom 1. Juni 2005 bis zum 30. April 2013 in unserem Betrieb als Zahntechnikerin beschäftigt.

Frau Meier war in unserer Abteilung für Verblendung tätig. Ihr Aufgabengebiet umfasste die Herstellung von Keramik- und Kunststoffverblendungen im Front- und Seitenzahnbereich, auch nach individueller Farbnahme am Patienten. Außerdem fertigte sie Verblendungen in der Kronen- und Brückentechnik sowie an Kombinationsarbeiten und Implantatsupra-Konstruktionen.

Alle ihr übertragenen Arbeiten führte Frau Meier sorgfältig und zu unserer vollen Zufriedenheit aus.

Durch ihre angenehme Art und ihr korrektes Verhalten war sie im Kreise ihrer Kollegen und Vorgesetzten beliebt und geschätzt.

Zu unserem Bedauern mussten wir aus betrieblichen Gründen das bestehende Arbeitsverhältnis auflösen.

Wir bedanken uns für die gute Zusammenarbeit und wünschen ihr für die berufliche und private Zukunft alles Gute und viel Erfolg.

Ravensburg, den 30. April 2013

Heinz Birner
Geschäftsführer

Fazit

Eine durchschnittliche Leistungsbeurteilung. In der Verhaltensbeurteilung werden die Kollegen vor den Vorgesetzten genannt. Dies und die Verwendung des Begriffs „korrekt“ deuten daraufhin, dass es Mängel in ihrem Verhalten gegenüber den Vorgesetzten gegeben hat.
Note: 3-4

5.2 Führungskräfte

5.2.1 Bereichsleiter

ZEUGNIS

Herr Peter Müller, geboren am 15. September 1962 in Freiburg, trat am 1. April 2006 in die Dienste unseres Hauses ein und wurde mit der Leitung der Bereiche

- Finanzen,
- Organisation,
- Vertrieb

betraut. Herr Müller machte sich kurzfristig mit seinem komplexen Verantwortungsbereich vertraut und bekam zum 20. Dezember 2006 vorzeitig Einzelprokura erteilt.

Er koordinierte die vielschichtigen Arbeitsabläufe in unserem Hause und überwachte die erforderlichen Kalkulationen, den Produktionsablauf vor Ort sowie Vertrieb und Auslieferung. Die von ihm erstellten Finanz- und Wirtschaftspläne einschließlich kurzfristiger Erfolgsrechnungen ermöglichten es unserer Gesellschaft, rechtzeitig auf Trendwenden am Markt zu reagieren.

Besondere Schwerpunkte seiner Tätigkeit waren kaufmännische Verhandlungsführungen auf Geschäftsleitungsebene einschließlich der damit verbundenen Preis- und Vertragsgestaltung. Unter der Leitung von Herrn Müller wurden in den Bereichen Buchhandel und Zeitschriften deutliche Umsatzsteigerungen erreicht.

Seine schnelle Auffassungsgabe, seine Fähigkeit, schwierige Sachverhalte zu analysieren und selbstständig abzuwickeln, sowie seine von natürlicher Autorität getragene Durchsetzungs- und Motivationskraft sicherten Herrn Müller den Erfolg bei der Bewältigung seiner Aufgaben. Innerhalb unseres Unternehmens war Herr Müller als kompetenter Gesprächspartner sehr geschätzt. Die Geschäftsführung konnte sich auf seinen fachlich fundierten Rat und sein ausgewogenes Urteil stets verlassen.

Herr Müller identifizierte sich mit seiner verantwortlichen Aufgabe und hat die notwendigen menschlichen Eigenschaften, um Mitarbeiter zu motivieren und erfolgreich zu führen. Er setzte wesentliche Akzente für die künftige Entwicklung unseres Unternehmens und nahm unsere Interessen mit Energie und großem Einsatz stets zu unserer vollsten Zufriedenheit wahr.

Sein persönliches Verhalten war vorbildlich.

Herr Müller scheidet mit dem heutigen Tage auf eigenen Wunsch aus unserem Unternehmen aus. Wir bedauern seine Entscheidung sehr, danken ihm für seine hervorragende Arbeit und wünschen ihm für die Zukunft weiterhin beruflichen Erfolg und persönlich alles Gute.

Hamburg, den 30. April 2013

Heinz Birner
Geschäftsführer

Fazit

Eine sehr gute Leistungs- und Verhaltensbeurteilung, die auch durch die Schlussformulierung bestätigt wird.
Note: 1

5.2.2 Einkaufsleiter

ZEUGNIS

Herr Peter Müller, geboren am 7. September 1964, war vom 1. Januar 2004 bis zum 30. Juni 2013 für unser Unternehmen als operativer und strategischer Einkaufsleiter tätig.

Die Birner GmbH ist ein führender Hersteller von Maschinen und Anlagen für die Lebensmittelindustrie.

Der Verantwortungsbereich des Herrn Müller umfasste im Wesentlichen:

- Erstellung von Marktanalysen und Angebotsvergleichen
- Auswahl der Lieferanten
- Verhandlungsführung
- Ausarbeitung von Rahmenverträgen
- Koordination von Planung, Produktion und Logistik

Herr Müller verfügt über die Fähigkeit, sich rasch und umfassend in neue Fachbereiche einzuarbeiten und konzeptionelles Denken mit praktischem Handeln zu verbinden. Es gelang ihm sehr schnell, sein Sachgebiet selbstständig und umfassend zu beherrschen.

Herr Müller verfügt über ein ausgeprägtes technisches Verständnis, sehr gute Markt- und Produktkenntnisse sowie über kaufmännisches Gespür und Verhandlungsgeschick. Seine Fachkompetenz und seine Erfahrung im Projektmanagement machten ihn zu einem kompetenten und geschätzten Ansprechpartner. Besonders hervorzuheben sind seine guten Englisch- und EDV-Kenntnisse.

Herr Müller zeigte stets große Leistungsbereitschaft, war auch stärkstem Arbeitsanfall jederzeit gewachsen und überzeugte durch eine gründliche, gewissenhafte Arbeitsweise. Darüber hinaus übernahm er gerne Verantwortung und schöpfte seine Zuständigkeiten voll aus. Selbst schwierige Zusammenhänge überblickte er stets zutreffend, erkannte das Wesentliche und war in der Lage, schnell sehr gute und praxisnahe Lösungswege aufzuzeigen. Er verstand es, diese zum Wohle des Unternehmens umzusetzen.

Durch seine überzeugende Argumentation und sein verbindliches Auftreten hat er unser Unternehmen jederzeit hervorragend repräsentiert. Herr Müller war ein zielorientierter und durchsetzungsstarker Mitarbeiter, der die ihm übertragenen Aufgaben überdurchschnittlich engagiert und stets zu unserer vollsten Zufrieden heit erfüllte.

Das persönliche Verhalten von Herrn Müller war jederzeit einwandfrei. Bei Vorgesetzten, Kollegen und Mitarbeitern war er anerkannt und geschätzt.

Herr Müller verlässt unser Unternehmen zum heutigen Tage auf eigenen Wunsch. Wir bedauern seine Entscheidung, danken ihm für seine wertvolle Arbeit und wünschen ihm weiterhin viel Erfolg und persönlich alles Gute.

Frankfurt, den 30. Juni 2013

Heinz Birner
Geschäftsführer

Fazit

Ein sehr guter Mitarbeiter, der sowohl im technischen als auch im kaufmännischen Bereich versiert ist. Die Verhaltensbeurteilung ist gut.
Note: 1-2

5.2.3 Filialleiter

ZEUGNIS

Herr Peter Müller, geboren am 31. Juli 1965, trat am 1. Oktober 2007 in unser Unternehmen in die Position des Filialleiters der Betriebsstelle Stuttgart ein.

Herr Müller war mit der Organisation und Führung der Geschäftsstelle betraut und übernahm im Wesentlichen folgende Aufgaben:

- persönliche und telefonische Beratung von Kunden
- Erstellung von Angeboten
- administrative Verwaltung
- Kontaktpflege mit den Vermittlern

Herr Müller verfügt über solide Fachkenntnisse und kann aufgrund seiner Auffassungsgabe auftretende Probleme zutreffend lösen. Sein Engagement und seine Eigeninitiative sind erwähnenswert. Auch bei hoher Arbeitsbelastung erzielte er im Wesentlichen gute Arbeitsergebnisse. Herr Müller verstand es, die Unternehmensziele mit seinen Mitarbeitern effektiv umzusetzen und dabei die Belange seiner Mitarbeiter zu berücksichtigen. Sein immer überzeugendes Auftreten sicherten ihm bei Verhandlungen gute Erfolge. Den ihm übertragenen Verantwortungsbereich bewältigte er selbstständig und gewissenhaft zu unserer vollen Zufriedenheit.

Sein persönliches Verhalten gegenüber Vorgesetzten, Kunden, Kollegen und Mitarbeitern war jederzeit einwandfrei.

Herr Müller verlässt uns auf eigenen Wunsch zum 30. April 2013. Wir danken ihm für seine Tätigkeit und wünschen ihm für die Zukunft Erfolg und persönlich alles Gute.

Homburg, den 30. April 2013

Heinz Birner
Geschäftsführer

Fazit

Ein durchschnittlicher Mitarbeiter mit ebenfalls nur durchschnittlichen Führungsfähigkeiten, der weniger durch seine Fachkompetenz als durch sein Auftreten überzeugte. Das persönliche Verhalten war gut.
Note: 3

5.2.4 Gesamtvertriebsleiter

ZEUGNIS

Herr Peter Müller, geboren am 31. März 1972, trat zum 1. August 2006 als Gesamtvertriebsleiter in unsere Unternehmensgruppe ein. Herrn Müller oblagen alle mit der Gesamtvertriebsleitung zusammenhängenden Tätigkeiten, insbesondere:

- Steuerung des Vertriebs anhand definierter Standards
- Festlegung der Vertriebsorganisation
- Organisation und Umsetzung des operativen sowie Entwicklung des strategischen Teils von Verkaufsförderungsmaßnahmen
- Überwachung und Gestaltung der Modell- und Preispolitik
- Personalentscheidungen, Personalplanungen und Personalentwicklungen
- Marktanalyse
- Reklamationsmanagement, Qualitätsmanagement

In seiner Funktion als Gesamtvertriebsleiter war Herr Müller für die Umsatz- und Ergebnisplanung, die Investitionsplanung für seinen Zuständigkeitsbereich sowie für die Erreichung der Umsatz- und Ertragszahlen verantwortlich. Er verantwortete einen Jahresumsatz von 20 Millionen Euro und leitete bis zu 30 Mitarbeiter.

Herr Müller überzeugte durch umfassende Fachkenntnisse und kaufmännisches Gespür und Weitblick. Er nahm unsere Interessen mit Energie und großem Einsatz wahr und zeichnete sich durch seine Fähigkeit aus, schnell sachgerechte Lösungskonzepte zu entwickeln und sie erfolgreich umzusetzen. Sein analytisches Denkvermögen, sein Organisationstalent und seine präzise Urteilsfähigkeit, mit der er auch etablierte Prozesse in Frage stellte und optimierte, sind besonders hervorzuheben.

Herr Müller versteht es, seine Mitarbeiter sicher einzuschätzen, zu motivieren und zu sehr guten Leistungen zu führen.

Mit den Leistungen von Herrn Müller waren wir jederzeit außerordentlich zufrieden.

Herr Müller ist auf allen Ebenen unseres Hauses und bei Geschäftspartnern als Gesprächspartner sehr geschätzt. Sein persönliches Verhalten war stets vorbildlich. Das Arbeitsverhältnis endet auf eigenen Wunsch von Herrn Müller zum 31. Mai 2013. Wir danken ihm für seine ausgezeichneten Leistungen und die sehr gute Zusammenarbeit und wünschen ihm weiterhin viel Erfolg und persönlich alles Gute.

Stuttgart, den 31. Mai 2013

Heinz Birner
Geschäftsführer

Fazit

Eine sehr gute Leistungs- und Führungsbeurteilung.
Note: 1

5.2.5 Geschäftsführer

ZEUGNIS

Herr Dipl. Ing. (FH) Peter Müller, geboren am 20. September 1957, war vom 1. April 2002 bis zum 31. Mai 2013 für die Stadtwerke Freiburg GmbH tätig. Die Stadtwerke Freiburg GmbH versorgt die Stadt Freiburg mit Trinkwasser, Strom, Erdgas und Beleuchtung für die öffentlichen Bereiche.

Herr Müller arbeitete sich auf Grund seiner sehr guten Auffassungsgabe schnell und erfolgreich in sein Aufgabengebiet ein. Mit Wirkung zum 1. August 2003 wurde Herr Müller zum alleinvertretungsberechtigten Geschäftsführer berufen. In dieser Funktion waren ihm bis zu 80 Mitarbeiter unterstellt.

Sein Aufgabenbereich umfasste im Wesentlichen folgende Tätigkeiten:

- Sicherstellung eines zuverlässigen und preiswerten Versorgungssystems für Bürger und Unternehmen sowie Organisation eines sparsamen, umweltverträglichen Einsatzes der Energien
- Optimierung der Wasserverteilnetze durch Einrichten von Netzzonen zur Eindämmung von Trinkwasserverlusten
- Aufbau des neuen Geschäftsfeldes Contracting
- Modernisierung der technischen und kaufmännischen Bereiche
- Alleinverantwortliche Verhandlung und Einkauf von Strom- und Erdgaskontingenten
- Leitung der Krisenmanagementgruppe im Trinkwasserversorgungsnetz der Stadt Freiburg

Herr Müller verfügt über umfassendes kaufmännisches und technisches Fachwissen sowie ein ausgeprägtes Organisationstalent. Sein Handeln war geprägt von kaufmännischem Gespür und unternehmerischem Geschick sowie der Fähigkeit, beides in praxisnahen, operativen Lösungen erfolgreich umzusetzen. Besonders hervorzuheben ist der von ihm verantwortete hervorragende Erdgasabsatz im Jahre 2008 bei gleichzeitig optimiertem Einkauf und ausgehandelten, zusätzlich kostenfreien Leistungsanteilen.

Herr Müller setzte sich jederzeit mit überdurchschnittlicher Einsatzbereitschaft für die Interessen des Unternehmens ein. Seine Fähigkeit, sich auch neuen und komplexen Herausforderungen zu stellen und diese erfolgreich zu bewältigen sowie seine Mitarbeiter durch eigenes gutes Beispiel zu motivieren und zum Erfolg zu führen, zeichnet ihn aus. Seinen breit gefächerten Verantwortungsbereich beherrschte Herr Müller sehr erfolgreich und er erfüllte seine Aufgaben stets zu unserer vollen Zufriedenheit.

Sein persönliches Verhalten war jederzeit einwandfrei. Herr Müller ist allseits anerkannt und geschätzt.

Das Dienstverhältnis endete zum 31. Mai 2013 auf Wunsch von Herrn Müller. Wir bedauern dies, danken Herrn Müller für seine gute Arbeit und wünschen ihm für die Zukunft weiterhin viel Erfolg und persönlich alles Gute.

Freiburg, den 31. Mai 2013

Heinz Birner
Aufsichtsratsvorsitzender

Fazit

Eine überdurchschnittliche Leistungs- und Verhaltensbeurteilung. Die Schlussformulierung ist ebenfalls überdurchschnittlich.
Note: 1-2

5.2.6 Geschäftsführer

ZEUGNIS

Herr Peter Müller, geboren am 20. November 1963, war seit dem 1. Januar 2005 als Geschäftsführer für unser Unternehmen tätig.

Sein Aufgabenbereich umfasste im Wesentlichen:

- Aufbau und strategische Ausrichtung der Produktmarke sowie ihre Durchsetzung in den unterschiedlichen Märkten
- Neuausrichtung des Produktsortiments und Schließung von Sortimentslücken
- konsequente Umsetzung von Produktinnovationen auf den Märkten zur langfristigen Zukunftssicherung
- Ausbau des internationalen Kundenkreises
- Aufbau eines internen Reporting- und Controllingsystems

Herr Müller verfügt über ein umfassendes Fachwissen sowie ausgezeichnete Markt- und Produktkenntnisse und beherrschte seinen Aufgabenbereich vollkommen sicher und selbstständig. Selbst bei stärkster Arbeitsbelastung arbeitete er absolut zuverlässig, verantwortungsbewusst und genau. Er setzte schnell und richtig Prioritäten und agierte immer sehr umsichtig und zielorientiert. Auch bei komplexen Herausforderungen und in schwierigen Situationen zeichnete er sich durch seine Fähigkeit aus, rasch sehr gute und innovative Lösungskonzepte zu entwickeln und diese stets erfolgreich umzusetzen. Hervorzuheben sind ferner seine überdurchschnittliche Einsatzbereitschaft, seine ausgezeichneten analytischen Fähigkeiten und sein hervorragendes Verhandlungsgeschick.

Herr Müller ist eine herausragende Führungspersönlichkeit mit exzellentem unternehmerischen Geschick und Weitblick. Er überzeugte durch fachliche Qualifikation, Durchsetzungsvermögen und persönliche Integrität.

Für unsere Interessenten und Kunden im In- und Ausland war Herr Müller ein stets souveräner und gewandter Ansprechpartner, der Gespräche überzeugend und ergebnisorientiert führte. Die Direktion konnte sich auf seinen fachlich fundierten Rat und sein ausgewogenes Urteil jederzeit verlassen.

Darüber hinaus überzeugte Herr Müller als Führungskraft mit Personalverantwortung. Er war in der Lage, Führungskräfte und Mitarbeiter jederzeit zu zielorientierter und erfolgreicher Arbeit im Sinne des Unternehmens zu motivieren und sie immer zu sehr guten Leistungen zu führen.

Herr Müller setzte mit seiner Tätigkeit maßgebliche Akzente für die kontinuierliche wirtschaftliche Aufwärtsentwicklung unseres Unternehmens. Er beherrschte seinen breitgefächerten Verantwortungsbereich sehr erfolgreich und erfüllte alle Aufgaben stets zu unserer vollsten Zufriedenheit.

Sein Vertrauenswürdigkeit und Loyalität waren vorbildlich, Sein persönliches Verhalten stets hervorragend.

Herr Müller verlässt unser Unternehmen auf eigenen Wunsch zum 31. März 2014. Wir bedauern seine Entscheidung sehr, da wir eine wertvolle Führungskraft verlieren. Wir danken ihm für seine langjährige erfolgreiche Tätigkeit in unserem Hause und wünschen ihm für die Zukunft alles Gute und beruflich weiterhin sehr viel Erfolg.

Bochum, den 31. März 2014

Heinz Birner
Gesellschafter

Fazit

Ein uneingeschränkt in allen Punkten sehr gutes Arbeitszeugnis.
Note: 1

5.2.7 Geschäftsführer

ZEUGNIS

Herr Peter Müller, geboren am 27. September 1963, trat am 1. Oktober 2006 in die Dienste unserer internationalen Unternehmensgruppe als Niederlassungsleiter ein. In Anerkennung seiner wertvollen Arbeit wurde Herr Müller mit Wirkung ab dem 1. Juli 2008 zum Geschäftsführer der Birner GmbH und zum Leiter Region Norddeutschland befördert. Im August 2008 erfolgte die Eintragung ins Handelsregister.

Zu seinem Verantwortungsbereich gehörte im Wesentlichen:

- Planung und Kontrolle
- Gewinnverantwortung
- Organisation
- Personalmanagement
- Marketing

Herr Müller leitete eigenverantwortlich zwei Filialen mit insgesamt ca. 60 Mitarbeitern und trug die volle Verantwortung für den Geschäftsbetrieb und Gesamterfolg. Er verantwortete den strategischen Ausbau des regionalen Marktanteils und koordinierte sämtliche Betriebsabläufe und -prozesse.

Herr Müller verfügt über ein hervorragendes und auch in Randbereichen sehr tiefgehendes Fachwissen, das er stets sicher und erfolgreich in der Praxis einsetzte und mit ausgezeichneten Managementfähigkeiten ideal kombinierte. Sein analytisches Denkvermögen, seine methodische Planung und systematische Umsetzung der Aktivitäten sowie seine unternehmerische Handlungsweise waren absolut überragend. Seine schnelle Auffassungsgabe sowie seine von natürlicher Autorität getragene Durchsetzungs- und Motivationskraft sicherten Herrn Müller den Erfolg bei der Erfüllung seiner Aufgaben. Er zeichnete sich durch seinen modernen, auf Kooperation und seiner Überzeugungskraft aufbauenden Führungsstil aus und motivierte seine Mitarbeiter zu sehr guten Leistungen.

Herr Müller sicherte den Betriebsgewinn und die Wettbewerbsposition für unsere Marken und steigerte deutlich unseren Ertrag.

Herr Müller nahm unsere Interessen mit sehr viel Energie und sehr großem Einsatz stets zu unserer vollsten Zufriedenheit wahr.

Sein Verhalten gegenüber Vorgesetzten, Kunden, Kollegen und Mitarbeitern war jederzeit vorbildlich.

Herr Müller scheidet mit dem heutigen Tage auf eigenen Wunsch aus unserem Unternehmen aus. Wir bedauern seine Entscheidung sehr, danken ihm für seine hervorragenden Leistungen und wünschen ihm für die Zukunft weiterhin viel Erfolg und persönlich alles Gute.

Flensburg, den 30.06.2013

Heinz Birner
Mitglied des Verwaltungsrats und der Geschäftsleitung

Fazit

Ein sehr guter Mitarbeiter mit ausgezeichneten Führungsfähigkeiten. Das persönliche Verhalten wird ebenfalls als sehr gut bewertet.
Note: 1

5.2.8 Geschäftsgebietsleiter

ZEUGNIS

Herr Dr. Ing. Peter Müller, geboren am 25. März 1958 in Frankfurt, war vom 1. Januar 2003 bis zum 31. Mai 2013 als Geschäftsgebietsleiter „Metalle und Kunststoff“ in unserem Unternehmen tätig. Diese Funktion war — in Umsatz— und Ergebnisverantwortung stehend — direkt dem Vorstand unterstellt.

Herr Dr. Müller war für die Inlands- und Auslandsaktivitäten dieses Geschäftsgebietes zuständig mit den Produktbereichen:

- Leitmaterial aus Kupfer und Aluminium für die Signal- und Energieübertragung
- Halbzeug aus Aluminium und seinen Lackierungen für den Maschinenbau

Außerdem oblag Herrn Dr. Müller die Leitung des Managementkreises zur Abstimmung der Aktivitäten seines Geschäftsgebiets mit den Produktionsbetrieben und der Arbeitsvorbereitung.

Herr Dr. Müller arbeitete sich schnell in seinen Arbeitsbereich ein. Er verstand es, die Aktivitäten seines Geschäftsgebiets konsequent nach den Bedürfnissen des Marktes auszurichten und durch eine geschickte Marktnischen-Strategie und eine erfolgreiche Kontrolle der Kosten und Erträge die Umsätze und Ergebnisse seines Geschäftsgebietes auszuweiten. Besondere Verdienste erwarb er sich bei der Erschließung neuer Auslandsmärkte.

Herr Dr. Müller überzeugte durch fachliche Qualifikation, Durchsetzungsvermögen und persönliche Integrität. Er verstand es, seine Mitarbeiter zu motivieren und gut zu führen. Seinen Aufgabenbereich hat er stets zu unserer vollen Zufriedenheit bewältigt.

Der Umgang mit Vorgesetzten, Mitarbeitern und Kunden war geprägt durch allseits anerkanntes verbindliches und situationsgerechtes Auftreten. Sein persönliches Verhalten war stets einwandfrei.

Herr Dr. Müller scheidet auf eigenen Wunsch aus unserem Unternehmen aus. Wir bedauern diese Entscheidung, danken ihm für seine Mitarbeit und wünschen ihm für seine weitere berufliche und persönliche Zukunft weiterhin Erfolg und alles Gute.

Offenbach, den 31. Mai 2013

gez. Dr. Heinz Birner
Vorstand

Fazit
Eine gute Leistungs- und Verhaltensbeurteilung. **Note: 2**

5.2.9 Geschäftsstellenleiter

ZEUGNIS

Herr Peter Müller, geboren am 21. Oktober 1954 in Bremen, trat am 1. Januar 1994 in unser Unternehmen als Geschäftsstellenleiter für unsere Geschäftsstelle Düsseldorf ein.

Als Geschäftsstellenleiter war er mit der Organisation und Führung der Geschäftsstelle, der Erstellung und Realisierung des Budgets sowie der Überwachung aller Geschäftsvorgänge betraut. Er war verantwortlich für den CADMUS-Vertriebsbereich in den Postleitzahlbereichen 4, 5 und 6, für die Marketingsegmente Forschung und Lehre, Industrie- und Projektvertrieb. Zu seinen Aufgaben gehörten der Auf- und Ausbau des Kundenstamms sowie die Definition neuer Zielmärkte. Als Geschäftsstellenleiter war er Ansprechstelle für alle bereichsübergreifenden Angelegenheiten. Im Tagesgeschäft übernahm er unterstützende Maßnahmen für den CADMUS-Vertrieb. Hierzu gehörten insbesondere:

- die Koordination und Kontrolle der Vertriebsbeauftragten und Supportmitarbeiter
- die Unterstützung der Vertriebsbeauftragten bei Kundenverhandlungen mit Entscheidungsträgern
- die Koordination von Aufgaben zwischen der Zentrale München und der Geschäftsstelle Düsseldorf

Herr Müller verfügt über vielseitige und umfassende Fachkenntnisse und hat mit seinem Organisationstalent eine effektiv arbeitende Geschäftsstelle organisiert. Er ist kontaktfähig, gewandt und überzeugend bei Verhandlungen. Neben seinem verkäuferischen Geschick überzeugte Herr Müller als Führungskraft. Er bewies seine Fähigkeit, Mitarbeiter sicher einzuschätzen, zu motivieren und erfolgreich zu führen. Den ihm übertragenen Verantwortungsbereich bewältigte er stets zu unserer vollen Zufriedenheit.

Er erwarb sich das Vertrauen und die Anerkennung der Geschäftsführung. Bei Kunden und Mitarbeitern war er sehr geschätzt.

Sein persönliches Verhalten war jederzeit einwandfrei.

Herr Müller verlässt uns auf eigenen Wunsch zum 31. März 2014.

Wir bedauern seine Entscheidung und wünschen ihm weiterhin viel Erfolg und persönlich alles Gute.

München, den 31. März 2014

Heinz Birner
Geschäftsführer

Fazit

Eine überdurchschnittliche Leistungs- und Verhaltensbeurteilung. Das Zeugnis wird etwas abgewertet, da Herrn Müller in der Schlussformulierung für seine Tätigkeit nicht gedankt wird.
Note: 2-3

5.2.10 Gruppenleiter

ZEUGNIS

Herr Peter Müller, geboren am 23. März 1958 in Braunschweig, war vom 1. Juli 2009 bis zum 30. September 2013 als Gruppenleiter „elektrische Systeme" in unserem Unternehmen tätig.

Seine Hauptaufgabengebiete in dieser mit großer Führungsverantwortung ausgestatteten Position waren:

- Leitung der Entwicklung der elektronischen Systeme
- Prüfung der Basisspezifikation für Electrical Systems
- Schnittstellenüberwachung zu anderen Systemen
- Linienverantwortung für insgesamt 20 Mitarbeiter und Berater
- Teilnahme an internationalen Kongressen als Vertreter unseres Unternehmens
- Betreuung von Studenten bei Diplom- und Studienarbeiten.

Herr Müller hat sich in seinen komplexen Aufgabenbereich in kurzer Zeit schnell und sicher eingearbeitet, wobei ihm seine schnelle Auffassungsgabe, seine systematische Betrachtungsweise, sein Organisationstalent und seine hohe Leistungsbereitschaft sehr zustatten kamen. Sein exzellentes Fachwissen und seine reiche Berufserfahrung sowie sein Abstraktionsvermögen befähigen ihn auch bei komplexen Fragen und in schwierigen Situationen zu selbstständigen, durchdachten und realistischen Entscheidungen. Sein Arbeitsstil war immer in hohem Maße von Zuverlässigkeit, Sorgfalt, Verantwortungs- und Kostenbewusstsein geprägt. Auch großer Belastung und Stresssituationen war er jederzeit gewachsen. Herr Müller war ein gradliniger und zugleich geachteter und fürsorglicher Vorgesetzter. Er verstand es jederzeit ausgezeichnet, Teamgeist zu wecken und durch laufende Verbesserungen im Arbeitsprozess die Effektivität seiner Abteilung beständig zu steigern.

Herr Müller erfüllte seine Aufgaben stets zu unserer vollsten Zufriedenheit und entsprach in jeder Hinsicht und in allerbester Weise unserer Anforderungen.

Herr Müller verlässt unser Unternehmen auf eigenen Wunsch, um sich einer neuen Aufgabe zuzuwenden. Wir bedauern seine Entscheidung sehr, danken ihm für seine stets hervorragende Arbeit und wünschen ihm für die Zukunft weiterhin beruflichen Erfolg und persönlich alles Gute.

Stuttgart, den 30. September 2013

gez. Dr. Heinz Birner
Vorstand

Fazit

Ein überdurchschnittlich guter Mitarbeiter mit guten Führungsfähigkeiten. Das persönliche Verhalten des Herrn Müller wird nicht bewertet. Da die Entscheidung des Herrn Müller, das Unternehmen zu verlassen, in der Schlussformulierung sehr bedauert wird, ist anzunehmen, dass dessen Verhalten nie Anlass zu Beanstandungen gab.
Note: 1-2

5.2.11 Kaufmännischer Leiter

ZEUGNIS

Herr Peter Müller, geboren am 27. Dezember 1965, trat zum 1. Januar 2007 als kaufmännischer Leiter in unser Unternehmen ein und leitet die Bereiche Finanzen, Buchhaltung, Controlling und IT/Organisation unserer Zentrale. In dieser Funktion berichtete er direkt an den Geschäftsführer. Ihm waren 10 Mitarbeiter unterstellt.

Der Aufgabenbereich des Herrn Müller umfasste im Wesentlichen:

- Erstellung der kompletten Unternehmensplanung im Zusammenarbeit mit anderen Abteilungen
- Umstrukturierung der Personalabteilung und der Abteilung Rechnungswesen und Controlling
- Überwachung der Liquiditätslage

- Erstellung eines Sanierungskonzepts
- Steuerung und Moderation des Sanierungsprozesses
- Vorbereitung des Jahresabschlusses und Reporting nach HGB und IFRS
- Entwicklung unserer Konzepte und Überwachung der Kosten- und Prozessoptimierung
- Ansprechpartner für Banken, Versicherung und Wirtschaftsprüfer

Herr Müller überzeugte durch fachliche Qualifikation, Durchsetzungsvermögen und persönliche Integrität. Er verfügt über umfangreiche und vielseitige Fachkenntnisse, auch in Randbereichen, die er ausgezeichnet bei seiner Tätigkeit umsetzte. Sein Handeln war stets geprägt von kaufmännischem Gespür. Dank seiner hervorragenden Auffassungsgabe war er in der Lage, auch komplexe Zusammenhänge sofort zutreffend zu analysieren, optimale Lösungen zu finden und diese in praxisnahen, operativen Lösungen erfolgreich umzusetzen. Auch bei stärkster Arbeitsbelastung arbeitete Herr Müller absolut zuverlässig, systematisch, genau und zielorientiert, wobei er jederzeit schnell und durchdacht entschied und agierte. Neben seinem sehr guten Planungs- und Organisationsvermögen ist die von ihm verantwortete Erstellung eines Sanierungskonzepts, das die Basis einer schnellen und erfolgreichen Sanierung unseres Unternehmens bildete, besonders hervorzuheben. Herr Müller war allseits als fachlich kompetenter Ansprechpartner sehr geschätzt.

Darüber hinaus überzeugte Herr Müller als Führungskraft mit Personalverantwortung. Er besitzt eine natürliche Autorität und genoss das Vertrauen seiner Mitarbeiter. Er verstand es immer, seine Mitarbeiter zu motivieren und sie zu sehr guten Leistungen zu führen.

Herr Müller hat den kaufmännischen Bereich zu einem hohen Qualitätsstandart weiterentwickelt und mit seiner Tätigkeit wesentliche Akzente für die Entwicklung unseres Unternehmens gesetzt. Er nahm unsere Interessen mit außerordentlichem Engagement und großer Eigeninitiative wahr und erfüllte seine Aufgaben stets zu unserer vollsten Zufriedenheit.

Sein persönliches Verhalten war jederzeit hervorragend. Seine Vertrauenswürdigkeit und Loyalität waren vorbildlich. Herr Müller ist allseits sehr anerkannt und geschätzt.

Herr Müller scheidet mit dem heutigen Tage auf eigenen Wunsch aus unserem Unternehmen aus, um eine neue Herausforderung anzunehmen. Wir bedauern seine Entscheidung außerordentlich, da wir einen sehr wertvollen Mitarbeiter verlieren.

Wir danken ihm ausdrücklich für seine ausgezeichneten Leistungen und wünschen ihm weiterhin viel Erfolg und persönlich alles Gute.

Braunschweig, den 30. Mai 2013

Dr. Heinz Birner
Vorstand

Fazit

Ein uneingeschränkt ausgezeichneter Mitarbeiter, der über sehr gute Führungsfähigkeiten verfügt. Das persönliche Verhalten war ebenfalls sehr gut. Note: 1

5.2.12 Industriemeister

ZEUGNIS

Herr Peter Müller, geboren am 15. Mai 1960 in Stuttgart, war vom 1. April 2005 bis zum 31. Mai 2013 in unserem Unternehmen tätig.

Herr Müller wurde als Industriemeister in der Produktion eingesetzt. Ihm waren bis zu 40 Mitarbeiter unterstellt. Sein Aufgabenbereich umfasste im Wesentlichen:

- Sicherstellung der termin- und qualitätsgerechten Auftragsabwicklung
- Organisation und Anordnung der Arbeitsplätze einschließlich Erstellung von Arbeitsanweisungen und Vorschriften
- Arbeitsvorbereitung
- Sicherung des Materialflusses und der Betriebsmittel
- Einteilung und Einweisung der Mitarbeiter
- Überwachung des Arbeitsablaufes

Herr Müller verfügt über gute und umfassende Fachkenntnisse und ist in der Lage, auch schwierige Situationen schnell zutreffend zu erfassen und gute Lösungen aufzuzeigen. Er zeigte immer Eigeninitiative und überzeugte durch seine große Leistungsbereitschaft. Herr Müller arbeitete stets zuverlässig und gewissenhaft und er versteht es, seine Mitarbeiter sicher anzuleiten, verantwortlich zu führen und sie zu guten Leistungen zu motivieren.

Seinen Aufgabenbereich bewältigte Herr Müller mit großem Engagement selbständig und sicher jederzeit zu unserer vollen Zufriedenheit.

Sein persönliches Verhalten war stets einwandfrei.

Das Arbeitsverhältnis von Herrn Müller endet aus betrieblichen Gründen am 31. Mai 2013. Wir bedauern diese Entwicklung sehr, danken Herrn Müller für seine langjährig guten Leistungen und wünschen ihm weiterhin viel Erfolg und persönlich alles Gute.

Saarbrücken, den 31. Mai 2013

Heinz Birner ppa Produktionsleiter	Wolfgang Petersen ppa Personalleiter

Fazit

Eine gute Leistungs- und Verhaltensbeurteilung.
Note: 2

5.2.13 Lagerverwalterin

ZEUGNIS

Frau Barbara Meier, geboren am 30. Juni 1960, war vom 1. Juni 2002 bis zum 30. April 2013 in unserem Unternehmen tätig.

Sie wurde zunächst als Springerin in verschiedenen Abteilungen unseres Wäschereibetriebes eingesetzt. Mit Wirkung zum 1. Januar 2001 war ihr die Verwaltung des Mietwäscheaußenlagers übertragen. In dieser Funktion waren ihr bis zu fünf Mitarbeiterinnen unterstellt.

Ihr Aufgabenbereich umfasste im Wesentlichen:

- Arbeitsplanung und Mitarbeitereinteilung
- Warenannahme und Warenversand
- Lagerhaltung
- Kommissionierung
- Bedienung der EDV-Anlage
- Erstellung von Patchetiketten
- Näh- und Änderungsarbeiten
- Kennzeichnungsarbeiten

Frau Meier arbeitete gewissenhaft, rationell und zuverlässig. Ihre Mitarbeiterinnen kann sie gut anleiten. Ihre Aufgaben erledigte sie mit Fleiß und Genauigkeit zu unserer vollen Zufriedenheit. Frau Meier ist freundlich, zuvorkommend und höflich. Ihr persönliches Verhalten war stets einwandfrei.

Das Arbeitsverhältnis von Frau Meier endet mit dem heutigen Tag. Wir danken ihr für ihre Tätigkeiten in unserem Haus und wünschen ihr alles Gute.

Hamburg, den 30. April 2013

Heinz Birner Geschäftsführer	Wolfgang Petersen Betriebsleitung

Fazit

Eine durchschnittliche Mitarbeiterin. Die Verhaltensbeurteilung ist gut.
Note: 3

5.2.14 Leiter Vertrieb und Marketing

ZEUGNIS

Herr Dipl.-Ing. Peter Müller trat am 1. Januar 2006 als Leiter Vertrieb und Marketing für die neuen Bundesländer in unsere Unternehmensgruppe ein und berichtete direkt an den Sprecher der Geschäftsführung. Als Prokurist und Mitglied der Geschäftsleitung war Herr Müller ergebnisverantwortlich für den Standort Dresden.

Herr Müller führte die Niederlassung als Profitcenter mit Umsatz- und Budgetverantwortung in mehrstelliger Millionenhöhe. Neben den damit verbundenen Führungsaufgaben und der anfallenden Administration umfasste sein Verantwortungsbereich im Wesentlichen:

- Ergebnisverbesserung des Vertriebsbereichs Ost durch Kostenreduktion und Sortimentsbereinigung
- Konsolidierung und Ausbau der Marktposition durch Entwicklung neuer Produkte für die regionalen Zielgruppen
- Restrukturierung der Außendienstorganisationen

Herr Müller machte sich in einer für unser Unternehmen schwierigen Marktlage mit seinem übergreifenden Aufgaben- und Verantwortungsbereich rasch vertraut. Die von Herrn Müller eingeleiteten Maßnahmen zeigten schnell positive Wirkung.

Unter seiner professionellen Führung verbesserten sich die Ergebnisse unserer Niederlassung in Dresden kontinuierlich.

Herr Müller überzeugte sowohl durch sein ausgezeichnetes betriebs- und finanzwirtschaftliches Fachwissen als auch durch sein sicheres Gespür für Markttrends und -strukturen sowie durch seine umfassenden Branchenkenntnisse. Dank seiner raschen Auffassungsgabe wurden von ihm neue und komplexe Sachverhalte rasch analysiert, praxisbezogen gelöst und entschlussfreudig mit der notwendigen Konsequenz umgesetzt. Seine Bereitschaft, sich immer neuen Herausforderungen zu stellen und seine Fähigkeit, seine Mitarbeiter auch in Ausnahmesituationen zu motivieren und zum Erfolg zu führen, zeichneten Herrn Müller besonders aus. Er verstand es zudem, seine persönliche Einschätzung konfliktfrei in den unterschiedlichen Gremien einzubringen sowie die Meinung anderer aufzunehmen und zu einer sinnvollen Lösung zusammenzuführen. Sein ausgewogenes Urteil und seine Kompetenz als strategisch denkende Führungspersönlichkeit wurden besonders geschätzt.

Persönliche Integrität und seine Fähigkeit zu offener Kommunikation sicherten Herrn Müller sowohl in der Geschäftsleitung als auch bei den Geschäftspartnern und in seinem Kollegium Vertrauen und persönliche Wertschätzung. Herr Müller setzte sich jederzeit sehr engagiert für die Interessen unserer Unternehmensgruppe ein, realisierte die mit ihm vereinbarten Zielsetzungen, die er teilweise deutlich übertraf, beherrschte seinen komplexen Aufgaben- und Verantwortungsbereich souverän und erfüllte alle an ihn gestellten Anforderungen stets zu unserer außerordentlichen Zufriedenheit. Sein persönliches Verhalten war einwandfrei.

Mit dem heutigen Tag scheidet Herr Müller auf eigenen Wunsch aus unserer Unternehmensgruppe aus. Seine Entscheidung respektieren wir mit großem Bedauern, danken für seine im Ergebnis hervorragende Arbeit und wünschen Herrn Müller für die Zukunft weiterhin beruflichen Erfolg und persönlich alles Gute.

Berlin, den 31. Dezember 2013

Dr. Heinz Birner
Vorstand

Fazit

Eine sehr gute Leistungsbeurteilung. Herr Müller verfügt darüber hinaus über gute Führungsfähigkeiten. Sein persönliches Verhalten war jedoch nicht immer gleichbleibend gut.
Note: 2

5.2.15 Leiter Warenannahme

ZEUGNIS

Herr Peter Müller, geboren am 6. Juli 1962, war vom 1. März 2001 bis zum 30. April 2013 in unserem Unternehmen tätig. Er war in unserem CenterMarkt in Karlsruhe als Leiter der Warenannahme eingesetzt.

Sein Aufgabengebiet umfasste im Wesentlichen:

- die Sicherstellung der ordnungsgemäßen Abwicklung von Warenein- und -ausgängen mit entsprechender Verbuchung
- den zielgerichteten Einsatz von Personal und Hilfsmitteln
- die Führung und den Einsatz aller ihm unterstellten Mitarbeiter
- die Verantwortung für Ordnung und Sauberkeit im Bereich der Warenannahme sowie der Freiflächen rund um den Markt
- die Verantwortung für die ordnungsgemäße Entsorgung aller Reststoffe

In dieser Funktion waren ihm bis zu sechs Mitarbeiter unterstellt.

Daneben war Herr Müller Sicherheitsbeauftragter unseres Marktes.

Herr Müller hat alle Aufgaben stets zielstrebig und mit größter Einsatzbereitschaft jederzeit zu unserer vollen Zufriedenheit bewältigt. Hervorzuheben sind seine ausgezeichneten Fachkenntnisse und seine zügige und zuverlässige Arbeitsweise.

Durch seinen kooperativen Führungsstil motivierte er seine Mitarbeiter zu guten Leistungen und setzte sie zielgerecht und rationell ein.

Sein persönliches Verhalten war jederzeit einwandfrei. Herr Müller ist allseits anerkannt und geschätzt.

Das Arbeitsverhältnis endet am 30. April 2011 auf eigenen Wunsch von Herrn Müller. Wir danken ihm für seine Tätigkeit in unserem Unternehmen und wünschen ihm weiterhin viel Erfolg und persönlich alles Gute.

Karlsruhe, den 30. April 2013

Heinz Birner
Personalleitung Baden-Württemberg

Franz Dorner
Marktleitung Karlsruhe

Fazit

Eine gute, zuverlässige Führungskraft, deren persönliches Verhalten ebenfalls immer gut war.
Note: 2

5.2.16 Marktleiter

ZEUGNIS

Herr Peter Müller, geboren am 30. Oktober 1957, war in der Zeit vom 1. Dezember 2004 bis zum 31. Mai 2013 für unser Unternehmen tätig.

Er war zunächst als Baumarktleiter in Einarbeitung in unserem Baumarkt in Schopfheim tätig.

Zum 1. April 2005 wurde ihm die Leitung unseres Baumarktes in Lörrach als Baumarktleiter übertragen.

Sein Aufgabengebiet umfasste im Wesentlichen:

- Planung, Steuerung und Kontrolle des Personaleinsatzes unter Berücksichtigung der Rechte des Betriebsrates
- Leitung und Kontrolle des organisatorischen Ablaufs in der Warenwirtschaft
- Leitung der Disposition, des Warenflusses, der Sortimentspflege und der Preisauszeichnung
- Erarbeitung der Umsatz- und Jahresplanung (Deckungsbeitragsrechnung)
- Vorbereitung, Ausarbeitung und Kontrolle von betriebswirtschaftlichem Datenmaterial
- Mitarbeiterschulung und Ausbildung
- Teilnahme an zentral durchgeführten Marktleitersitzungen
- Vorbereitung und Durchführung der Zwischen- und Jahresabschlussinventur

Herr Müller ist ein engagierter, zuverlässiger und zielgerichteter Mitarbeiter mit organisatorischem Geschick und gut durchdachter Planung.

Er verfügt über ein Gespür für neue Trends und Kundenwünsche. Hervorzuheben sind sein fachliches Wissen und seine Führungs- und Organisationsqualitäten.

Herr Müller förderte die Leistung seiner Mitarbeiter durch eine klare Formulierung der Arbeitsziele und durch eine gute Informationspolitik und motivierte sie durch sachgemäße Delegation und Kooperation zu guten Leistungen.

Seinen Aufgabenbereich bewältigte Herr Müller erfolgreich jederzeit zu unserer vollen Zufriedenheit.

Sein persönliches Verhalten war stets einwandfrei.

Das Arbeitsverhältnis endet auf eigenen Wunsch von Herrn Müller am 31. Mai 2013. Wir danken ihm für seine guten Leistungen und wünschen ihm bei seiner neuen Aufgabe weiterhin viel Erfolg und persönlich alles Gute.

Köln, den 31. Mai 2013

Heinz Birner
Geschäftsführer

Fazit

Eine gute Leistungsbeurteilung. Die Führungsfähigkeiten und das persönliche Verhalten des Herrn Müller sind ebenfalls gut.
Note: 2

5.2.17 Malermeister

ZEUGNIS

Herr Peter Müller, geboren am 18. Juni 1973, war in der Zeit vom 1. September 2006 bis zum 31. Mai 2013 in unserem Unternehmen als Malermeister tätig.

Wir sind ein mittelständischer Malerbetrieb mit in der Regel ca. 40 Mitarbeitern und einem Jahresumsatz von zuletzt ca. 2.000.000 Euro.

Herr Müller war leitender Angestellter und direkt der Geschäftsführung unterstellt. Bei Abwesenheit vertrat er den Geschäftsführer. Herrn Müller waren ca. 20 Mitarbeiter direkt unterstellt. Die von ihm betreuten Bauvorhaben hatten im Einzelfall einen Auftragswert von bis zu 500.000 Euro.

Der Aufgabenbereich von Herrn Müller umfasste die gesamte technische und kaufmännische Leitung seines Bereichs. Außer den von ihm betreuten Bauvorhaben, für die er in vollem Umfang für die technische und wirtschaftliche Abwicklung verantwortlich war, leitete er die Geschäftsbereiche EDV, Umweltschutz, Abfallentsorgung und Arbeitssicherheit. Im Einzelnen waren ihm folgende Aufgaben übertragen:

- Akquisition von Aufträgen
- Preisgestaltung, Kalkulation und Konditionsverhandlung mit Auftraggebern
- Materialeinkauf/ Konditionsverhandlungen mit Lieferanten (Preise, Lieferbedingungen, Zahlungsmodalitäten)
- Überwachung und Leitung von Großbaustellen
- Aufmaß und Abrechnung der Baustellen
- Erarbeitung des Finanzplanes nach Bedarf
- Kontrolle der Zahlungseingänge einschließlich Mahnwesen
- Planung und Kontrolle der Finanzdisposition/ Liquide Mittel
- Konditionsverhandlung mit Banken über Kredite und Verwaltung der liquiden Mittel
- Selbständige Einstellung und Entlassung von Mitarbeitern
- Personalplanung und -einsatz
- Überwachung der Lohnabrechnung
- Einsatz und Unterweisung des kaufmännischen Personals und der Auszubildenden
- Leitung der Abteilungen EDV, Umweltschutz, Abfallentsorgung und Arbeitssicherheit
- Rationalisierung des kaufmännischen Bereichs durch EDV-Einsatz
- Mitarbeiterschulung im Bereich EDV
- Mitwirkung beim Erwerb des Zertifikats „Im Umweltschutz geprüfter Malerbetrieb“ durch weitreichende Verbesserung im Umweltschutz und der Lagerhaltung
- Kostensenkung durch effiziente Lagerhaltung
- Unterweisung der Mitarbeiter gemäß Gefahrstoffverordnung und Ausarbeitung der Unterweisungsformulare

Aufgrund seiner erfolgreichen Tätigkeit wurde Herr Müller zum 23. Mai 2009 in den Kreis der Gesellschafter unseres Unternehmens aufgenommen und mit Wirkung zum 1. Januar 2010 wurde ihm Prokura verliehen.

Herr Müller verfügt über ausgezeichnete technische und kaufmännische Fachkenntnisse und ist in der Lage, auch schwierige Situationen sofort zutreffend zu erfassen und schnell richtige Lösungen zu finden. Er überzeugte durch seine Eigeninitiative und seine große Leistungsbereitschaft. Hervorzuheben sind seine gute Durchsetzungsfähigkeit und seine Überzeugungskraft. Herr Müller beherrschte seinen Arbeitsbereich, arbeitete selbständig und sicher und erarbeitete optimale Lösungen. Die Geschäftsführung konnte sich immer auf sein Engagement und seine Loyalität verlassen. Bei seinen Mitarbeitern war Herr Müller anerkannt und geschätzt. Er ist in der Lage, Mitarbeiter sicher einzuschätzen und sie zu guten Leistungen zu motivieren.

Seinen Aufgabenbereich bewältigte Herr Müller jederzeit zur vollsten Zufriedenheit. Er besaß stets das Vertrauen der Geschäftsführung und der anderen Gesellschafter und erfüllte alle Erwartungen jederzeit in allerbester Weise.

Sein persönliches Verhalten gegenüber der Geschäftsleitung, Kunden und Mitarbeitern war stets einwandfrei. Durch seine Sachkenntnisse und seine persönliche Kompetenz erwarb er sich allseits Anerkennung. Bei Verhandlungen mit Auftraggebern erwies er sich als fairer und durchsetzungsfähiger Geschäftspartner.

Herr Müller verlässt unser Unternehmen zum 31. Mai 2013, um eine Weiterbildungsmaßnahme zu beginnen. Wir bedauern sein Ausscheiden sehr, respektieren jedoch seinen Wunsch zur Weiterqualifizierung und danken ihm ausdrücklich für seine langjährig erfolgreiche Mitarbeit. Wir wünschen Herrn Müller für seine Zukunft weiterhin viel Erfolg und persönlich alles Gute.

Dresden, den 31. Mai 2013

Heinz Birner
Geschäftsführer

Fazit

Eine sehr gute Leistungsbeurteilung. Die Führungsfähigkeit und das persönliche Verhalten sind ebenfalls weit überdurchschnittlich.
Note: 1-2

5.2.18 Medizinisch-wissenschaftlicher Fachreferent

ZEUGNIS

Herr Dr. Peter Müller stand vom 1. Januar 2002 bis zum 31. Mai 2013 in den Diensten unserer Gesellschaft. Während dieser Zeit war Herr Dr. Müller zunächst wissenschaftlicher Mitarbeiter in unserer klinischen Forschung und später als Leiter der

Fachgruppe Antirheumatika und Immunsuppressiva tätig. Am 1. Juli 1995 wurde Herr Dr. Müller zum Leiter der Abteilung „Analgetika/Antiphlogistika und ZNS“ ernannt.

In dieser Zeit arbeitete Herr Dr. Müller zunächst an der klinischen Entwicklung des Schmerzmittels „Valderun“ und betreute anschließend ein neu zu entwickelndes Antirheumatikum. Seine Aufgabe umfasste die Planung, Durchführung, Überwachung und Auswertung klinischer Überprüfungen der Phasen I bis IV, die Bearbeitung fachbezogener Anfragen aus der Ärzteschaft sowie die Vertretung des Faches Rheumatologie nach innen und außen. Darüber hinaus erarbeitete er Fachbeiträge für die wissenschaftliche Literatur unserer rheumatologischen Präparate.

Mit Wirkung vom 1. Oktober 2007 wurde Herr Dr. Müller auf eigenen Wunsch in unseren medizinisch-wissenschaftlichen Bereich versetzt. Hier übernahm er als wissenschaftlicher Fachreferent im Range eines Abteilungsleiters die medizinische Betreuung des inzwischen zugelassenen und am Markt befindlichen Antirheumatikums. Zu seinen Aufgaben zählten die eigenständige Planung und Durchführung von weiterführenden klinischen Studien im Bereich der Rheumatologie sowie deren Auswertung in enger Zusammenarbeit mit unserer Biometrie. Zu seinem Aufgabenbereich gehörten ferner die Aus- und Weiterbildung unserer Außendienstmitarbeiter, die Erstellung von medizinisch-wissenschaftlichem Schriftgut, die umfangreiche Korrespondenz mit Ärzten aus Klinik und Praxis, die medizinische Beratung unseres Produktmanagements sowie die Kontaktpflege zu führenden therapiebestimmenden Ärzten.

Herr Dr. Müller hat sich mit seinem Aufgabenbereich in hohem Maße identifiziert. Er war ein sehr kooperativer und stets loyaler Mitarbeiter, der sich ständig für klimatische Verbesserungen seines engeren und weiteren Tätigkeitsfeldes engagierte. Er zeigte sich offen für konstruktive Kritik und war jederzeit bereit, an der Leistungsoptimierung mitzuwirken. Sein Kostenbewusstsein und sein Interesse für die wirtschaftlichen Belange der Firma verdienen der besonderen Erwähnung. Besonders hervorzuheben ist der Beitrag von Herrn Dr. Müller zur Entwicklung des neuen Antirheumatikums.

Die ihm übertragenen Aufgaben hat Herr Dr. Müller jederzeit zu unserer vollen Zufriedenheit bewältigt.

Aufgrund seiner ausgezeichneten fachlichen Kenntnisse und seines verbindlichen Umgangstons hat sich Herr Dr. Müller die Anerkennung und Hochachtung von Professoren, Klinikern sowie seiner Vorgesetzten und Kollegen erworben. Seine Führung war jederzeit ausgezeichnet.

Herr Dr. Müller verlässt uns mit dem heutigen Tag, um sich einer neuen Aufgabe zuzuwenden. Wir danken ihm für seine geleistete Arbeit und wünschen ihm weiterhin viel Erfolg und persönlich alles Gute.

Leverkusen, den 31. Mai 2013

Heinz Birner
Geschäftsführer

Fazit

Die Leistungsbeurteilung ist nicht in allen Punkten überdurchschnittlich. In der an sich guten Verhaltensbeurteilung werden die Vorgesetzten nach Professoren und Klinikern genannt. Dies deutet daraufhin, dass Herr Dr. Müller mehr von Professoren und Klinikern als von seinen Vorgesetzten anerkannt war.
Note: 2-3

5.2.19 Personalreferent

ZEUGNIS

Herr Peter Müller, geboren am 2. August 1952 in Dresden, trat am 1. Januar 1999 in unser Unternehmen ein.

Nach kurzer Einarbeitungszeit betrauten wir Herrn Müller mit der Leitung des Referates „Personalplanung und -entwicklung“. Neben der damit verbundenen Linienverantwortung umfasste sein Aufgabengebiet im Wesentlichen:

- Personalbedarf
- Entwicklungs- und Einsatzplanung
- Gehaltsanalyse sowie Aktualisierung von Stellenbeschreibungen, Beurteilungs- und Incentivesystem
- Betreuung der Führungs- und Führungsnachwuchskräfte, Planung, Steuerung und Plausibilitätskontrollen von Maßnahmen zur Weiterbildung
- Unterstützung des Bereichsleiters „Personal- und Sozialwesen“ bei der Entscheidungsfindung durch vorbereitende Bearbeitung personalwirtschaftlicher Grundsatzfragen, Erstellung von Entwicklungsprognosen und Abweichungsanalysen sowie bei der Budgetplanung und -kontrolle

Zum 1. Oktober 2001 übertrugen wir Herrn Müller die Leitung der Abteilung „Personalbeschaffung“ und erteilten ihm zum 1. Februar 2002 Handlungsvollmacht. In dieser Funktion zeichnete er innerhalb der Vertriebsorganisation verantwortlich für:

- Personalsuche, Bewerberauswahl und Vertragsverhandlungen im tariflichen und außertariflichen Bereich
- Planung, Koordination und Durchführung personeller Einzelmaßnahmen in der Vertriebszentrale und der gesamten Außenorganisation

Im Zusammenhang mit konzerninternen Umstrukturierungsmaßnahmen erfolgte die Zusammenlegung des Referats „Personalplanung/Entwicklung“ und der Abteilung „Personalbeschaffung“ zum Fachbereich „Personal-Marketing“, dessen Gesamtleitung Herr Müller zum 1. Januar 2003 übernahm. Diese Position schloss die Stellvertretung des Bereichsleiters „Personal- und Sozialwesen“ mit ein.

In diesem erweiterten Aufgabenbereich nahm sich Herr Müller zusätzlich in besonderem Maße personalorganisatorischer Fragestellungen an. Als Ansprechpartner unserer Führungskräfte und Mitbestimmungsorgane trug er dabei maßgeblich zur erfolgreichen Umsetzung unseres Reorganisationskonzepts bei.

Herr Müller überzeugte durch fachliche Qualifikation, Durchsetzungsvermögen und persönliche Integrität. Hervorzuheben ist seine Fähigkeit, konzeptionell und konstruktiv zu arbeiten sowie schwierige Sachverhalte zu analysieren und Konflikte umsichtig zu lösen. Er bewies die Fähigkeit, Mitarbeiter zu motivieren und erfolgreich zu führen. Menschen konnte er sicher beurteilen und ihren Fähigkeiten entsprechend fördern.

Seinen komplexen Aufgaben- und Verantwortungsbereich bewältigte Herr Müller jederzeit zu unserer außerordentlichen Zufriedenheit.

Er erwarb sich das Vertrauen und die Wertschätzung seines Vorgesetzten und war anerkannter Gesprächspartner für alle Ebenen unseres Hauses. Sein persönliches Verhalten war stets vorbildlich.

Mit dem heutigen Tag scheidet Herr Müller auf eigenen Wunsch aus unserem Unternehmen aus. Wir bedauern seine Entscheidung sehr, danken ihm für seine Arbeit und wünschen ihm für die Zukunft weiterhin beruflichen Erfolg und persönlich alles Gute.

Waiblingen, den 30. April 2013

Dr. Heinz Birner
Geschäftsführer

Fazit

Ein in allen Punkten sehr gutes Arbeitszeugnis.
Note: 1

5.2.20 Pflegedienstleiterin

ZEUGNIS

Frau Barbara Meier war vom 1. September 2000 bis zum 28. Februar 2014 in unserem Hause, in dem 140 Alten- und Pflegeheimbewohner leben, als Pflegedienstleiterin tätig. Ihr wurde die Organisation und die Leitung des Pflegedienstes mit ca. 70 Mitarbeitern übertragen. Außerdem war sie Ansprechpartnerin für Kontaktaufnahmen von künftigen Heimbewohnern. Im Einzelnen oblagen ihr folgende

Aufgaben:

- Organisation, Beratung und Kontrolle der Pflegetätigkeit einschließlich der Dienstplanüberwachung, Erstellung von Personallisten, Führung von Mitarbeitergesprächen sowie Organisation des Schülereinsatzes und der Beschäftigung von Praktikanten
- Organisation und Durchführung von Personaleinstellungen im Pflegebereich
- Erarbeitung eines Personalentwicklungskonzepts mit Fort- und Weiterbildungsmaßnahmen
- Organisation von Fortbildungen
- Konzeptentwicklung für Qualitätsmanagement
- Beratung, Kontrolle und Überwachung der Pflegedokumentation einschließlich der Erstellung von Kontrollbögen
- Dienstplanüberwachung einschließlich der Errechnung und Kontrolle der Zeitzuschläge, der Ist- und Sollstunden sowie der Urlaubstage
- Organisation der Einführung der elektronischen Pflegedokumentation per EDV für alle Mitarbeiter sowie Kontrolle und Überwachung der EDV-Durchführung
- Führung von Angehörigengesprächen
- Kontaktaufnahme mit zukünftigen Heimbewohnern und deren Angehörigen sowie der sie betreuenden Institutionen,
- Organisation von Heimaufnahmen in Absprache mit den Bereichen

Außerdem führte sie neue Dienstzeiten in Abstimmung mit den anderen Bereichen unseres Hauses ein.

Frau Meier bewältigte ihren Aufgabenbereich immer selbstständig und sicher. Sie verfügt über umfassende Fachkenntnisse und ist in der Lage, auch schwierige Situationen sofort zutreffend zu erfassen und schnell richtige Lösungen zu finden. Sie zeigte stets Eigeninitiative und überzeugte durch ihre große Leistungsbereitschaft. Auch starkem Arbeitsanfall war sie jederzeit gewachsen. Sie arbeitete stets absolut zuverlässig und gewissenhaft und bewältigte ihren Arbeitsbereich jederzeit zu unserer vollsten Zufriedenheit.

Sie ist bei den Mitarbeitern anerkannt und geschätzt und in der Lage, ihre Mitarbeiter sicher einzuschätzen und sie zu guten Leistungen zu motivieren.

Ihr persönliches Verhalten war jederzeit einwandfrei.

Frau Meier verlässt unser Haus auf eigenen Wunsch. Wir danken ihr für ihre erfolgreiche Tätigkeit und wünschen ihr weiterhin viel Erfolg und persönlich alles Gute.

Freiburg, 28. Februar 2014

Heinz Birner
Direktor

Fazit

Eine überdurchschnittlich gute Mitarbeiterin mit guten Führungsfähigkeiten. Die Verhaltensbeurteilung ist sehr gut.
Note: 1-2

5.2.21 Produktionsleiter

ZEUGNIS

Herr Peter Müller, geboren am 6. April 1972, war vom 1. März 2005 bis 31. Dezember 2013 in unserem Unternehmen tätig.

Ihm wurden zunächst Assistenzaufgaben im internationalen Produktionsbereich übertragen. Er erarbeitete und implementierte am Standort in Spanien ein Kennzahlensystem zur Produktivität der Färberei, analysierte die Kennzahlen der dortigen Qualitätssicherung und optimierte die Abteilung Instandhaltung. Zu seinen Aufgaben im Stammwerk München gehörten vor allem die Vorbereitung von Entscheidungen zur Produktionsverlagerung, zu Investitionsplanungen und die Erarbeitung von Wirtschaftlichkeitsberechnungen. Ferner war Herr Müller an den Standortanalysen, dem Grundstückserwerb für die neue Produktionsstätte in Indien und maßgeblich an der Planung des neuen Werks beteiligt. Außerdem war Herr Müller am Standort in München in allen relevanten Gremien der Produktionsleitung vertreten.

Im Juni 2006 wurde Herrn Müller die Projektleitung zum Aufbau unseres neuen Produktionsstandortes übertragen und ab Januar 2007 übte er seine Tätigkeit vor Ort in Indien aus.

In dieser Funktion war er verantwortlich für den bau- und produktionsseitigen Werksaufbau bis zur Bereitstellung der betriebsbereiten Kapazitäten sowie die Begleitung des Produktionsanlaufes. Er war Ansprechpartner für alle am Aufbau beteiligten Unternehmen und traf nach Abstimmung mit den relevanten Fachabteilungen im Stammwerk in München alle Entscheidungen eigenständig. Er suchte die Lieferanten für das gesamte Projekt aus und führte die Vertragsverhandlungen mit den Lieferanten, wobei die endgültige Vergabeentscheidung jeweils mit der internationalen Produktionsleitung in der Zentrale in München sowie der Geschäftsführung in Indien abgestimmt wurde.

Außerdem oblagen Herrn Müller das Projektcontrolling inklusive Rechnungsfreigabe, Terminüberwachung sowie Planung und Bereitstellung der notwendigen Ressourcen aus Europa. Ferner überwachte er die Durchführung der Arbeiten hinsichtlich Qualität, Terminen und Kosten und war verantwortlich für alle im Rahmen seines Aufgabengebietes anfallenden technischen und betriebswirtschaftlichen Fragen. Nach der technischen Bereitstellung der Produktionskapazitäten unterstützte Herr Müller die deutschen und indischen Fachkräfte während dem Produktionsanlauf und beendete das Projekt mit der Erstellung der Dokumentation.

Herr Müller verfügt über umfassende und vielseitige betriebswirtschaftliche und technische Fachkenntnisse, insbesondere im Produktionsbereich. Seine Arbeitsweise war jederzeit geprägt von Systematik, Zuverlässigkeit und Umsicht. Sein Verantwortungsbewusstsein, sein Organisations- und Improvisationstalent ermöglichten ihm, sich auch in einem unbekannten und schwierigen Umfeld eines Entwicklungslandes durchzusetzen. Herr Müller zeigte außerordentlich viel Eigeninitiative und hohe Einsatzbereitschaft. Er arbeitete jederzeit zuverlässig, rationell, gewissenhaft, selbstständig und sehr erfolgreich.

Seine jeweiligen Aufgaben erfüllte Herr Müller stets zu unserer vollsten Zufriedenheit.

Sein persönliches Verhalten gegenüber Vorgesetzten, Geschäftspartnern und Kollegen war jederzeit einwandfrei und vorbildlich. Dank seines hilfsbereiten und aufgeschlossenen Wesens, seines interkulturellen Verständnisses und seiner Kontaktfreudigkeit kommunizierte er problemlos mit allen Gesprächspartnern. Er fügte sich sehr gut in das bestehende Team ein. Die Zusammenarbeit mit ihm war sehr effektiv und angenehm.

Nach dem erfolgreichen Abschluss des Projekts in Indien endet das Arbeitsverhältnis von Herrn Müller aus betrieblichen Gründen, da wir ihm keine neue adäquate Aufgabe anbieten können. Wir bedauern dies sehr, danken Herrn Müller für seine ausgezeichneten Leistungen und wünschen ihm weiterhin viel Erfolg und persönlich alles Gute.

München, den 31. Dezember 2013

Heinz Birner Vorstand	Wolfgang Petersen Leiter Technik und Produktion

Fazit

Ein Zeugnis mit einer sehr guten Leistungs- und Führungsbeurteilung.
Note: 1

5.2.22 Projektleiter

ZEUGNIS

Herr Peter Müller, geboren am 10. Januar 1956 in Detmold, war vom 1. Juli 1998 bis zum 31. Mai 2013 in unserem Unternehmen beschäftigt.

Er war zunächst im Bereich Anwenderprogramme als Koordinator und Projektleiter eingesetzt. In dieser Funktion koordinierte er mehrere Softwarehäuser bei der Evaluierung von Testsystemen und steuerte die Einsatzplanung der Entwicklungstools. Außerdem war er für die Kosten- und Terminabwicklung sowie für die Qualitätssicherung verantwortlich.

Ab August 1999 wurde Herr Müller als Projektleiter im Bereich „Intelligente Netze“ eingesetzt. Ihm wurde die Realisierung des Projekts Requirements der Telekommunikation übertragen. Außerdem baute er eine Projektdatenbank für alle IN-Projekte (ca. 150) auf und realisierte diese Datenbank mit MS ACCESS und VBA (Visual

Basic in ACCESS). Daneben entwickelte Herr Müller Tools zur automatischen Synchronisation der SAP/R3-Datenbanken mit der IN-Projektdatenbank. Ferner entwickelte er einen Generator zur automatischen Erstellung von HTML-Seiten und einen Style-Guide für das Design und die Implementierung des Internets für IN-Kundenprojekte.

Herr Müller ist ein guter Entwickler und Programmierer mit umfangreichen Fachkenntnissen. Er arbeitete zuverlässig und gewissenhaft und zeigte Eigeninitiative. Hervorzuheben sind seine systematische Arbeitsweise und seine Flexibilität bei veränderten Anforderungen.

Seine Aufgaben bewältigte Herr Müller jederzeit zu unserer vollen Zufriedenheit.

Sein persönliches Verhalten war einwandfrei. Gegenüber Vorgesetzten, Kunden und Kollegen ist er freundlich und höflich.

Das Arbeitsverhältnis endete am 31. Mai 2013 auf eigenen Wunsch von Herrn Müller. Wir danken ihm für seine Tätigkeit und wünschen ihm für die Zukunft alles Gute.

Berlin, den 31. Mai 2013

Heinz Birner
Abteilungsleiter Intelligente Netze

Wolfgang Petersen
Personalleiter

Fazit

Herr Müller ist ein Mitarbeiter mit guten Fachkenntnissen, jedoch nicht sehr engagiert und erfolgreich. Sein persönliches Verhalten gab keinen Anlass zur Beanstandung.
Note: 3

5.2.23 Restaurant-Managerin

ZEUGNIS

Frau Barbara Meier, geboren am 17. August 1975, trat am 1. Juli 2013 in unser Unternehmen als Restaurant-Managerin ein.

Sie war im Wesentlichen verantwortlich für:

- Kassenzuteilung, -abrechnung und -verwaltung des Bargeldbestandes gemäß den internen Richtlinien
- korrekte Durchführung der Tageseröffnung und des Tagesabschlusses
- Durchführung von Produktkontrollen und Sicherstellung der Standards zur Lebensmittelsicherheit und Hygiene
- Bearbeitung von Reklamationen
- eigenverantwortliche Durchführung bedarfsgerechter Warenbestellungen
- verantwortliche Repräsentation des Unternehmens gegenüber Gästen und Besuchern
- Erstellung der Budgetplanung für das Restaurant sowie die Erstellung der monatlichen Projektionen
- Dienstplanerstellung für alle Mitarbeiter des Restaurants

Frau Meier war aufgrund ihres soliden Grundwissens in der Lage, die ihr übertragenen Aufgaben zu erfüllen. Sie arbeitete mit genügendem Engagement und konnte aufgrund ihrer Auffassungsgabe auftretende Probleme lösen. Ihren Aufgabenbereich erfüllte Frau Meier zuverlässig und sie erzielte im Wesentlichen die geforderten Arbeitsergebnisse.

Frau Meier praktiziert einen kooperativen Führungsstil und war in der Lage, ihre Mitarbeiter anzuleiten und verantwortlich zu führen.

Den ihr übertragenen Aufgabenbereich erfüllte Frau Meier zu unserer Zufriedenheit.

Ihr persönliches Verhalten gegenüber Vorgesetzten, Gästen und Mitarbeitern war immer einwandfrei. Sie war freundlich und zuvorkommend.

Frau Meier verlässt unser Unternehmen zum 31. Dezember 2013 im besten gegenseitigen Einvernehmen.

Wir bedanken uns bei Frau Meier für ihre Leistungen und wünschen ihr für die Zukunft Erfolg und persönlich alles Gute.

Mainz, den 31. Dezember 2013

Heinz Birner
Geschäftsführer

Fazit

Eine unterdurchschnittliche Mitarbeiterin mit nur ausreichenden Führungsfähigkeiten. Die Verhaltensbeurteilung ist gut. Das Arbeitsverhältnis wurde vermutlich zum Ende der Probezeit auf Initiative des Arbeitgebers einvernehmlich beendet.
Note:
Leistungsbeurteilung: 4
Verhaltensbeurteilung: 2

5.2.24 Stationsleiter

ZEUGNIS

Herr Peter Müller, geboren am 20. Juli 1962, trat am 1. Januar 1993 in unser Unternehmen ein.

Er wurde als Stationsleiter der Service-Station Oldenburg eingesetzt.

Er war verantwortlich für die selbständige, unternehmerische Leitung der Station und hatte die disziplinarische Verantwortung für die Stationsmitarbeiter.

Zu seinen Aufgaben gehörten im Wesentlichen:

- Leitung und Führung der ihm unterstellten Mitarbeiter sowie deren qualifizierten und fachgerechten Einsatz
- Kundenakquisition und Kundenbindung
- Verkauf von Neugeräten und Ersatzteilen
- Sicherstellung eines funktionsgerechten Werkstattbetriebes
- Führung des Neugeräte- und Ersatzteillagers
- Abwicklung aller im Zusammenhang mit Neugeräte- und Ersatzteileverkauf sowie Kundendienst und Reparaturen bestehenden Aufgaben, insbesondere Erarbeitung von Kostenvoranschlägen, Fakturierung, Gutschrifterstellung sowie Bearbeitung von Reklamationsanträgen bis zur Freigabe
- Kassenführung gemäß der bestehenden Anweisungen

Herr Müller verfügt über gute technische und betriebswirtschaftliche Fachkenntnisse und über verkäuferisches Geschick. Er zeigte Eigeninitiative und Einsatzbereitschaft und überzeugte auch durch die von ihm ausgearbeiteten Verbesserungsvorschläge. Herr Müller arbeitete stets zuverlässig und gewissenhaft. Er versteht es, seine Mitarbeiter sicher einzuschätzen und sie zu guten Leistungen zu führen.

Seinen Aufgabenbereich bewältigte er selbständig, sicher und erfolgreich jederzeit zu unserer vollen Zufriedenheit.

Sein persönliches Verhalten war stets einwandfrei.

Das Arbeitsverhältnis endet aus betrieblichen Gründen am 31. Mai 2013. Wir bedauern diese Entwicklung sehr, danken Herrn Müller für seine guten Leistungen und wünschen ihm weiterhin viel Erfolg und persönlich alles Gute.

Oldenburg, den 31. Mai 2013

Heinz Birner
Geschäftsführer

Fazit

Ein guter Mitarbeiter mit guten Führungsfähigkeiten. Die Verhaltensbeurteilung ist ebenfalls gut.
Note: 2

5.2.25 Technischer Geschäftsführer

REFERENZ

Herr Dr. Ing. Heinz Müller, geboren am 1. August 1962, war vom 1. April 2013 bis zum 30. April 2013 im Rahmen eines Zeitmanagements mit der Technischen Leitung unseres Hauses betraut.

In dieser Funktion oblag ihm als Mitglied der Geschäftsleitung neben der damit verbundenen Linienfunktion für den gesamten technischen Bereich — mit den Hauptabteilungen Arbeitsvorbereitung, Fertigung und Werkstechnik, zusammen 650 Mitarbeiter — eine übergreifende Schwachstellenanalyse einzelner Fertigungsbereiche.

Herr Dr. Müller ist eine fachlich und menschlich überzeugende Persönlichkeit, die sich mit großem Engagement den vielfältigen Aufgaben in unserem stark expandierenden Unternehmen zuwandte, Verbesserungspotentiale kosten- und ergebnisorientiert aufzeigte und wesentliche Teilrealisierungen einleitete.

Sein persönliches Verhalten innerhalb unseres Managementkollegiums und gegenüber Mitarbeitern war vorbildlich.

Wir bedauern, dass wir Herrn Dr. Müller nach erfolgreichem Abschluss seines Projekts nicht für ein festes Anstellungsverhältnis gewinnen konnten, danken ihm für seine gut geleistete Arbeit und wünschen ihm weiterhin beruflichen Erfolg und persönlich alles Gute.

Duisburg, den 30. April 2013

Dr. Heinz Birner
Geschäftsführer

Fazit

Eine überdurchschnittliche Leistungs- und Führungsbeurteilung.
Note: 2

5.2.26 Verkaufsleiter

ZEUGNIS

Herr Dipl. Ing. Peter Müller, geboren am 15. November 1959 in Hannover, trat am 1. Januar 2001 als Verkaufsleiter Inland in unser Unternehmen ein.

Herr Müller war dem Gesamtvertriebsleiter unseres Unternehmens direkt unterstellt; bei Eintritt in unser Unternehmen wurde ihm Handlungsvollmacht erteilt.

Zum Aufgabenbereich von Herrn Müller gehörte das Marketing einschließlich der Organisation der Vertriebssysteme und der Durchführung von Messen, Werbung und verkaufsfördernden Maßnahmen, die Festlegung der Produktpolitik und die Absatzplanung für die Fertigung sowie die Mitwirkung bei der Preispolitik.

Herr Müller verfügt über ausgezeichnete Kenntnisse der Einsatzmöglichkeiten unserer Produkte und war mit seinen fundierten technischen Kenntnissen bei Interessenten, Kunden und Mitarbeitern stets ein überzeugender Partner bei der Lösung anstehender technischer und organisatorischer Probleme.

Neben seinem verkäuferischen Geschick überzeugte Herr Müller als Führungskraft mit Personalverantwortung. Er war im positiven Sinne ehrgeizig sowie initiativ und konnte seine Mitarbeiter dazu anspornen, seinem Vorbild zu folgen. Er zeigte die erforderliche Entscheidungskraft und identifizierte sich in vorbildlicher Weise mit der ihm übertragenen Verantwortung.

Herr Müller stellte stets private Belange zurück und setzte sich erfolgreich für die Interessen unseres Unternehmens ein. Die ihm übertragenen Aufgaben erledigte er jederzeit zu unserer außerordentlichen Zufriedenheit.

Bei Geschäftspartnern und auf allen Ebenen unseres Hauses war Herr Müller als kompetenter Gesprächspartner geschätzt.

Herr Müller verlässt unser Unternehmen auf eigenen Wunsch zum 30. April 2013. Wir bedauern seine Entscheidung sehr, danken ihm für seine erfolgreiche Arbeit und wünschen ihm für seine Zukunft weiterhin viel Erfolg und persönlich alles Gute.

München, den 30. April 2013

Heinz Birner
Geschäftsführer

Fazit

Ein überdurchschnittlich guter, sehr engagierter Mitarbeiter, der durch seine Kompetenz überzeugte und über gute Führungsfähigkeiten verfügt. Das persönliche Verhalten wird nicht beurteilt. Aufgrund der sehr guten Schlussformulierung dürfte dieses jedoch immer einwandfrei gewesen sein.
Note: 1-2

5.2.27 Vorstandsmitglied/Vorstandssprecher

ZEUGNIS

Herr Dr. Peter Müller, geboren am 15. Mai 1955, war vom 1. April 1990 bis zum 30. April 2013 für unser Unternehmen tätig.

Bis zum 31. Juli 1992 war er als Hauptabteilungsleiter für die Bereiche Finanzen und Rechnungswesen eingesetzt. Über diese Tätigkeit wurde am 15. August 1992 ein gesondertes Zeugnis erteilt.

Mit Wirkung zum 1. August 1992 wurde Herr Dr. Müller zum stellvertretenden Mitglied des Vorstandes ernannt. Seine Verantwortung erstreckte sich auf die Ressorts Finanzen und Rechnungswesen sowie Controlling.

Herr Dr. Müller wurde am 1. September 1993 ordentliches Mitglied des Vorstandes für den vorbezeichneten Verantwortungsbereich. Im Februar 1997 wurde Herrn Dr. Müller zusätzlich die Verantwortung für das Vorstandsressort Einkauf übertragen. Seit Mai 1998 ist Herr Dr. Müller Sprecher des Vorstandes. In dieser Funktion erstreckte sich sein Tätigkeitsbereich zusätzlich auf die Bereiche von Revisions- und Öffentlichkeitsarbeit.

Außer den üblichen Vorstandsaufgaben war Herr Dr. Müller im Wesentlichen mit folgenden Einzelprojekten betraut:

- Ausgliederung wesentlicher Teile des Rechenzentrums an einen externen Dienstleister
- Aufbau des neuen Geschäftsfeldes Logistik
- Aufbau des neuen Geschäftsfeldes Einkauf mit einer externen Dienstleistungsorganisation
- Mitarbeit an der Konzeption und Umsetzung des Konzepts zur Restrukturierung der Beteiligungsbereiche der Gesellschaft

Herr Dr. Müller ist eine herausragende Führungspersönlichkeit mit exzellentem ökonomischen Sachverstand sowie unternehmerischem Geschick und Weitblick. Während seiner Zugehörigkeit zum Vorstand nahm unser Unternehmen eine kontinuierliche wirtschaftliche Aufwärtsentwicklung. Seit seiner Tätigkeit als Vorstandssprecher entwickelte sich die Gesellschaft zu einem der wirtschaftlich erfolgreichsten Unternehmen seiner Art in Deutschland.

Herr Dr. Müller zeichnet sich nicht nur durch seine Fähigkeit aus, schnell und umsichtig Lösungskonzepte zu entwickeln, sondern er verfügt auch über die Fähigkeit, diese stets erfolgreich umzusetzen. Hervorzuheben sind seine angemessene Zielstrebigkeit, seine überdurchschnittliche Einsatzbereitschaft sowie sein finanztechnisches Expertenwissen. Darüber hinaus ist die Fähigkeit von Herrn Dr. Müller zu erwähnen, Führungskräfte und Mitarbeiter auch in schwierigen Situationen zu zielorientierter und erfolgreicher Arbeit im Sinne des Unternehmens zu motivieren.

Herr Dr. Müller ist auf Grund seiner hervorragenden Marktkenntnisse und den hierauf aufbauenden Analysen sowie der hohen Verlässlichkeit seiner Ergebnisprognosen ein sehr geschätzter Ansprechpartner. Dies gilt auch für externe Gesprächspartner und Aktionärsvereinigungen.

Herr Dr. Müller erfüllte sein vielfältiges Aufgabenspektrum stets sehr erfolgreich und jederzeit zu unserer außerordentlichen Zufriedenheit. Seine Vertrauenswürdigkeit und Loyalität sind vorbildlich. Sein persönliches Verhalten war stets hervorragend.

Herr Dr. Müller verlässt uns nach langjährigem erfolgreichen Wirken für unser Unternehmen, da er sich anderen Aufgaben zuwenden möchte. Wir bedauern dies sehr, danken ihm für seine ausgezeichnete Tätigkeit in unserem Unternehmen und wünschen ihm weiterhin beruflich viel Erfolg und persönlich alles Gute.

Berlin, den 30. April 2013

Dr. Heinz Birner
Vorsitzender des Aufsichtsrates

Fazit

Eine uneingeschränkt sehr gute Führungskraft.
Note: 1

5.3 Gewerbliche Arbeitnehmer

5.3.1 Auslieferungsfahrer

ZEUGNIS

Herr Peter Müller war in der Zeit vom 10. Juni 1997 bis zum 30. April 2011 in unserem Unternehmen tätig.

Er war zunächst als Lagerist eingesetzt. In dieser Funktion war er mit der Warenannahme sowie dem Warentransport, auch mit einem Gabelstapler, befasst.

Ab Oktober 1998 übernahm Herr Müller die frei gewordene Stelle als Auslieferungsfahrer. Daneben wurde er bei Bedarf als Kommissionierer eingesetzt.

Seine Hauptaufgaben bestanden in der Auslieferung von Kundenaufträgen, wobei ihm teilweise auch Inkassoaufgaben zukamen. Außerdem wurde er auch mit Gefahrguttransporten betraut.

Herr Müller arbeitete sehr sorgfältig, zuverlässig und rationell. Die ihm übertragenen Aufgaben bewältigte er jederzeit zu unserer vollen Zufriedenheit.

Sein persönliches Verhalten war stets einwandfrei.

Herr Müller scheidet am 30. April 2013 aus unserem Unternehmen aus. Wir danken ihm für seine Arbeit in unserem Hause und wünschen ihm für die Zukunft alles Gute.

Frankfurt, den 30. April 2013

ppa. Heinz Birner
Logistikleiter

i. V. Manfred Klinkner
Vertriebsleiter

Fazit

Eine gute Leistungs- und Verhaltensbeurteilung.
Note: 2

5.3.2 Baggerführer

ZEUGNIS

Herr Peter Müller, geboren am 25.09.1966 in Freiburg, war vom 1. Oktober 1995 bis zum 31. Mai 2013 in unserem Unternehmen tätig.

Die Firma Birner ist ein Fachbetrieb mit langjähriger Erfahrung, der seinen Kunden professionelle und umfassende Leistungen in den Bereichen von Tiefbau-, Abbruch-, Kanaltechnik- und Transportarbeiten bietet und über einen modernen Maschinenpark verfügt.

Herr Müller war als Baggerfahrer bei der Erstellung von Hausanschlüssen, bei Kanalarbeiten, Kanalsanierungen, Kernbohrungen und Druckprüfungen eingesetzt.

Sein Aufgabenbereich umfasste im Wesentlichen:

- Bagger- und Planierarbeiten mit Radbagger und Raupenfahrzeugen
- Erdarbeiten zur Erschließung von Ein- und Mehrfamilienhäusern
- Verlegung von Ver- und Entsorgungsleitungen
- Dichtigkeitsprüfungen
- Errichten von Reparaturabzweigungen an Schmutzwasserkanälen
- Verlegung von Erdrohren mit Erdrakete sowie Rohrsanierung

Herr Müller verfügt über umfassende Fachkenntnisse, er beherrscht seinen Arbeitsbereich selbständig und sicher. Er arbeitete stets sorgfältig, zügig und genau. Besonders hervorzuheben sind seine Einsatzbereitschaft und seine Flexibilität.

Die von Herrn Müller ausgeführten Tätigkeiten wurden stets zu unserer vollen Zufriedenheit erledigt.

Sein persönliches Verhalten gegenüber Vorgesetzten und Mitarbeitern war jederzeit einwandfrei.

Herr Müller verlässt unser Unternehmen mit dem heutigen Tag auf eigenen Wunsch. Wir bedauern seine Entscheidung, danken ihm für seine Mitarbeit und wünschen ihm weiterhin viel Erfolg und persönlich alles Gute.

Freiburg, den 31. Mai 2013

Heinz Birner
Geschäftsleitung

Fazit

Ein guter, sehr einsatzfreudiger und flexibler Mitarbeiter. Die Verhaltensbeurteilung ist ebenfalls gut.
Note: 2

5.3.3 Betriebswerkerin

ZEUGNIS

Frau Barbara Meier, geb. am 2. Oktober 1968, war in der Zeit vom 16. Juni 2003 bis zum 26. Mai 2013 in unserem Zweigwerk in Weil als Betriebswerkerin tätig.

Sie war in der Fertigungsabteilung mit den Tätigkeiten Ausschlagen und Zählen eingesetzt.

Frau Meier arbeitete sorgfältig und genau. Sie zeigte Einsatzbereitschaft und ist auch starkem Arbeitsanfall gewachsen. Sie hat ihre Aufgaben zu unserer vollen Zufriedenheit erfüllt. Ihr Verhalten gegenüber Vorgesetzten und Kollegen war jederzeit einwandfrei.

Frau Meier scheidet auf eigenen Wunsch aus unserem Unternehmen aus. Wir wünschen ihr für die Zukunft alles Gute.

Lörrach, den 26. Mai 2013

Heinz Birner
Fertigungsleiter

Fazit

Eine durchschnittliche Leistungsbeurteilung. Die Verhaltensbeurteilung ist gut. Die Schlussformulierung deutet ebenfalls daraufhin, dass die Mitarbeiterin keine guten Leistungen erbracht hat.
Note: 3

5.3.4 CNC-Dreher

ZEUGNIS

Herr Peter Müller, geb. am 28. Mai 1961 in Bad Segeberg, war vom 11. Dezember 2005 bis zum 31. Januar 2014 in unserem Betrieb als CNC-Dreher tätig.

Herr Müller war in unserer Fertigungsabteilung am Wechselschichtbetrieb mit der Herstellung von Kollektoren befasst. Er programmierte nach Zeichnung CNC-Drehmaschinen mit Einlegeautomaten und richtete sie ein. Außerdem war er mit der Störungsbeseitigung und der Durchführung von kleineren Reparaturen betraut und kontrollierte die gefertigten Drehteile der Schicht. Daneben war er mit der Herstellung von Werkzeugen an der manuellen Drehmaschine befasst und richtete die Fräsmaschine ein.

Herr Müller beherrscht seinen Arbeitsbereich selbstständig und sicher. Er zeichnet sich durch seine genaue Arbeitsweise aus. Mit seinen Leistungen waren wir jederzeit zufrieden. Sein Engagement entsprach unseren Erwartungen.

Das persönliche Verhalten von Herrn Müller war jederzeit einwandfrei. Bei Kollegen ist er anerkannt.

Die konjunkturelle Entwicklung in unserem Industriebereich hat uns zu starken personellen Einschränkungen gezwungen. Herr Müller war bedauerlicherweise aufgrund seiner gegenüber anderen Mitarbeitern geringeren Betriebszugehörigkeit einer der von der Sozialauswahl Betroffenen.

Wir bedauern, dass wir uns auf diesem Wege von Herrn Müller trennen müssen, bedanken uns für seine Tätigkeit und wünschen ihm für die Zukunft alles Gute.

Dortmund, den 31. Januar 2014

Heinz Birner	Volker Petersen
Produktionsleiter	Geschäftsführer

Fazit

Ein Mitarbeiter, der alle Aufgaben selbstständig und zuverlässig bewältigt, jedoch das geforderte Arbeitstempo nicht erbringt. Er war zwar bei seinen Kollegen anerkannt, nicht jedoch bei seinen Vorgesetzten.
Note:
Leistungsbeurteilung: 4
Verhaltensbeurteilung: 4

5.3.5 Dreher

ZEUGNIS

Herr Peter Müller, geboren am 15. Oktober 1969 in Lörrach, war vom 4. März 2002 bis zum 31. Mai 2013 in unserem Betrieb als Dreher beschäftigt.

Herr Müller arbeitete an unseren konventionellen Futter- und Drehmaschinen und führte alle anfallenden Dreharbeiten mittleren Schwierigkeitsgrades für unsere Produktionsbereiche Kellereimaschinen, Bräunungsgeräte und Rohrleitungsarmaturen aus. Zu den von ihm zu bearbeitenden Materialien zählten Normstahl, Buntmetalle, Aluminium und Edelstahl. Darüber hinaus setzten wir Herrn Müller gelegentlich auch zur Ausführung einfacher Bohrarbeiten an konventionellen Tisch- und Säulenbohrmaschinen ein.

Herr Müller arbeitet gewissenhaft und genau. Die ihm übertragenen Arbeiten hat Herr Müller zu unserer vollen Zufriedenheit erledigt.

Sein Verhalten gegenüber Vorgesetzten und Mitarbeitern war stets einwandfrei.

Herr Müller scheidet mit dem heutigen Tag auf eigenen Wunsch aus unserer Firma aus. Wir danken ihm für seine Mitarbeit und wünschen ihm für die Zukunft alles Gute.

Ravensburg, den 31. Mai 2013

ppa. Heinz Birner
Personalleiter

Fazit

Ein durchschnittlicher, nicht sehr engagierter Mitarbeiter. Die Verhaltensbeurteilung ist gut.
Note: 3

5.3.6 Elektromonteur

ZEUGNIS

Herr Peter Müller, geboren am 13. Oktober 1962 in Wolfach, trat am 25. September 2002 in die Montageabteilung in unserer Zweigniederlassung Mannheim als Elektromonteur ein.

Sein Einsatz erfolgte überwiegend bei der Installation von Licht- und Kraftanlagen, wobei er mit der Kabel- und Leitungsverlegung, der Kabelpritschenmontage, Leuchtenmontage, Installationsgerätemontage sowie mit dem Aufstellen und Anschließen von Elektroverteilern aller Art befasst war.

Herr Müller erledigte die ihm übertragenen Aufgaben zu unserer Zufriedenheit. Sein persönliches Verhalten war einwandfrei.

Herr Müller verlässt unsere Firma mit dem heutigen Tag. Wir wünschen ihm für die Zukunft alles Gute.

Mannheim, den 31. Januar 2014

Heinz Birner
Niederlassungsleiter

Fazit

Da in dem Zeugnis keine Leistungskriterien beurteilt werden, ist davon auszugehen, dass die Leistungen weit unterdurchschnittlich waren und den Anforderungen nicht genügten, obwohl Herrn Müller zusammenfassend ausreichende Leistungen bescheinigt werden. Für diese Einschätzung spricht auch die Schlussformulierung, nach der davon ausgegangen werden muss, dass Herrn Müller das Arbeitsverhältnis wegen seiner schlechten Leistung gekündigt wurde. Die Verhaltensbeurteilung ist durchschnittlich.

Note:
Leistungsbeurteilung: 4
Verhaltensbeurteilung: 3

5.3.7 Fernmeldemonteur

ZEUGNIS

Herr Peter Müller, geboren am 5. Oktober 1961 in Waiblingen, trat am 1. August 1998 in die Montageabteilung unserer Zweigniederlassung Stuttgart als Fernmeldemonteur ein.

Sein Einsatz erfolgte beim Aufbau von Fernsprechanlagen in den Baustufen 1 bis III mit den dazugehörigen Endgeräten und Leitungsnetzen. Ferner oblag ihm der Ausbau von Ela-, Antennen-, Lichtruf- und Fernmeldeanlagen in Krankenhäusern. Seit März 2002 hat Herr Müller sämtliche Umzüge und Veränderungen an Fernsprechanlagen und Ela-Anlagen einer Großbaustelle eigenverantwortlich ausgeführt.

Herr Müller verfügt über gute Fachkenntnisse und praktische Erfahrungen an den von ihm zu betreuenden Geräten. Die ihm übertragenen Aufgaben erledigte er schnell und genau zu unserer vollen Zufriedenheit.

Das Verhalten und die Führung gegenüber Vorgesetzten, Kunden und Kollegen waren jederzeit einwandfrei.

Herr Müller verlässt unsere Firma mit dem heutigen Tag auf eigenen Wunsch.

Wir danken ihm für seine Tätigkeit und wünschen ihm für die Zukunft alles Gute.

Stuttgart, den 31. Dezember 2013

Heinz Birner
Niederlassungsleiter

Fazit

**Die Leistungsbeurteilung ist durchschnittlich, die Verhaltensbeurteilung gut.
Note: 3**

5.3.8 Gas- und Wasserinstallateur

ZEUGNIS

Herr Peter Müller, geboren am 8. Dezember 1982, war in der Zeit vom 1. September 2000 bis zum 31. März 2014 in unserem Betrieb tätig.

Er absolvierte zunächst seine Ausbildung zum Gas- und Wasserinstallateur und wurde nach erfolgreichem Abschluss seiner Berufsausbildung gerne als Geselle im März 2003 übernommen. Seit seiner Gesellenprüfung war er als Gas- und Wasserinstallateur in unserem Hause tätig. Sein Aufgabengebiet umfasste die Installation von Neuanlagen sowie die Durchführung von Reparaturen, Renovierungs- und Umbauarbeiten.

Herr Müller ist mit allen Gas- und Wasserinstallationsarbeiten vertraut und arbeitete selbstständig und gewissenhaft. Er verfügt über handwerkliches Geschick und gute Fachkenntnisse und bewältigte seine Aufgaben zuverlässig und rationell jederzeit zu unserer vollen Zufriedenheit.

Herr Müller arbeitete gut mit seinen Vorgesetzten und Kollegen zusammen. Sein persönliches Verhalten war jederzeit einwandfrei.

Herr Müller verlässt unser Unternehmen am 31. März 2014 auf eigenen Wunsch. Wir bedanken uns für die gute Zusammenarbeit und wünschen ihm für die Zukunft weiterhin viel Erfolg und persönlich alles Gute.

Freiburg, den 31. März 2014

Heinz Birner
Geschäftsführer

Fazit

Eine gute Leistungs- und Verhaltensbeurteilung.
Note: 2

5.3.9 Hausmeister

ZEUGNIS

Herr Peter Müller, geboren am 27. Februar 1974 in München, war befristet vom 1. Oktober 2012 bis zum 30. September 2013 in unserem Unternehmen als Hausmeister tätig.

Sein Aufgabenbereich umfasste im Wesentlichen:

- Erledigung kleiner Reparaturen und Wartungsarbeiten
- Pflege unserer Grünanlage

- Gehwegreinigung
- Durchführung der Schnee- und Eisräumung

Herr Müller besitzt gute Fachkenntnisse, technisches Verständnis und handwerkliches Geschick. Er zeigte jederzeit Eigeninitiative und großes Engagement. Herrn Müller war ein absolut zuverlässiger und gewissenhafter Mitarbeiter, der seine Aufgaben immer systematisch, rationell und verantwortungsvoll erledigte.

Herr Müller hat die ihm übertragenen Aufgaben stets zu unserer vollen Zufriedenheit erfüllt.

Sein persönliches Verhalten war immer einwandfrei. Aufgrund seiner freundlichen, zuvorkommenden und hilfsbereiten Art war er anerkannt und geschätzt.

Herr Müller scheidet mit Ablauf der Befristung zum 30. September 2013 aus unserem Unternehmen aus. Wir bedauern, ihn nicht weiter beschäftigen zu können, bedanken uns für die gute Zusammenarbeit und wünschen ihm für die Zukunft weiterhin viel Erfolg und persönlich alles Gute.

Frankfurt, 30. September 2013

Heinz Birner
Geschäftsführer

Fazit

Ein Mitarbeiter, der gute Leistungen erbrachte. Die Verhaltensbeurteilung ist ebenfalls gut.
Note: 2

5.3.10 Kraftfahrzeugelektriker

ZEUGNIS

Herr Peter Müller, geboren am 25. November 1961 in Aalen, war vom 1. April 2002 bis zum 30. April 2013 in unserem Unternehmen als Kraftfahrzeugelektriker tätig.

Sein Aufgabenbereich umfasste die Durchführung aller elektrischen Wartungs- und Reparaturarbeiten an Kraftfahrzeugen, überwiegend der Marke Ford.

Herr Müller verfügt über gute Fachkenntnisse und zeigte Geschick bei der Bewältigung seiner Aufgaben. Er ist zu weitgehend selbstständiger Arbeitsweise fähig und bewältigte die ihm übertragenen Aufgaben zu unserer vollen Zufriedenheit.

Sein persönliches Verhalten zu Vorgesetzten und Kollegen war einwandfrei.

Herr Müller verlässt uns mit dem heutigen Tag auf eigenen Wunsch.

Wir danken ihm für seine Tätigkeit und wünschen ihm für die Zukunft alles Gute.

Aalen, den 30. April 2013

Heinz Birner
Werkstattleiter

Fazit

Ein Mitarbeiter, der zwar über gute Fachkenntnisse und Geschick verfügt, jedoch nicht in der Lage ist, selbstständig zu arbeiten. Durchschnittliche Verhaltensbeurteilung.
Note: 3

5.3.11 Kraftfahrzeugmechaniker

ZEUGNIS

Herr Peter Müller, geboren am 29. Juli 1965 in Offenburg, war vom 15. März 2006 bis zum 31. Mai 2013 als Kfz-Mechaniker bei uns tätig.

Unter der Leitung unseres Werkstattleiters hat Herr Müller alle vorkommenden Reparaturen und Wartungsarbeiten an Personenkraftwagen durchgeführt.

Herr Müller zeigte viel Geschick und war aufgrund seiner guten handwerklichen Kenntnisse allen Aufgaben gewachsen. Er arbeitete zügig und gewissenhaft und löste neu auftauchende Fragen und Probleme stets gut. Herr Müller hat seine Aufgaben jederzeit zu unserer vollen Zufriedenheit erfüllt.

Die Führung von Herrn Müller gegenüber Vorgesetzten und Kollegen war stets einwandfrei. Sein Verhältnis zur Betriebsleitung und zu seinen Kollegen war erfreulich gut.

Wir verlieren in Herrn Müller eine gute Stütze des Betriebes und bedauern sein Ausscheiden, das auf eigenen Wunsch erfolgt, sehr. Wir danken ihm für seine Mitarbeit und wünschen ihm für die Zukunft weiterhin Erfolg und persönlich alles Gute.

Villingen-Schwenningen, den 31. Mai 2013

Heinz Birner
Geschäftsführer

Fazit

Eine überdurchschnittlich gute Leistungs- und Verhaltensbeurteilung, die durch die Schlussformulierung, in der Herr Müller als „Stütze des Betriebes" bezeichnet wird, bestätigt wird.
Note: 1-2

5.3.12 Kundendienstmonteur

ZEUGNIS

Herr Peter Müller war in der Zeit vom 1. Mai 2004 bis zum 31. Mai 2013 in unserem Unternehmen als Elektromonteur tätig.

Er war im Wesentlichen im Kundendienst eingesetzt. Hierbei war ihm die Bearbeitung der allgemeinen Beleuchtungs- und Haustechnik übertragen. Außerdem war er mit der Sanierung von Elektroanlagen in Altbauten sowie der Reparatur von Zähleranlagen befasst.

Herr Müller arbeitete selbstständig und gewissenhaft. Er verfügt über gute Fachkenntnisse. Hervorzuheben ist seine zuverlässige und rationelle Arbeitsweise.

Seinen Aufgabenbereich bewältigte er jederzeit zu unserer vollen Zufriedenheit.

Sein persönliches Verhalten war stets einwandfrei. Sowohl in unserem Hause als auch bei unseren Kunden ist er anerkannt und geschätzt.

Das Arbeitsverhältnis von Herrn Müller endet zum 31. Mai 2013 aus betrieblichen Gründen. Wir bedauern dies sehr, danken Herrn Müller für seine guten Leistungen und wünschen ihm beruflich weiterhin viel Erfolg und persönlich alles Gute.

Dresden, den 31. Mai 2013

Heinz Birner
Geschäftsführer

Fazit

Der sehr guten Leistungs- und Verhaltensbeurteilung entspricht die Schlussformulierung. Ein guter Mitarbeiter, dem aus betrieblichen Gründen leider gekündigt werden musste.
Note: 2

5.3.13 Schlosser

ZEUGNIS

Herr Peter Müller, geboren am 5. Februar 1970 in Tuttlingen, trat am 6. Februar 2002 in unsere Firma ein und verlässt uns am 30. Juni 2013.

Herr Müller war in unserem Unternehmen als Schlosser und Schweißer beschäftigt. Seine Tätigkeit bestand vorwiegend im Herstellen von Profilkonstruktionen aus Edelstahl-Hohlprofilen sowie dem Herstellen von Aluminium-Profilkonstruktionen und der schweißtechnischen Bearbeitung von Blechkonstruktionen von 1 mm bis 5 mm Materialstärke.

Herr Müller zeichnete sich bei seiner Tätigkeit durch umfassende Kenntnisse und überdurchschnittliche Schweißnahtqualität aus. Er beherrscht die Schweißverfahren für Edelstahl im MIG-, MAG- und WIG-Verfahren und im Aluminium-Schweißbereich das WIG-Impuls-Verfahren.

Aufgrund seiner guten technischen Qualifikationen konnte er Prototypen und Sonderkonstruktionen aus Aluminium und Edelstahl nach Zeichnungen und entsprechender Unterweisung durch den Meister herstellen. Im Rahmen dieser Tätigkeit musste Herr Müller die entsprechenden Werkstücke selbstständig nach Stückliste vorrichten und dabei Tätigkeiten an Metallsägen, NC-gesteuerten Tafelscheren, hydraulischer Abkantpresse oder Exzenterpresse ausführen. Er zeichnete sich besonders dadurch aus, dass er in allen Bereichen einer Metallbearbeitung und -verarbeitung schnell und flexibel einzusetzen war und dabei die unterschiedlichen Werkstoffe Aluminium und Edelstahl sowohl mechanisch als auch schweißtechnisch sicher beherrschte.

Herr Müller verrichtete seine Arbeiten sorgfältig, zügig und genau.

Seine Arbeitsqualität übertrifft die Erwartungen, die an einen qualifizierten Facharbeiter gestellt werden. Wenn es die betrieblichen Belange erforderten, stellte er die persönlichen Interessen zurück. Seine Aufgaben hat er stets zu unserer vollen Zufriedenheit erfüllt.

Sein Verhalten gegenüber Vorgesetzten und Kollegen war jederzeit einwandfrei, wobei stets die Bereitschaft festzustellen war, sachliche Kritik zu akzeptieren oder auch durch Eigeninitiative bedingte sachliche Kritik zu üben.

Herr Müller verlässt unser Unternehmen auf eigenen Wunsch, um sich im Rahmen von Weiterbildungsmaßnahmen zum Schweißfachmann ausbilden zu lassen. Wir bedauern sein Ausscheiden, danken ihm für seine Mitarbeit und wünschen ihm für die Zukunft weiterhin Erfolg und persönlich alles Gute.

Freiburg, den 30. Juni 2013

Heinz Birner
Fertigungsleiter

Fazit

Ein guter Mitarbeiter, der überdurchschnittliche Leistungen erbringt. Die Verhaltensbeurteilung ist ebenfalls überdurchschnittlich.
Note: 2

5.3.14 Verkaufsfahrerin

ZEUGNIS

Frau Barbara Meier war vom 1. April 2004 bis zum 28. Februar 2014 in unserem Betrieb beschäftigt.

Ihre Tätigkeit erstreckte sich auf den selbstständigen Verkauf unserer Backwaren im Bereich des von den Orten Wittnau, Norsingen, Bremgarten, Hausen und Scherzingen umfassten Gebiets. Zu ihren Aufgaben gehörten die Disposition und die Abrechnung der Backwaren, die Be- und Entladung des Fahrzeugs und das Fahren des Bäckermobils. Außerdem oblag ihr die technische Verantwortung für ihr Fahrzeug. Daneben belieferte sie mit dem Fahrzeug vor Beginn ihrer Verkaufstouren verschiedene Geschäfte in Bad Krozingen mit Backwaren.

Frau Meier bewältigte ihren Aufgabenbereich selbstständig und sicher. Sie arbeitete zuverlässig und gewissenhaft. Ihre Aufgaben hat sie zu unserer vollen Zufriedenheit erfüllt.

Ihr persönliches Verhalten war stets einwandfrei.

Frau Meier scheidet zum 28. Februar 2014 auf eigenen Wunsch aus unserem Betrieb aus. Wir danken ihr für ihre Mitarbeit und wünschen ihr für die Zukunft alles Gute.

Ehrenkirchen, den 28. Februar 2014

Heinz Birner
Geschäftsführer

Fazit
Die Leistungsbeurteilung ist durchschnittlich, die Verhaltensbeurteilung ist gut. Note: 3

5.4 Zeugnisse für Auszubildende, Trainees und Praktikanten

5.4.1 Bürogehilfin

AUSBILDUNGSZEUGNIS

Frau Barbara Meier, geboren am 27. November 1991 in Bad Homburg, wurde vom 1. August 2010 bis zum 27. Juli 2013 in unserem Verband zur Bürogehilfin ausgebildet.

Entsprechend dem Ausbildungsplan für den Ausbildungsberuf

Bürogehilfin wurden ihr folgende Kenntnisse und Fertigkeiten vermittelt:

- Behandlung der ein- und ausgehenden Post
- Ausführen von Arbeiten im Schriftverkehr mit Textverarbeitungsprogramm nach Diktat ins Stenogramm, nach Diktaphon und nach Vorlagen
- Abfassen und Anfertigen einfacher Schreiben nach allgemeinen Angaben
- Ausführen von Registratur-, Kartei- und statistischen Arbeiten
- Führen von Wiedervorlagebüchern
- Beschaffen und Verwalten von Büromaterial

- systematische Behandlung laufender Vorgänge im Rechnungs- und Buchhaltungswesen einschließlich der Ausführung einfacher Arbeiten im Verkehr mit Kreditinstituten
- selbstständiges Führen einer Handkasse mit einer Grundausstattung von 500 Euro
- Telefonvermittlungsdienst

Frau Meier hat sich während ihrer Ausbildung gute Kenntnisse angeeignet. Sie setzte ihre manuellen Fähigkeiten in Stenographie und ihre ausgezeichneten Programmkenntnisse im Textverarbeitungsprogramm sehr gut ein. Sie arbeitet zügig, wobei Fehler selten vorkommen. Dies gilt besonders auch für ihren Umgang mit Geld. Die Handkasse, über die in der Zeit von August 2011 bis Dezember 2012 Ausgaben von rund 20.000 Euro in Kleinbeträgen abgewickelt wurden, hat sie praktisch fehlerfrei abgerechnet. Auch bei größerem Arbeitsanfall und Stresssituationen sinkt Frau Meiers Arbeitsleistung nicht. Die ihr gestellten Aufgaben verfolgt sie zielstrebig.

Im Umgang mit Vorgesetzten und Kollegen ist Frau Meier freundlich, offen und taktvoll. Ihr persönliches Verhalten war jederzeit einwandfrei.

Frau Meier hat ihre Ausbildung mit Erfolg beendet. Sie hat sich aufgrund ihrer Intelligenz, ihrer schnellen Auffassungsgabe, ihrem festen Willen gute Arbeit zu leisten, aber auch aufgrund ihrer manuellen Fertigkeiten zu einer sehr guten und zuverlässigen Kraft entwickelt, die gerne in ein Anstellungsverhältnis übernommen wurde.

Dortmund, den 27. Juli 2013

Heinz Birner
Geschäftsführer

Fazit

Eine überdurchschnittlich gute Auszubildende. Die Verhaltensbeurteilung ist gut.
Note: 1-2

5.4.2 EDV-Praktikant

ZEUGNIS

Herr Peter Müller, geboren am 13. Juni 1990, war vom 1. Februar 2013 bis zum 31. Mai 2013 in unserem EDV-Systemhaus als Praktikant tätig.

Herr Müller wurde zunächst mit unserer Windows basierten Warenwirtschaftssoftware WARE-SOFT sowie deren Installation vertraut gemacht. Anschließend wirkte Herr Müller bei der Erstellung des Benutzerhandbuchs und des Handbuchs für die Administration mit. Außerdem assistierte Herr Müller bei der Beseitigung von Problemen bei der Installation und Einrichtung von WARE-SOFT und wirkte bei der Vorbereitung und Durchführung der Anwender- und Administrationsschulungen bei den Kunden mit. Darüber hinaus erarbeitete Herr Müller für das Projekt „Visuelle Präsentation von WARE-SOFT" nach Anweisung Grafiken, Schaubilder und Erläuterungstexte.

Herr Müller verfügt über eine schnelle Auffassungsgabe und über gute Windows basierte EDV-Kenntnisse. Die ihm übertragenen Aufgaben bearbeitete er engagiert, sachkundig und zuverlässig. Hervorzuheben sind seine Teamfähigkeit sowie seine umsichtige und zügige Arbeitsweise.

Seine Aufgaben erledigte Herr Müller gewissenhaft und erfolgreich jederzeit zu unserer vollen Zufriedenheit.

Nach Beendigung des Praktikums haben wir Herrn Müller gerne als Sachbearbeiter in unserem Unternehmen weiterbeschäftigt. Wir wünschen ihm weiterhin viel Erfolg in unserem Unternehmen und freuen uns auf eine gute Zusammenarbeit.

Frankfurt, den 4. Juli 2013

Heinz Birner
Geschäftsführer

Fazit

Ein Praktikant, der sich schnell gut eingearbeitet hat und überdurchschnittliche Leistungen erbrachte.
Note: 2

5.4.3 Fleischer

AUSBILDUNGSZEUGNIS

Herr Peter Müller, geb. am 30. November 1990, war vom 2. Januar 2011 bis zum 30. Juni 2013 als Auszubildender in unserem Betrieb tätig.

Entsprechend dem Ausbildungsrahmenplan der Handwerkskammer wurde Herr Müller mit allen anfallenden Fleischerarbeiten befasst. Zu seinen Aufgaben, die er zum Schluss der Ausbildung selbstständig ausführte, gehörten insbesondere

- Ausbeinen,
- Fleischzerlegung,
- Herstellung von Koch- und Brühwürsten,
- Herstellung von Koch- und Rohpökelwaren,
- Herrichten von ladenfertigen Produkten und
- Warenauslieferung mit Inkasso.

Darüber hinaus wurden ihm allgemeine Arbeiten in der Produktion anvertraut.

Herr Müller hat die ihm übertragenen Aufgaben gewissenhaft ausgeführt. Er ist mit allen in einem Fleischereibetrieb anfallenden Fleischerarbeiten vertraut. Die ihm übertragenen Aufgaben erfüllte er jederzeit zu unserer vollen Zufriedenheit.

Sein persönliches Verhalten war stets einwandfrei. Auch im Umgang mit Kunden war er freundlich und zuvorkommend.

Nach Abschluss seiner Ausbildung verlässt Herr Müller unseren Betrieb auf eigenen Wunsch. Wir wünschen ihm für seinen weiteren Lebens- und Berufsweg alles Gute.

Gießen, den 30. Juni 2013

Heinz Birner
Fleischermeister

Fazit
Eine gute Leistungs- und Verhaltensbeurteilung. Note: 2

5.4.4 Großhandelskaufmann

AUSBILDUNGSZEUGNIS

Herr Peter Müller, geboren am 19. April 1991 in Offenburg, wurde vom 1. August 2010 bis zum 28. Juni 2013 in unserem Unternehmen zum Großhandelskaufmann ausgebildet.

Herr Müller wurde entsprechend dem Ausbildungsplan in den Abteilungen Verkauf, Wareneingang, Versand und Verwaltung beschäftigt.

Während seiner Ausbildung hatte er die Möglichkeit, sich in diesen Fachbereichen das praktische Wissen sowie die Grundlagen und wesentlichen Funktionsmerkmale eines Großhandelsunternehmens anzueignen.

Er widmete sich mit großem Interesse den ihm übertragenen Aufgaben, nutzte die vorhandenen Lernmöglichkeiten und arbeitete sorgfältig.

Das persönliche Verhalten von Herrn Müller gegenüber Vorgesetzten und Mitarbeitern war stets einwandfrei.

Wir beglückwünschen Herrn Müller zur bestandenen Abschlussprüfung vor der Industrie- und Handelskammer.

Da Herr Müller sich nach seinem Zivildienst weiterbilden möchte, wurde er nicht in das Angestelltenverhältnis übernommen.

Offenburg, den 28. Juni 2013

Heinz Birner
Ausbildungsleiter

Fazit

Ein Auszubildender, der sich zwar sehr bemühte, aber die Ausbildung nicht sehr erfolgreich absolvierte. Die Verhaltensbeurteilung ist gut.
Note: 3-4

5.4.5 Hauswirtschafts-Trainee

ZEUGNIS

Frau Barbara Meier, geboren am 20. November 1990 in Düsseldorf, war in der Zeit vom 1. August 2012 bis zum 31. Juli 2013 innerhalb unserer Sozialbetriebe als Hauswirtschafts-Trainee in unserem Hause tätig.

In dieser Funktion hatte Frau Meier nach Abschluss ihrer Ausbildung als Hauswirtschaftsleiterin Gelegenheit, ihre theoretisch erworbenen Kenntnisse praktisch anzuwenden.

Unsere Sozialbetriebe umfassen die Herstellung und Ausgabe von täglich 1.000 Mittagessen und 700 Zwischenverpflegungen, einen Konferenz-Service mit ca. 200 Bewirtungen und ein Gästekasino mit bis zu 40 Bewirtungen täglich.

Frau Meier wurde im gesamten Verpflegungsbereich eingesetzt und hat fundierte Kenntnisse in der Disposition, Lagerung und Verarbeitung bis zur Ausgabe von Waren und deren Verwaltung gesammelt. Sie arbeitete im Service, in der Verwaltung und in der Küche, jeweils an der Seite einer erfahrenen Fachkraft. Dabei hatte sie Gelegenheit, selbstständig tätig zu sein, um ihr Fachwissen praktisch anwenden zu können.

Frau Meier zeichnete sich durch Fachkenntnisse, Gewissenhaftigkeit, Zuverlässigkeit, sauberes Arbeiten und hohe Einsatzbereitschaft aus. Sie besitzt alle Voraussetzungen für diesen Beruf. Im Umgang mit Mitarbeitern bewies sie stets Einfühlungs- und Durchsetzungsvermögen. Die ihr übertragenen Aufgaben erfüllte sie zu unserer vollen Zufriedenheit.

Aufgrund ihres freundlichen und aufgeschlossenen Wesens war sie bei Vorgesetzten, Kollegen und Gästen gleichermaßen beliebt. Ihre Führung war einwandfrei.

Frau Meier verlässt uns mit dem heutigen Tag auf eigenen Wunsch. Für ihre weitere Zukunft wünschen wir ihr alles Gute.

Dortmund, den 31.Juli 2013

ppa. Heinz Birner
Leitung Hauswirtschaft

Fazit

Die Leistungsbeurteilung ist durchschnittlich. Im Umgang mit den Mitarbeitern gab es vermutlich Probleme.
Note: 3-4

5.4.6 Marketing-Trainee

ZEUGNIS

Herr Peter Müller, geboren am 15. März 1986, stand vom 1. Oktober 2011 bis zum 31. März 2014 in den Diensten unserer Gesellschaft.

Während dieser Zeit absolvierte Herr Müller ein Trainee-Programm in unserem Bereich Marketing-Management Parke-Davis und hatte dabei Gelegenheit, sich mit den Aufgaben eines Product-Managements vertraut zu machen. Insbesondere war er mit folgenden Aufgaben betraut:

- Mitarbeit bei der Produktbetreuung, wie z. B. Abklärung der Zulässigkeit von Werbemaßnahmen, Produktpositionierung etc.
- Mitarbeit bei der Einführung eines neuen Präparates
- Mitarbeit bei Planungstätigkeiten
- Erstellung von Schulungsunterlagen für den Außendienst
- Erstellung von Absatzprognosen
- Marketing-Controlling-Funktionen

Des Weiteren durchlief Herr Müller während seiner Traineezeit ein mehrmonatiges Ausbildungsprogramm in unserem wissenschaftlichen Außendienst und besuchte selbstständig niedergelassene Ärzte. Die Prüfung zum „Geprüften Pharmareferenten“ legte er am 10. Oktober 2013 vor der IHK Frankfurt ab.

Die Ausbildung von Herrn Müller im Produkt-Management wurde ferner ergänzt durch mehrtägige Informationsphasen in verschiedenen Abteilungen unseres Unternehmens; so wurden ihm in den Bereichen Beschaffungswesen, Registrierung/Zulassung/Projektanalyse, Med. Wiss. Bereich, Verpackungsingenieurwesen, Lager/Versand, Rechtsabteilung, Finanz- und Informationswesen sowie speziell in der Marketingforschung die Aufgabenstellungen des Marketings vermittelt. Insbesondere war er in der Abteilung Marketingforschung mit dem Sonderprojekt „Produktverbesserung und Auswertung der Reklamationsstatistik“ betraut.

Während seiner Trainee-Tätigkeit in unserem Hause konnte sich Herr Müller einen umfassenden Überblick über das gesamte Arbeitsfeld des Produkt-Managements verschaffen. Herr Müller verfügt über ein ausgeprägtes analytisches Denken. Er war an den ihn gestellten Aufgaben interessiert, erledigte besonders Arbeiten mit naturwissenschaftlicher Fragestellung sehr umfassend und zeigte bei der Überarbeitung von Schulungsmaterial für den Außendienst viel Engagement. Er erfüllte die ihm übertragenen Aufgaben zu unserer Zufriedenheit.

Herr Müller besitzt korrekte Umgangsformen und trat Vorgesetzten und Kollegen gegenüber stets höflich auf. Seine Führung war einwandfrei.

Herr Müller verlässt uns nach Ablauf des befristeten Trainee-Vertrages. Für die Zukunft wünschen wir ihm alles Gute.

Frankfurt, den 31. März 2014

Heinz Birner	Franz Dorner
Leiter Marketing-Management	Personalleiter

Fazit

Eine unterdurchschnittliche Leistungs- und Führungsbeurteilung. Der Auszubildende war zwar interessiert, arbeitete aber nicht sehr zügig und mit wenig Erfolg.
Note: 4

5.4.7 Praktikantin in Anwaltskanzlei

ZEUGNIS

Frau stud. jur. Barbara Maier war vom 20. März 2013 bis zum 16. April 2013 in unserer Kanzlei als Rechtspraktikantin tätig.

Frau Maier war mit der Erstellung von schriftlichen Gutachten und mündlichen Stellungnahmen insbesondere zum Arbeitsrecht und zum Arbeitsförderungsrecht, aber auch zum allgemeinen Zivilrecht befasst. Außerdem nahm sie an Gerichtsverhandlungen und Mandantenbesprechungen teil.

Frau Maier zeigte großes Interesse, sich Kenntnisse über die anwaltliche Praxis anzueignen und bearbeitete die ihr übertragenen Aufgaben engagiert, zuverlässig und erfolgreich. Soweit dies in der kurzen Praktikantenzeit beurteilt werden kann, verfügt sie für eine Studentin im fünften Semester über gute Zivilrechtskenntnisse. Bei ihren schriftlichen Arbeiten zeigte sie eine klare Gedankenführung, den Blick für das Entscheidungserhebliche und gute sprachliche Ausdrucksfähigkeit. Im Gespräch ist sie in der Lage, ihre Rechtsauffassung gut vorzutragen und neue Gesichtspunkte schnell zu berücksichtigen.

Ihr persönliches Verhalten war jederzeit einwandfrei. Auch bei meinen Kollegen und Mitarbeitern ist Frau Maier aufgrund ihrer ruhigen und freundlichen Art geschätzt.

Ich wünsche Frau Maier für ihre Ausbildung weiterhin viel Erfolg und persönlich alles Gute.

Freiburg, den 16. April 2013

Dr. Heinz Birner
Rechtsanwalt

Fazit

Eine überdurchschnittliche Leistungs- und Führungsbeurteilung.
Note: 2

5.4.8 Rechtsanwaltsfachangestellte

AUSBILDUNGSZEUGNIS

Frau Barbara Meier, geboren am 7. Januar 1992 in Freiburg, begann am 1. August 2010 in unserer Kanzlei ihre Ausbildung zur Rechtsanwaltsfachangestellten, die sie am heutigen Tag mit der mündlichen Prüfung vor der Anwaltskammer abschloss.

Im Rahmen ihrer Ausbildung wurde sie mit allen im Betrieb einer Anwaltspraxis anfallenden Aufgaben einer Rechtsanwaltsfachangestellten vertraut gemacht. Ihr Tätigkeitsbereich umfasste die Anfertigung von Schriftsätzen nach Banddiktat, die Bearbeitung der ein- und ausgehenden Post, die Aktenführung, den Telefondienst, den Empfang von Mandanten, die Führung des Terminkalenders mit Fristenkontrolle, die Erstellung von Kostenabrechnungen sowie die Bearbeitung von Zwangsvollstreckungssachen. Im zweiten Ausbildungsjahr wurde sie auch mit Buchhaltungs- und Abrechnungsarbeiten befasst.

Frau Meier hat die ihr übertragenen Aufgaben von Anfang an mit außerordentlichem Engagement für den von ihr gewählten Beruf der Anwaltsgehilfin ausgeführt und großes Interesse an ihrer Berufsausbildung gezeigt. Ihre schnelle Auffassungsgabe und ihr Fleiß führten dazu, dass sie sich rasch mit ihrem jeweiligen Aufgabenbereich vertraut machte und sich mit zunehmender Selbstständigkeit durch ihre zügige, umsichtige und zuverlässige Arbeitsweise auszeichnete. Frau Meier hat auch ein sicheres Gespür für die Gestaltung von Briefen und Schriftsätzen und beherrscht die deutsche Rechtschreibung sicher. Auf ihre schnelle und zuverlässige Arbeitsweise ist auch bei großem Arbeitsanfall stets Verlass.

Frau Meier ist im Umgang mit Mandanten und Besuchern freundlich und zuvorkommend. Ihr dienstliches Verhalten war stets einwandfrei und von großem Pflichtbewusstsein gekennzeichnet. Dienstliche Belange wurden von ihr jederzeit berücksichtigt.

Frau Meier hat die Ausbildung mit sehr gutem Erfolg absolviert und ist bereit und in der Lage, Verantwortung in ihrem Beruf zu übernehmen. Sie wurde gerne als Rechtsanwaltsfachangestellte übernommen und wird sicher auch künftig bei ihren Vorgesetzten und Kolleginnen jederzeit als zügig arbeitende, umsichtige und zuverlässige Mitarbeiterin geschätzt werden.

Freiburg, den 27. Juli 2013

Dr. Heinz Birner
Rechtsanwalt

Fazit

Eine uneingeschränkt sehr gute Auszubildende.
Note: 1

5.4.9 Speditionskauffrau

AUSBILDUNGSZEUGNIS

Frau Barbara Meier, geboren am 14. September 1991, wurde vom 1. April 2011 bis zum 31. März 2014 in unserem Unternehmen zur Speditionskauffrau ausgebildet.

Im Rahmen ihrer Ausbildung wurde Frau Meier mit den in der Spedition anfallenden kaufmännischen Tätigkeiten vertraut gemacht. Ihr Tätigkeitsbereich umfasste die einkommende und ausgehende Überseeschifffahrtfracht sowie die damit zusammenhängenden Vor- und Nachläufe. Dies beinhaltete insbesondere:

- deutsche und englische Korrespondenz mit unseren Kunden
- Erstellen von Angeboten in Deutsch und in Englisch
- Frachtverhandlungen mit Reedern und Maklern einschließlich aller erforderlichen speditionellen Abwicklungen

Frau Meier hat die ihr übertragenen Aufgaben mit großem Engagement ausgeführt und großes Interesse an ihrer Berufsausbildung gezeigt. Sie arbeitete sich jeweils rasch in ihre Aufgabenbereiche ein und zeichnete sich durch ihre umsichtige und zuverlässige Arbeitsweise aus. Frau Meier war eine engagierte Auszubildende, die über eine gute Auffassungsgabe verfügt. Sie zeigte großen Arbeitseinsatz und konnte speditionelle Aufgaben und komplexe Zusammenhänge schnell erfassen und bearbeiten.

Frau Meier hat ihre Berufsausbildung in unserem Betrieb mit überdurchschnittlich gutem Erfolg absolviert und ihre Aufgaben zuverlässig und stets zu unserer vollen Zufriedenheit bewältigt.

Ihr persönliches Verhalten war jederzeit einwandfrei. Frau Meier ist eine geschätzte Mitarbeiterin, die sich durch ihre Leistungen und ihr Verhalten das Vertrauen ihrer Vorgesetzten erworben hat.

Nach Bestehen ihrer Abschlussprüfung hat sich Frau Meier entschieden, in unserem Partnerbetrieb ihre Tätigkeit als ausgelernte Speditionskauffrau fortzusetzen. Wir wünschen Frau Meier für ihren weiteren Lebensweg weiterhin viel Erfolg und persönlich alles Gute.

Bremen, den 31. März 2014

Heinz Birner
Geschäftsführer

Fazit

Sehr gute Leistungs- und Verhaltensbeurteilung.
Note: 1

5.4.10 Tierpfleger

AUSBILDUNGSZEUGNIS

Herr Peter Müller, geboren am 10. Juni 1982, war vom 1. Juli 2010 bis zum 31. Juli 2013 als Auszubildender (Umschüler) zum Tierpfleger in unserem Tierheim tätig.

Entsprechend dem Ausbildungsrahmenplan wurde er mit allen Tierpflegearbeiten vertraut gemacht. Er wurde im Katzen-, Hunde- und Kleintierbereich bei der Ausführung, Pflege und Fütterung der Tiere sowie zu Reinigungsarbeiten eingesetzt. Außerdem lernte er die häufigsten Krankheitserscheinungen, Erste Hilfe und Vorbeugung sowie die anatomischen Grundlagen der Tiere kennen.

Daneben arbeitete Herr Müller zur Vertiefung seiner Ausbildung über einen Zeitraum von vier Wochen in einer Tierarztpraxis und über einen Zeitraum von sechs Wochen in der Versuchstierpflegeabteilung der Universität Freiburg.

Herr Müller hat die ihm übertragenen Aufgaben gewissenhaft ausgeführt und ist mit allen in unserem Tierheim anfallenden Tierpflegearbeiten vertraut. Sein Umgang mit Tieren ist liebevoll und verantwortungsbewusst. Die ihm übertragenen Aufgaben erfüllte er jederzeit zu unserer vollen Zufriedenheit.

Sein persönliches Verhalten gegenüber Vorgesetzten und Mitarbeitern war stets einwandfrei.

Wir bedauern, dass wir Herrn Müller nach Abschluss seiner Ausbildung aus betrieblichen Gründen keine Tierpflegestelle anbieten können und wünschen ihm für seinen weiteren Lebens- und Berufsweg alles Gute.

Freiburg, den 31. Juli 2013

Heinz Birner
Ausbilder

Franz Dorner
Tierheimleiter

Fazit

Die Leistungen des Auszubildenden waren gut. Die Verhaltensbeurteilung ist ebenfalls überdurchschnittlich.
Note: 2

5.5 Zwischenzeugnisse

5.5.1 Bankkauffrau

ZWISCHENZEUGNIS

Frau Barbara Meier, geboren am 9. September 1958, ist seit dem 15. August 1998 in unserem Hause tätig.

Sie ist in unserer Hauptstelle im Service- und Beratungsbereich beschäftigt. Zu ihrem Aufgabenbereich gehören sämtliche anfallenden Serviceaufgaben im Rahmen der Kundenbedienung sowie die Beratung der Kundschaft über alle Produktsparten des standardisierten Einlagengeschäftes. Darüber hinaus sind ihr seit dem 1. Juli 2003 die Kassenarbeiten mit der Bedienung des automatischen Kassentresors übertragen. Daneben ist Frau Meier mit Marktfolgearbeiten befasst.

Frau Meier bewältigt alle ihr übertragenen Aufgaben schnell und zuverlässig stets zu unserer vollen Zufriedenheit. Sie arbeitet selbstständig und eigenverantwortlich. Hervorzuheben ist ihre Flexibilität und ihre gute Auffassungsgabe sowie ihr überdurchschnittliches Engagement.

Ihr persönliches Verhalten ist jederzeit einwandfrei. Sowohl bei Vorgesetzten und Kunden als auch bei unseren Mitarbeitern ist sie anerkannt und geschätzt.

Wir danken Frau Meier für die langjährige gute Zusammenarbeit und bedauern sehr, dass sie unser Institut auf eigenen Wunsch zum 31. März 2014 aus privaten Gründen verlassen will. Wir wünschen ihr weiterhin viel Erfolg und persönlich alles Gute.

Berlin, den 18. Januar 2014

Heinz Birner Direktor	Paul Lehmbruch Personalleiter

Fazit

Eine fachlich gute Mitarbeiterin, deren persönliches Verhalten ebenfalls überdurchschnittlich ist.
Note: 2

5.5.2 Bauzeichnerin

ZWISCHENZEUGNIS

Frau Barbara Meier ist seit dem 1. März 2005 als Bauzeichnerin in meinem Architekturbüro tätig.

Frau Meier ist mittels CAD mit der Durchführung planerischer Arbeiten wie Entwurfs-, Eingabeplanung mit Antragsformularen, Werks- und Detailplanung für Ein- und Mehrfamilienwohnhäuser und Geschäftshäuser befasst. Daneben sind ihr die selbstständige Aufmaßnahme sowie die Geländenivellierung übertragen. Die Entwurfs- und Eingabeplanung mit Antragsformularen sowie die Werks- und Detailplanung für Ein- und Zweifamilienhäuser einschließlich der Bauherrenbesprechungen führte sie nach Anweisungen eigenständig aus.

Frau Meier arbeitet zuverlässig und genau. Sie beherrscht das CAD-Programm und bewältigt ihren Aufgabenbereich sicher. Die ihr übertragenen Aufgaben erfüllt sie stets zu meiner vollen Zufriedenheit.

Ihr persönliches Verhalten ist jederzeit einwandfrei.

Dieses Zwischenzeugnis wird auf Wunsch von Frau Meier erstellt.

München, den 1. Februar 2014

Heinz Birner
Freier Architekt

Fazit

Eine gute Leistungs- und Verhaltensbeurteilung.
Note: 2

5.5.3 Informatiker

ZWISCHENZEUGNIS

Gerne bestätigen wir, dass Herr Peter Müller, geboren am 24. Februar 1962, seit dem 1. Mai 2001 in den Diensten unserer Gesellschaft steht.

Herr Müller ist als Entwickler in unserer Abteilung „Projekte für das Gesundheitswesen“ tätig. Sein Aufgabengebiet umfasst im Wesentlichen:

- Realisierung von Erweiterungen von speziellen Kundenanpassungen in den DIOHIS 2000-Applikationen mit den 4GL-Pro-grammiersprachen UNIFACE 52 F2 und UNIFAXE 52G2 (VMS und Client/Server): ALG, MED, RAD
- Interne und externe Beratung bei Erweiterungs- und Anpassungswünschen, Erarbeitung der entsprechenden Analyse, Abschätzung des Aufwandes sowie Realisierung der Anpassungen und Erteilung und Weiterleitung der Aufträge
- Realisierung von Datenbank-Analysen/-Erweiterungen und Strukturvereinfachungen
- Analyse „Jahr 2001“ für das Produkt DIHOHIS/MED

Herr Müller verfügt über umfassende Fachkenntnisse, insbesondere über betriebswirtschaftliche Informationssysteme. Er arbeitet konzeptionell, analytisch und zielgerichtet. Er zeigt Eigeninitiative und bewältigt seinen Aufgabenbereich engagiert, zuverlässig und mit der notwendigen Kreativität stets zu unserer vollen Zufriedenheit.

Sein persönliches Verhalten ist jederzeit einwandfrei.

Dieses Zwischenzeugnis wird auf Wunsch von Herrn Müller ausgestellt, da er uns zum 31. Dezember 2013 verlassen wird. Wir danken ihm für seinen bisherigen Einsatz und die geleisteten Dienste.

München, den 28. Oktober 2013

Heinz Birner
Geschäftsführer

Fazit

Eine durchschnittliche Leistungsbeurteilung. Die Verhaltensbeurteilung ist gut. Note: 2-3

5.5.4 Kaufmännische Mitarbeiterin

ZWISCHENZ EUGNIS

Frau Barbara Maier, geboren am 30. Juni 1956 in Bad Sassendorf, ist seit dem 1. Mai 2012 als kaufmännische Mitarbeiterin in unserer Verwaltung tätig.

Zu Frau Maiers Aufgabenbereich gehören die Limitbearbeitung, die Datenerfassung der Warenwirtschaftszahlen, die Erstellung von Statistiken, das Kassenwesen und der Zahlungsverkehr.

Wir lernten Frau Maier als fachlich kompetente und einsatzbereite Mitarbeiterin kennen. Sie arbeitet zügig und sorgfältig. Wir schätzen sie als qualifizierte Fachkraft sehr. Ihre Aufgaben bewältigt sie jederzeit zu unserer vollen Zufriedenheit.

Zu ihren Vorgesetzten und Kollegen hat Frau Maier ein lobenswertes Verhältnis. Ihr persönliches Verhalten ist jederzeit einwandfrei.

Leider müssen wir uns wegen eines weiteren starken Umsatzrückganges zum 31. März 2014 wieder von Frau Maier trennen. Wir bedauern dies sehr. Gerne würden wir sie bei Bedarf wieder einstellen.

Für den weiteren beruflichen Werdegang wünschen wir Frau Maier alles Gute.

Nürnberg, den 15. Februar 2014

Heinz Birner
Geschäftsführung

Fazit

Eine gute Mitarbeiterin, der leider aus betriebsbedingten Gründen gekündigt werden muss. Das persönliche Verhalten ist ebenfalls gut.
Note: 2

5.5.5 Projektierungsingenieur

ZWISCHENZEUGNIS

Herr Dipl.-Ing. Peter Müller, geboren am 29. März 1959 in Saarbrücken, trat am 1. Januar 1999 in unsere Firma ein und ist in der Abteilung Elektronik als Projektierungsingenieur tätig.

Sein Tätigkeitsbereich umfasst die vollständige und selbstständige Abwicklung von Auftragsprojekten im Bereich Steuerungen von der

Kalkulation — einschließlich der Abklärung offener Punkte mit den Kunden — bis zur Übergabe der Steuerung.

Zu seinem Aufgabenbereich gehören insbesondere:

- Durchführung von Dispositionen der elektrischen Ausrüstungen
- Erstellung von Konstruktionsunterlagen und Softwareunterlagen für SPS-Steuerung, System Bosch PC
- Überwachung der Ausführung, Austesten und Inbetriebnahme der projektierten Steuerungen

Herr Müller hat im Verlauf seiner bisherigen Tätigkeit in unserem Hause seine Kenntnisse und Erfahrungen im Einsatz von speicher-programmierbaren Steuerungen und Prozessrechnern erweitert und hat an einem SPS-Kurs (CL 300) im Schulungszentrum der Firma Bosch teilgenommen.

Herr Müller ist ein zügig arbeitender Mitarbeiter, der seine Aufgaben mit großer Einsatzbereitschaft wahrnimmt. Er zeichnet sich durch seine zuverlässige und rationelle Arbeitsweise aus und ist in der Lage, gute Ideen zur Lösung von Konstruktionsproblemen einzubringen.

Herr Müller überzeugt durch fachliche Qualifikation, Belastbarkeit, eine gute Auffassungsgabe und seine selbstständige Arbeitsweise. Er beweist Flexibilität, Vielseitigkeit sowie Eigeninitiative und ist an geschäftlichen Vorgängen interessiert. Seinen Aufgabenbereich bewältigt Herr Müller jederzeit zu unserer vollen Zufriedenheit.

Herr Müller erwarb sich das Vertrauen und die Wertschätzung seiner Vorgesetzten und Kollegen und ist ein anerkannter Gesprächspartner. Seine Führung und sein persönliches Verhalten gegenüber Vorgesetzten, Mitarbeitern und Kollegen sind stets einwandfrei.

Auf Veranlassung des direkten Vorgesetzten von Herrn Müller, der zum Monatsablauf ausscheidet, erstellen wir unaufgefordert dieses Zwischenzeugnis. Verbunden damit sind unser Dank für die bisher für unser Unternehmen erbrachten Leistungen und der Wunsch nach einer weiteren vertrauensvollen Zusammenarbeit mit Herrn Müller.

Saarbrücken, den 10. Juni 2013

i.V. Dr. Heinz Birner Abteilungsleiter Elektronik	ppa. Paul Herder Personalleiter

Fazit

Eine überdurchschnittlich gute Leistungs- und Verhaltensbeurteilung.
Note: 1-2

5.5.6 Sachbearbeiterin Vertriebsadministration

ZWISCHENZEUGNIS

Frau Barbara Meier, geboren am 23. November 1975 in Sonthofen, wurde nach Abschluss ihrer kaufmännischen Ausbildung in unserem Werk in München mit

Wirkung vom 1. September 2004 als Sachbearbeiterin in die Vertriebsadministration unseres Unternehmensbereichs übernommen.

Bereits nach kurzer Einarbeitungszeit konnten wir sie im Sachbereich „Kreditwesen, Mieten und Teilzahlungen“ einsetzen. Schwerpunkte ihrer Tätigkeit sind:

- Mitwirkung bei der Überwachung unseres maschinellen Mahnverfahrens und den damit verbundenen Kundenreklamationskontakten
- Entscheidungsvorbereitung für die Festsetzung von Kundenkreditlimits einschließlich Kontaktpflege mit Auskunfteien
- Führung der Miet- und Teilzahlungsakten und Kontrolle der Mietwertveränderung

Frau Meier bewältigt diesen Aufgabenbereich mit sicherem Urteilsvermögen sachgerecht und zuverlässig. Sie vertritt die Interessen unserer Gesellschaft loyal und erfüllt ihre Aufgaben mit großem Engagement stets zu unserer vollen Zufriedenheit.

Aufgrund ihres ruhigen und freundlichen Wesens, ihrer ausgeglichenen Charakterstruktur und ihrer positiven Einstellung zur Arbeit erfreut sich Frau Meier bei Vorgesetzten und Kollegen einer gleichermaßen hohen Wertschätzung. Dies gilt auch für externe Gesprächspartner, die ihr verbindliches Auftreten sowie ihre guten Umgangsformen schätzen. Ihr persönliches Verhalten ist stets einwandfrei.

Dieses Zwischenzeugnis stellen wir Frau Meier auf besonderen Wunsch im Zusammenhang mit einer geplanten Weiterbildungsmaßnahme zur Vorlage bei der Industrie- und Handelskammer aus.

Dortmund, den 29. Mai 2013 Heinz Birner
Geschäftsführer

Fazit

Eine gute Mitarbeiterin, die jedoch nicht sehr zügig arbeitet. Das gute persönliche Verhalten wird besonders hervorgehoben.
Note: 2-3

5.5.7 Versicherungskauffrau

ZWISCHENZEUGNIS

Frau Barbara Meier, geborene Schmidt, geb. am 28. September 1969 in Reutlingen, ist seit dem 1. Oktober 2001 in unserem Hause als Orga-Sachbearbeiterin beschäftigt. Ihr jetziger Einsatzort ist die Bezirksdirektion Stuttgart.

Frau Meier ist für die kundenorientierte Betreuung eines Orga-Bezirks verantwortlich. Schwerpunkt ihrer Arbeit ist die Vertriebsunterstützung.

Zu ihren Aufgaben gehören im Wesentlichen:

- Kundenberatung am Schalter und am Telefon
- allgemeine Verwaltungsaufgaben, wie z. B. Erstellen oder Auswerten von Statistiken sowie Inkassobearbeitung
- Prüfung der Provisionsabrechnung für den Werbeaußendienst einschließlich der Durchführung von Aus- und Rücklagen
- Erledigung der Korrespondenz einschließlich Schreiben von Angeboten
- Prüfung der Versicherungsanträge in den Sparten Kranken-, Lebens-, Sach-, Haftpflicht-, Unfall- und Kraftfahrzeugversicherung sowie Erledigung des dazu erforderlichen Schriftwechsels sowie Vertragsverwaltung
- Bearbeitung der Buchhaltung und Kassenführung
- Vertretung des Büroleiters

Frau Meier hat eine schnelle Auffassungsgabe und verfügt über hervorragende Fachkenntnisse in allen Sparten, die sie erfolgreich zur Anwendung bringt. Frau Meier ist pflichtbewusst und jederzeit zuverlässig und arbeitet auch unter Termindruck fehlerfrei. Besonders hervorzuheben sind ihr hohes Arbeitstempo und ihr Engagement.

Das persönliche Verhalten von Frau Meier ist stets einwandfrei. Bei Vorgesetzten und Kollegen ist sie anerkannt und geschätzt.

Dieses Zwischenzeugnis wird auf Wunsch von Frau Meier ausgestellt, da unsere Bezirksdirektion Stuttgart aus betriebsbedingten Gründen in Kürze geschlossen wird.

Hamburg, den 12. Januar 2014

Heinz Birner
Personalleiter

Fazit
Eine überdurchschnittlich gute Mitarbeiterin. Die Verhaltensbeurteilung ist ebenfalls gut. Note: 1-2

6 Zeugnisanalyse

6.1 Beurteilung von Arbeitszeugnissen

Die sorgfältige Analyse eines Arbeitszeugnisses zur Beurteilung der Kenntnisse, Fähigkeiten, Leistungen sowie des Sozialverhaltens des Arbeitnehmers ist nicht immer einfach.

6.1.1 Daten des Arbeitnehmers

Unproblematisch dürfte im Normalfall die Beurteilung der Daten des Arbeitnehmers in der Einleitung sein. Es kann davon ausgegangen werden, dass die Daten zutreffend angegeben sind. Weder der Arbeitnehmer noch der Arbeitgeber können ein Interesse daran haben, die persönlichen Daten des Arbeitnehmers sowie Beginn und Beendigung des Beschäftigungsverhältnisses unzutreffend darzulegen.

6.1.2 Tätigkeitsbeschreibung

Auch die Tätigkeitsbeschreibung dürfte im Allgemeinen zutreffen. Der Arbeitnehmer ist nicht in der Lage, die Erwähnung einer von ihm nicht ausgeübten Tätigkeit im Arbeitszeugnis erfolgreich zu verlangen. Lediglich hinsichtlich der Gewichtung einzelner Tätigkeiten könnte es zu Meinungsverschiedenheiten zwischen Arbeitnehmer und Zeugnisaussteller kommen. In der Regel wird die Tätigkeitsbeschreibung jedoch unbeeinflusst von etwaigen Wünschen des Arbeitnehmers erfolgen, zumal der Zeugnisaussteller hinsichtlich der Tätigkeitsbeschreibung auf objektive Fakten verweisen kann und kaum befürchten muss, eine Wertung begründen zu müssen. Für den Normalfall kann deshalb davon ausgegangen werden, dass die Tätigkeitsbeschreibung objektiven Charakter hat.

Die Tätigkeitsbeschreibung stellt damit eine wichtige Grundlage für die Beurteilung des Arbeitszeugnisses dar. Der Tätigkeitsbeschreibung lässt sich in der Regel entnehmen, welche Aufgaben der Bewerber bisher wahrgenommen hat. Hieraus kann abgeleitet werden, welche Kenntnisse und Fähigkeiten er zur Bewältigung dieser Aufgaben objektiv benötigte. Dies ergibt wichtige Informationen über die fachliche Eignung des Bewerbers für die zu besetzende Stelle. Darüber hinaus kann der Tätigkeitsbeschreibung entnommen werden, ob dem Beurteilten lediglich die Bewältigung einfacher Aufgaben zugetraut wurde oder ob er auch mit schwierigen, selbstständigen oder verantwortungsbewussten Aufgaben befasst war. Hieraus lassen sich konkrete Schlüsse auf die Einschätzung der Leistungsfähigkeit durch den früheren Arbeitgeber ziehen. Weitere Hinweise aus der Tätigkeitsbeschreibung können sich ergeben, wenn die Tätigkeitsbeschreibung besondere Aufgabenschwerpunkte erkennen lässt oder bestimmte, normalerweise zum Tätigkeitsbild gehörende Aufgaben nicht erwähnt. Entsprechendes gilt, wenn Aufgaben angeführt sind, die mit dem Tätigkeitsbild nichts oder nur am Rande zu tun haben.

6.1.3 Aufgabe

Des Weiteren kann es für die Leistungsbeurteilung bedeutsam sein, ob ein Arbeitnehmer über einen längeren Zeitraum mit der gleichen Aufgabe befasst war oder ob er sich beruflich weiterentwickelt hat. Wer in einem größeren Unternehmen über lange Zeit hinweg die gleiche Aufgabe wahrnimmt, kann hierbei durchaus gute Leistungen erbringen. Die lange Dauer spricht jedoch nicht für seine Eigeninitiative und auch nicht dafür, dass er oder seine Vorgesetzten ihm die Bewältigung anspruchsvollerer Aufgaben zutrauen. Zumindest kann gesagt werden, dass der betreffende Arbeitnehmer nicht vorrangig an seiner beruflichen Entwicklung interessiert war. Andererseits spricht die längere Dauer dafür, dass der bisherige Aufgabenkreis ordnungsgemäß bewältigt wurde. Ansonsten wäre anzunehmen, dass der betreffende Arbeitnehmer früher oder später mit anderen, leichteren Aufgaben befasst worden oder ausgeschieden wäre.

Der Umstand, dass ein Arbeitnehmer mit wechselnden Aufgaben befasst wird, ohne dass dabei die Aufgaben anspruchsvoller werden, spricht demgegenüber dafür, dass der betreffende Mitarbeiter die Aufgaben nicht so erfüllte, wie es erwartet worden war.

Umgekehrt ist die Situation zu bewerten, wenn ein Mitarbeiter nach gewissen Zeitabständen jeweils mit anspruchsvolleren Aufgaben befasst wird. Dies ergibt einen deutlichen Hinweis auf die guten Leistungen des Mitarbeiters. Ihm wären kaum anspruchsvollere Aufgaben übertragen worden, wenn er die bisherigen nicht erwartungsgemäß erfüllt hätte.

Indiz für gute Leistungen

Das in der Tätigkeitsbeschreibung zum Ausdruck gekommene berufliche Fortkommen des Arbeitnehmers stellt deshalb ein gewichtiges Indiz dafür dar, dass der Arbeitnehmer überdurchschnittliche Leistungen erbracht hat.

Dieses Indiz für gute Leistungen hat auch dann Bedeutung, wenn in der nachfolgenden Leistungsbeurteilung die vermuteten guten Leistungen nicht bestätigt werden. Dies kann seine Ursache darin haben, dass der Arbeitnehmer tatsächlich in der zuletzt ausgeübten Position keine guten Leistungen erbrachte. Die früheren guten Leistungen bleiben jedoch davon unberührt. Darüber hinaus ist es möglich, dass es zu persönlichen Spannungen zwischen dem Arbeitnehmer und dem neuen unmittelbaren Vorgesetzten kam oder die Kündigung des Arbeitnehmers zu einer gewissen Enttäuschung bei seinem Vorgesetzten führte und dies — was nicht vorkommen sollte — negativ in der Leistungsbeurteilung zum Ausdruck kommt.

Die in der objektiven Tätigkeitsdarstellung zum Ausdruck gekommene berufliche Entwicklung kann dafür sprechen, dass es sich um einen guten Mitarbeiter handelt, der zumindest die Aufgaben vor der Beförderung gut bewältigt hat, selbst wenn die Leistungsbeurteilung nicht überdurchschnittlich ist. Entsprechend kann der Umstand, dass ein Arbeitnehmer mit wechselnden Aufgaben befasst wurde, ohne dass ein berufliches Fortkommen festzustellen wäre, eine gute Leistungsbeurteilung relativieren. Es ist zwar denkbar, dass ein guter und vielseitig einsetzbarer Mitarbeiter mit wechselnden Aufgaben befasst wird, ohne dass sich die Anforderungen der Aufgaben erhöhen. Wahrscheinlicher ist jedoch, dass ein guter, vielseitiger Mitarbeiter bei wechselnden Aufgaben mit anspruchsvolleren Tätigkeiten beauftragt wird. Falls dies nicht der Fall ist, sollte das Zeugnis kritisch überprüft werden. Eine gute Leistungsbeurteilung könnte auch das Ergebnis der Bemühungen sein, den Arbeitnehmer loszuwerden. Es muss allerdings davor gewarnt werden, diese Schlussfolgerung voreilig zu treffen. Erforderlich ist in einem derartigen Fall, den Bewerber auf die wechselnden Aufgaben anzusprechen, um weitere Hinweise über die Fähigkeiten des Bewerbers zu bekommen. Nicht überbewertet darf auch der Umstand werden, dass ein Arbeitnehmer nach dem ihm ausgestellten Arbeitszeugnis über einen längeren Zeitraum mit denselben Aufgaben befasst war. Dies kann, wie dargelegt, seine Ursache darin haben, dass weder der betreffende Arbeitnehmer sich noch sein Vorgesetzter ihm anspruchsvollere Aufgaben zugetraut hat. Nicht unwahrscheinlich ist es auch, dass der Arbeitnehmer gute Leistungen erbrachte, sich beruflich jedoch in dem früheren Unternehmen nicht entwickeln konnte, weil keine adäquate Position frei war. Insbesondere wenn der Bewerber in dem Bewerbungsgespräch die mangelnden Aufstiegschancen im bisherigen Unternehmen als Grund für den Veränderungswillen anführt, stellt dies eine plausible Erklärung für die mangelnde berufliche Entwicklung dar und lässt negative Schlussfolgerungen auf die Leistungsbeurteilung nicht zu.

6.1.4 Leistungsbeurteilung

Den kritischsten Teil in den Arbeitszeugnissen stellt der Aussagewert der abgegebenen Leistungsbeurteilung dar. Hier sind zunächst die Fehlerquellen bei der Beurteilung der Leistung durch den Zeugnisaussteller zu berücksichtigen. Hinzu kommt, dass nicht selten zwischen Zeugnisaussteller und Arbeitnehmer über die Leistungsbeurteilung verhandelt wird. Mancher Zeugnisaussteller geht hierbei den Weg des geringsten Widerstandes und bestätigt im Zweifel eine zu gute Leistung. Andere Zeugnisaussteller sind nicht in der Lage, etwaige Diskrepanzen, die sich bei der Beendigung des Arbeitsverhältnisses ergeben, die für das Arbeitsverhältnis jedoch nicht typisch sind (manchmal kann ein Vorgesetzter auch nicht verhindern, dass die Enttäuschung über die Kündigung des von ihm geschätzten Mitarbeiters negativ in die Leistungsbeurteilung einfließt), bei der Zeugnisformulierung zu vergessen. Gelegentlich ist auch festzustellen, dass eine Leistungsbeurteilung gegen die eigene Einschätzung geschönt wird, um ein letztes Hindernis zur Beendigung eines Kündigungsschutzrechtsstreits zu beseitigen. Andererseits kommt es auch vor, dass nach Beendigung eines Kündigungsschutzverfahrens, das zur Abfindungszahlung führte, ohne dass die Zeugnisfrage geregelt werden konnte, die durch das Kündigungsschutzverfahren hervorgerufene Verärgerung in die Leistungsbeurteilung einfließt.

Alles in allem ist festzustellen, dass die Leistungsbeurteilung mit einer gesunden Skepsis bewertet werden muss. Hinzu kommt, dass die Zeugnissprache nicht in allen Punkten eindeutig ist. Die Formulierungsskala für die zusammenfassende Leistungsbeurteilung ist zwar zwischenzeitlich allgemein bekannt; die differenzierten Kenntnisse und Fähigkeiten lassen sich allein durch die zusammenfassende Leistungsbeurteilung jedoch nicht ausdrücken. Nicht selten fehlen außer der zusammenfassenden Leistungsbeurteilung aussagekräftige Beurteilungen über einzelne Leistungskriterien. Dies ist oft ein Hinweis darauf – auch wenn die zusammenfassende Leistungsbeurteilung gute Leistungen suggeriert – dass es sich um einen durchschnittlichen Mitarbeiter handelt. Anderenfalls wäre zu erwarten gewesen, dass dem Zeugnisaussteller zumindest einige Leistungsmerkmale des Arbeitnehmers positiv aufgefallen wären und er sie im Zeugnis angeführt hätte.

Generell kann gesagt werden, dass die Bedeutung der Leistungsbeurteilung wächst, je detaillierter auf einzelne Leistungskriterien eingegangen wird. Dabei ist die Formulierungspraxis der abgestuft positiven Formulierung mit bewussten Auslassungen als beredtes Schweigen zur Vermeidung auffällig negativer Aussagen zu berücksichtigen.

Bei einer guten oder sehr guten Leistungsbeurteilung ist deshalb zu erwarten, dass auf die überdurchschnittlichen Kenntnisse und Fähigkeiten des Mitarbeiters deutlich hingewiesen wird. Werden hingegen Leistungsmerkmale, die nach der Tätigkeitsbeschreibung zu erwarten wären, nicht beurteilt oder werden weniger wichtige besonders bedeutsam herausgestellt, spricht dies dafür, dass es sich um einen weniger guten Mitarbeiter handelt. Dies kann auch dann gelten, wenn die zusammenfassende Leistungsbeurteilung auf einen guten Mitarbeiter hinweist. Wie bereits dargelegt, können aus vielfältigen Gründen geschönte Leistungsbeurteilungen in Arbeitszeugnissen auftauchen.

6.1.5 Zusammenfassende Leistungsbeurteilung

Insbesondere die zusammenfassende Leistungsbeurteilung kann geschönt sein, da Arbeitnehmer am ehesten auf diesen Teil der Beurteilung achten und die sonstigen Beurteilungsmöglichkeiten nicht immer erkennen. Fehlen konkrete Aussagen über spezifische Leistungskriterien oder sind sie nicht aussagekräftig, spricht dies ebenfalls für keine gute Benotung. Ein wichtiger Hinweis für die Beurteilung kann auch in einer Ergänzung der zusammenfassenden Leistungsbeurteilung enthalten sein. So kann sogar eine gute Beurteilung durch den Nachsatz ins Gegenteil verkehrt werden.

„Herr M. hat sich in kurzer Zeit in dieses umfangreiche Arbeitsgebiet eingearbeitet und die Vielzahl der Aufgaben stets zu unserer vollen Zufriedenheit erledigt. Dabei zeichnete er sich vor allem durch seine detaillierten Aufzeichnungen der von ihm akquirierten Neukunden aus."

Wenn sich die Leistungen des Mitarbeiters vor allem durch detaillierte Aufzeichnungen auszeichnen, kann es mit den Leistungen selbst nicht weit her sein.

Gewarnt werden muss allerdings davor, jede Formulierung auf die Goldwaage zu legen. Teilweise entstehen Ungereimtheiten im Zeugnis auch aus einer in der Eile nicht genau durchdachten Zeugnisformulierung. Insbesondere Kleinbetriebe sind auch nicht immer in der Lage, das Zeugnis unter Berücksichtigung der Zeugnissprache widerspruchsfrei und zutreffend auszuformulieren. „Allgemein gültige Rezepte" zur Einschätzung und Bewertung von indirekten Hinweisen in Arbeitszeugnissen bringen deshalb auch die Gefahr mit sich, dass möglicherweise Unbedeutendes zu stark und Bedeutendes zu wenig beachtet wird und dass es zu gravierenden Fehlinterpretationen kommt. Erkannte Hinweise sollten jedoch Anlass sein, dem Hinweis nachzugehen und ergänzende Informationen einzuholen, etwa durch weitere Zeugnisse oder durch Nachfragen im Verlauf eines Bewerbungsgesprächs.

Abschließend muss festgehalten werden, dass die Leistungsbeurteilung nicht überbewertet werden sollte, da gewichtige Fehlerquellen nicht ausgeschaltet werden können. Entscheidend ist nicht allein die Leistungsbeurteilung, schon gar nicht allein die zusammenfassende Leistungsbeurteilung, sondern der Umstand, ob die Leistungsbeurteilung mit der Tätigkeitsbeschreibung und gegebenenfalls mit der Schlussformulierung korreliert. Ist dies der Fall, kann in der Regel davon ausgegangen werden, dass die Leistungsbewertung den Kenntnissen und Fähigkeiten des Mitarbeiters entspricht. Sind jedoch Diskrepanzen zwischen der Leistungsbewertung und der Tätigkeitsbeschreibung sowie der Schlussbewertung ersichtlich, müssen Vorbehalte gemacht werden.

6.1.6 Persönliche Führung

Die Beurteilung der persönlichen Führung ist mit ähnlichen Fehlerquellen behaftet wie die Leistungsbeurteilung. Die Leistungsbeurteilung kann allerdings anhand der Tätigkeitsbeschreibung in gewissem Rahmen überprüft werden. Gewisse Anhaltspunkte, ob die Führungsbeurteilung der tatsächlichen Auffassung des Zeugnisausstellers entspricht oder geschönt ist, können allenfalls der Schlussformulierung entnommen werden. Wenn in der Schlussformulierung dem Arbeitnehmer gedankt oder sein Ausscheiden bedauert wird, spricht einiges dafür, dass die Führung des Arbeitnehmers den Erwartungen und Wünschen des Arbeitgebers entsprach. Fehlen Aussagen in der Schlussformulierung, kann hieraus jedoch nicht ohne weiteres geschlossen werden, dass die Führung zu beanstanden war, da die Dankes- und Bedauernsformel noch nicht generell verwendet wird. Die persönliche Führung des Arbeitnehmers kann deshalb im Wesentlichen nur aus der konkreten Formulierung der Führungsbeurteilung ermittelt werden.

Wenn Auffälligkeiten im Verhalten vorliegen, drücken Personalfachleute dies häufig mit Formulierungen aus wie „gilt“ als sehr beliebter, toleranter, kritischer, anspruchsvoller usw. Mitarbeiter. In dem Wort „gilt“ wird deutlich ausgedrückt, dass es sich hierbei nicht um die Auffassung des Zeugnisausstellers handelt. Da er seine Auffassung nicht expressis verbis ausdrückt, wird ersichtlich, dass es keine gute Beurteilung ist. Auch die Formulierung, sein Verhalten war „angemessen“ oder „den Umständen entsprechend“, drückt aus, dass Verhaltensmängel vorliegen. Vermutete verschlüsselte Formulierungen sollten allerdings nicht überbewertet werden. Oft wird eine Verschlüsselung angenommen, wenn sich der Zeugnisaussteller lediglich unbefangen ausdrückt.

6.1.7 Schlussformulierung

Eine wichtige Bedeutung für die Beurteilung des Arbeitzeugnisses kann der Schlussformulierung zukommen. Nach der Untersuchung von Preibisch[138] ist bei etwa 75 % der untersuchten Arbeitszeugnisse angegeben, dass die Beendigung des Arbeitsverhältnisses auf Wunsch des Arbeitnehmers erfolgte. Dies kann nicht zutreffen. Ob die Beendigungsinitiative vom Arbeitgeber oder vom Arbeitnehmer ausging, kann der Formulierung „auf eigenen Wunsch" deshalb nicht entnommen werden. Glaubwürdig wird diese Floskel allerdings dann, wenn in der Schlussformulierung zum Ausdruck gebracht wird, dass das Ausscheiden bedauert oder sogar außerordentlich bedauert wird. In solchen Fällen handelt es sich in aller Regel um einen guten oder sehr guten Mitarbeiter, dessen persönliches Verhalten ebenfalls einwandfrei war. Fehlt die Bedauernsformel, kann hieraus jedoch nicht ohne weiteres der Schluss gezogen werden, dass das Arbeitsverhältnis auf Initiative des Arbeitgebers beendet worden ist; denn es kann nicht davon ausgegangen werden, dass alle Arbeitgeber die Bedauernsklausel bewusst einsetzen, um auszudrücken, ob es sich um einen guten oder sehr guten Mitarbeiter handelt. Lediglich das Vorhandensein der Bedauernsformel lässt deshalb Rückschlüsse auf einen guten oder sehr guten Mitarbeiter zu.

Zusammenfassung

Ein Arbeitszeugnis kann nicht allein aufgrund einzelner Aussagen oder der zusammenfassenden Beurteilung der Leistung und des persönlichen Verhaltens des Arbeitnehmers beurteilt werden. Entscheidend ist die Aussage, die das Zeugnis im Gesamtzusammenhang vermittelt.

Um diese Gesamtaussage zu ermitteln, bedarf es großer Erfahrung beim Zeugnisleser sowie die Bereitschaft, eigene Urteile und Schlussfolgerungen immer wieder auf ihre Stichhaltigkeit zu überprüfen.[139]

---

138 Preibisch, Das Arbeitszeugnis im kommunikativen Handlungsumfeld eines Arbeitsplatzwechsels, S. 34.

139 So: Kador, Arbeitszeugnisse richtig lesen – richtig formulieren, S. 31.

6.2 Geheimcode

Über den Geheimcode wurde viel gerätselt und geschrieben. Ob es ihn gibt, ist in der Literatur heftig umstritten. Schulz[140] geht von der Existenz einer Geheimsprache aus. Dietz verweist auf einen weit verbreiteten unternehmensinternen „Schlüssel" der Zeugnissprache.[141] Demgegenüber wird die Existenz des Geheimcodes von anderen Zeugnisautoren verneint.[142] Als sicher kann gelten, dass ein Geheimcode im Sinne einer geheimen Vereinbarung über die Codierung von Arbeitszeugnissen nicht existiert. Eine derartige Vereinbarung könnte angesichts der Vielzahl der mit Zeugnisformulierungen befassten Personen nicht zustande kommen, noch weniger könnte sie geheim gehalten werden. Dessen ungeachtet hat sich bei der Zeugnisformulierung eine Zeugnissprache entwickelt, die teilweise vom allgemeinen Sprachgebrauch abweicht und dadurch schwer, teils nicht verständlich ist oder irreführenden Charakter hat für Zeugnisleser, die sich mit der Zeugnisformulierungssprache nicht befasst haben. Dies geht allerdings nicht auf eine geheime Absprache zurück, sondern ist Ergebnis eines Entwicklungsprozesses. Angesichts des in der Rechtsprechung aufgestellten Grundsatzes der wohlwollenden Zeugniserteilung fühlen sich viele Zeugnisaussteller verpflichtet, wohlklingende Zeugnisse auszustellen, auch wenn ein gutes Zeugnis nach den Leistungen und dem Verhalten des Arbeitnehmers nicht gerechtfertigt war. Über die tatsächlich schlechtere Beurteilung sollte der künftige Arbeitgeber jedoch auch nicht getäuscht werden. Es wurden deshalb möglichst wohlklingende Formulierungen verwandt, wobei der Zeugnisaussteller die kritischen Punkte nicht erwähnte. Da er davon ausgehen konnte, dass der künftige Arbeitgeber, der ebenfalls über vielfältige Erfahrungen beim Lesen und Formulieren von Zeugnissen verfügte, diese Auslassungen erkennen würde, konnte er mit abgestuften positiven Formulierungen auf Leistungsmängel und Mängel im Verhalten hinweisen.

Zur Erläuterung soll auf die zusammenfassende Leistungsbeurteilung eingegangen werden. Wer als Zeugnisaussteller zufrieden stellende Leistungen bescheinigt, kennt die Abstufung „zur vollen Zufriedenheit", „stets zur Zufriedenheit" und den Superlativ „stets zur vollsten Zufriedenheit". Ein unkundiger Arbeitnehmer muss demgegenüber davon ausgehen, mit der bestätigten Zufriedenheit würden ihm zumindest durchschnittliche Leistungen bescheinigt; anderenfalls könnte sein

[140] Schulz, Alles über Arbeitszeugnisse, S. 106. Auch Theiß/Volz, Bewerbertraining, S. 147, gehen von einem Geheimcode aus.

[141] Dietz, Arbeitszeugnisse ausstellen und beurteilen, S. 41.

[142] Schmid, DB 1982, S. 1111, allerdings mit der Einschränkung, die Differenz der üblichen Bedeutung einer Aussage zu der tatsächlichen Einschätzung im Arbeitszeugnis könne so groß sein, dass man hier nicht mehr weit von einem Geheimcode entfernt sei; Kador, Arbeitszeugnisse richtig lesen – richtig formulieren, S. 7, 32ff.

Arbeitgeber kaum mit ihm zufrieden gewesen sein. Gute oder überdurchschnittliche Leistungen kann auch der unkundige Arbeitnehmer dem Prädikat „zur Zufriedenheit“ kaum entnehmen. Auch ihm muss klar sein, dass die Zufriedenheit noch steigerungsfähig ist. Wird die Zufriedenheit jedoch durch das Attribut „voll“ gesteigert, muss ein unkundiger Arbeitnehmer davon ausgehen, ihm seien gute oder sehr gute Leistungen attestiert worden, da eine weiter Steigerung nach dem gewöhnlichen Sprachgebrauch nicht ersichtlich ist. Demgegenüber weiß ein Personalfachmann aus der Vielzahl der bei ihm bei Bewerbungen vorgelegten Zeugnisse, und aus seiner eigenen Formulierungspraxis, dass die „volle Zufriedenheit“ steigerungsfähig ist durch das Zeitwort „stets“, „jederzeit“ u. Ä. Er erkennt damit gleichzeitig, dass die „volle Zufriedenheit“ nicht vorbehaltlos attestiert wurde. Irreführenden Charakter hat die Steigerung des Prädikats „stets zur vollen Zufriedenheit“ durch die sprachlich nicht korrekte Fassung „stets zur vollsten Zufriedenheit“. Auch der findigste Arbeitnehmer, der mit der Zeugnissprache nicht vertraut ist, kann kaum auf den Gedanken kommen, die bestätigte „jederzeitige volle Zufriedenheit“ könne eine Leistungsbeurteilung darstellen, die unterhalb einer sprachlich nicht korrekten Formulierung liegt. Wenn ihm nicht selbst von einem früheren Arbeitgeber eine derartige Leistungsbeurteilung attestiert wurde, kann er diesen sprachlich falschen Superlativ nicht kennen und muss davon ausgehen, die Formel „stets zur vollen Zufriedenheit“ stelle die beste Beurteilung dar.

Nach alledem kann zwar nicht von einem Geheimcode gesprochen werden; nicht bestreitbar ist jedoch, dass sich eine Zeugnissprache entwickelt hat, die auch von aufmerksamen Lesern, die nicht kundig sind, missverstanden wird.

Außer der Zeugnisformulierungspraxis mit dem Mittel der abgestuft positiven Formulierungen und den bewussten Auslassungen werden in der Literatur und der Rechtsprechung[143] unter dem Stichwort Geheimcode einzelne Formulierungen oder Kennzeichnungen vorgestellt, die eine konkrete, meist nachteilige Aussage enthalten sollen. Auf einen Geheimcode lassen sich diese Formulierungen und Zeichen aus den oben dargelegten Umständen nicht zurückführen. Andererseits ist die Wirkung der Veröffentlichung dieser angeblichen Geheimzeichen oder Geheimformulierungen zu berücksichtigen. Durch die Veröffentlichung wird die angenommene geheime Bedeutung der Zeichen und Formulierungen den Personalfachleuten allgemein bekannt. Es kann nicht ausgeschlossen werden, dass der eine oder andere der Versuchung unterliegt, eine dieser vorgestellten speziellen Interpretationen zu benutzen, um eine negative Beurteilung oder Aussage in einem Arbeitszeugnis verklausuliert unterzubringen. Hiervor kann allerdings nur gewarnt werden!

---

143 LAG Hamm, Urteil vom 17.12.1998, 4 Sa 630/98; Urteil vom 28.3.2000, 4 Sa 648/99.

Wer Formulierungen oder Kennzeichen verwendet, die in der Literatur als codierte negative Aussagen vorgestellt wurden, läuft Gefahr, mit Schadensersatzansprüchen wegen unzulässiger oder unzutreffender Zeugniserteilung konfrontiert zu werden.

Wenn ein Arbeitnehmer, in dessen Arbeitszeugnis sich ein in der Literatur vorgestellter geheimer Hinweis auf sein Betriebs- oder Gewerkschaftsengagement findet, über längere Zeit arbeitslos bleibt und dies nach dem Studium der Zeugnisliteratur auf den geheimen Hinweis zurückführt, ist es nicht ausgeschlossen — wenn die sonstigen Umstände dafür sprechen, dass der Arbeitnehmer schnell eine neue Beschäftigung findet — dass ein Arbeitsgericht die Arbeitslosigkeit auf das im Zeugnis verwendete Geheimzeichen zurückführt und einen Schadensersatzanspruch wegen entgangenem Verdienst bejaht.

Um die versehentliche Verwendung der in der Literatur und Rechtsprechung erwähnten Geheimformulierungen und Geheimzeichen zu verhindern, sind sie nachfolgend angeführt, so weit nicht in Kapitel 3.3.6.2 bereits darauf eingegangen wurde.[144]

Zeugnistext	Codierte Aussage
▪ Er war sehr tüchtig und wusste sich gut zu verkaufen.	▪ Er war ein unangenehmer und rechthaberischer Wichtigtuer.
▪ Er hat alle Arbeiten pflichtbewusst/ordentlich erledigt.	▪ Er war ein Bürokrat ohne Eigeninitiative.
▪ Im Umgang mit Kollegen und Vorgesetzten zeigte er eine erfrischende Offenheit.	▪ Er ist vorlaut und mit einem Selbstbewusstsein ausgestattet, das seinen Leistungen nicht entspricht.
▪ Wir lernten ihn als umgänglichen Kollegen kennen.	▪ Viele Mitarbeiter sahen ihn lieber von hinten als von vorne.
▪ Seine Auffassungen wusste er intensiv zu vertreten.	▪ Übersteigertes Selbstbewusstsein.

144 Vgl. hierzu Kador, Arbeitszeugnisse richtig lesen - richtig formulieren, S. 32; Lucas, Arbeitszeugnisse richtig deuten, S. 127ff.; Schulz, Alles über Arbeitszeugnisse, S. 106ff.; LAG Hamm, Urteil vom 17.12.1998,4 Sa 630/98.

Zeugnistext	Codierte Aussage
▪ Das Verhalten von Herrn Müller gegenüber Mitarbeitern und Vorgesetzten war stets einwandfrei.	▪ Er hatte zu seinen Mitarbeitern ein weit besseres Verhältnis als zu seinen Vorgesetzten. (Dies soll dadurch zum Ausdruck kommen, dass die übliche Reihenfolge, an erster Stelle den Vorgesetzten und erst an zweiter Stelle das Verhältnis zu Kollegen zu nennen, durchbrochen wird.)
▪ War mit Interesse bei der Sache.	▪ Hat sich angestrengt, aber nichts geleistet.
▪ Er war sehr tüchtig und in der Lage, seine eigene Meinung zu vertreten.	▪ Er hat eine hohe Meinung von sich und vermag hiervon ausgehend sachliche Kritik nicht zu akzeptieren.
▪ Zeigte für die Arbeit Verständnis.	▪ War faul und hat nichts geleistet.
▪ Hat sich mit großem Eifer an diese Aufgabe heran gemacht und war dabei erfolgreich.	▪ Die Leistungen waren dennoch mangelhaft.
▪ Herr Müller zeichnete sich insbesondere dadurch aus, dass er viele Verbesserungsvorschläge zur Arbeitsvereinfachung/Erleichterung machte.	▪ Da der Zusatz fehlt, „die auch von uns übernommen wurden“, kann dies darauf hinweisen, dass die Vorschläge zur eigenen Erleichterung oder im Interesse eigener Bequemlichkeit gemacht wurden und es sich um einen besserwisserischen Arbeitnehmer handelt.
▪ Herr Müller war wegen seiner Pünktlichkeit stets ein gutes Vorbild.	▪ Durch die Betonung der selbstverständlichen Pünktlichkeit wird zum Ausdruck gebracht, dass die Arbeitsleistungen und der Arbeitserfolg gering waren.
▪ Herr Müller hat Engagement für Arbeitnehmerinteressen außerhalb des Betriebs gezeigt.	▪ Hinweis auf Streikteilnahme.
▪ Herr Müller hat alle Arbeiten ordnungsgemäß erledigt.	▪ Er ist ein Bürokrat, der keine Initiative entwickelt.
▪ Im Kollegenkreis galt er als toleranter Mitarbeiter.	▪ Für Vorgesetzte war er ein schwerer Brocken.
▪ Alle Arbeiten mit großem Fleiß und Interesse erledigt.	▪ Zwar eifrig, aber nicht besonders tüchtig.
▪ Hat sich im Rahmen seiner Fähigkeiten eingesetzt.	▪ Hat getan, was er konnte, das war jedoch nicht viel.

Zeugnistext	Codierte Aussage
▪ Mit seinen Vorgesetzten ist er gut zurechtgekommen.	▪ Ein Mitläufer, der sich gut zu verkaufen weiß.
▪ Er war sehr tüchtig und wusste sich gut zu verkaufen.	▪ Ein sehr unangenehmer, überheblicher Mitarbeiter.
▪ Er verfügt über Fachwissen und hat ein gesundes Selbstvertrauen.	▪ Geringes Fachwissen, das er mit großer Klappe zu übertünchen sucht.
▪ Er war Neuem gegenüber stets aufgeschlossen	▪ Aber nicht, um es zu integrieren und zu verarbeiten.
▪ Er verstand es, die Aufgaben mit Erfolg zu delegieren und setzte sich für die Förderung der Mitarbeiter ein.	▪ Hat kaum selbst gearbeitet und Mitarbeiter durch Gehaltserhöhungen von Kritik an seiner Person abgehalten.
▪ Wir bestätigen gerne, dass Herr Müller mit Fleiß, Ehrlichkeit und Pünktlichkeit an seine Aufgaben herangegangen ist.	▪ Aber ohne fachliche Qualifikation.
▪ Vorgesetzten und Mitarbeitern gegenüber war er durch seine aufrichtige und anständige Gesinnung ein angenehmer Mitarbeiter.	▪ Aber nicht durch seine Tüchtigkeit.
▪ Er ist ein anspruchsvoller und kritischer Mitarbeiter.	▪ Er ist sehr eigensüchtig, pocht anderen gegenüber auf seine Rechte und nörgelt gerne.
▪ Allen Aufgaben hat er sich mit Begeisterung gewidmet	▪ Aber ohne Erfolg.
▪ Er hat an allen ihm gestellten Aufgaben mit großem Fleiß gearbeitet.	▪ Aber ohne Erfolg.
▪ Die ihm gemäßen Aufgaben ...	▪ Die anspruchslosen Aufgaben ...
▪ Wir bescheinigen ihm gerne, dass er sich den ihm übertragenen Aufgaben mit Eifer gewidmet hat.	▪ Aber ohne Erfolg.
▪ Er hat unserer Organisation reges Interesse entgegengebracht.	▪ Geleistet hat er jedoch nichts.

Geheimzeichen

Unter dem Stichwort Geheimzeichen werden folgende Verschlüsselungen[145] vorgestellt:

Zeichen	Bedeutung
▪ Ein senkrechter Strich, links stehend vor der Unterschrift, sieht aus wie ein Ausrutscher.	▪ Mitglied einer Gewerkschaft.
▪ Ein so genannter Doppelausrutscher (Doppelhäkchen).	▪ Mitglied einer linksgerichteten verfassungsfeindlichen Organisation.

Anführungszeichen, Ausrufezeichen, Unterstreichungen

Ferner soll durch die Verwendung von Anführungszeichen, Ausrufezeichen, Unterstreichungen u. ä. die wörtliche Aussage in ihr Gegenteil verkehrt werden. Als Beispiele werden angeführt: Werde in einem Zeugnis die Tätigkeit des Arbeitnehmers als „Stellvertretender Geschäftsführer“ oder „erster Verkäufer“ angegeben, besagten die Anführungsstriche, dass sich der Arbeitnehmer zwar als solcher gerierte, ihm eine solche Position aber tatsächlich nicht zustand.[146] Die scheinbar positive Aussage erhalte durch die Anführungsstriche nicht nur einen ironischen Beigeschmack, sondern schlichtweg eine negative Bedeutung. Entsprechendes gelte, wenn einer Verkäuferin attestiert werde, „Frau Müller ist eine überdurchschnittliche Verkäuferin und hat auch gute Verkaufserfolge erzielt!“ Hier würden die guten Verkaufserfolge durch das Ausrufezeichen ins Gegenteil verkehrt.

Entsprechend dieser Interpretation war vom Arbeitsgericht Bochum zu der Formulierung „Führung und Leistung von Frau L. waren ausreichend!“ entschieden worden, dass das Ausrufezeichen die Bewertung zweifelhaft erscheinen lasse, da an dieser Stelle nach den Regeln der Interpunktion kein Ausrufezeichen zu setzen sei und dementsprechend nicht erwartet werde.[147]

[145] Vgl. Gloy/Presch, Exklusive Kommunikation: Verschlüsselte Formulierung in Arbeitszeugnissen zitiert nach Kador, Arbeitszeugnisse richtig lesen — richtig formulieren, S. 32f..

[146] Vgl. hierzu und zum Folgenden: Schulz, Alles über Arbeitszeugnisse, S. 60ff.

[147] DB 1970, S. 1085.

7 Die „Europass Zeugniserläuterung“

Die konkrete Bedeutung von Berufsabschlüssen, die in Deutschland erworben werden, ist in den anderen EU-Ländern oft nur schwer nachvollziehbar, da die Anforderungen an die Ausbildung in den einzelnen Ländern unterschiedlich sind. Die Europass Zeugniserläuterung erleichtert europaweit die Beurteilung des Berufsabschlusses und ist ein wichtiges Dokument bei Auslandsbewerbungen. Sie erläutert in englischer, französischer oder deutscher Sprache das Berufsabschlusszeugnis. Die Europass Zeugniserläuterung beschreibt die länderspezifischen Standards des jeweiligen Ausbildungsberufes. Sie liefert eine Kurzbeschreibung der durch die Berufsausbildung erworbenen Kenntnisse, Fertigkeiten und Kompetenzen einschließlich ergänzender Informationen zu Dauer, Art und Niveau der Ausbildung sowie zum Bildungsgang, auf dem diese erreicht wurden. Zudem gibt sie Hinweise zu typischen Branchen und Tätigkeitsfeldern, für die diese Berufsausbildung qualifiziert, sowie zur Bewertungsskala der Benotung.

Die Europass Zeugniserläuterungen für die jeweiligen Berufe werden gegenwärtig von der InWEnt (Internationale Weiterbildung und Entwicklung gGmbH) in Bonn erarbeitet und sukzessive im Internet veröffentlicht unter www.europass-info.de.

Bei Auslandsbewerbungen empfiehlt es sich, außer dem Berufsabschlusszeugnis auch die Europass Zeugniserläuterung beizufügen.

Weitere Informationen zur Europass Zeugniserläuterung wurden vom Bundesministerium für Bildung und Forschung veröffentlicht. Sie finden sie im Internet unter www.europass-info.de.

Literaturverzeichnis

Becker-Schaffner, R.	Die Rechtsprechung zum Zeugnisrecht, in: Betriebs-Berater 1989, S. 2105-2110.
Dachrodt, H. G.	Zeugnisse lesen und verstehen, 2. Aufl.1991, Köln.
Dietz, K.	Arbeitszeugnisse ausstellen und beurteilen, 11. Aufl.; München 1999.
Düwell/Dahl	Die Leistungs- und Verhaltensbeurteilung im Arbeitszeugnis, NZA 2011, S. 958ff.
Göldner, S.	Grundlagen des Zeugnisrechts, Ammersberg 1989.
Kador, F.J./Kador, T.	Arbeitszeugnisse richtig lesen, richtig formulieren, 6. Auflage Bergisch Gladbach 2001.
Knebel, H.	Das Vorstellungsgespräch, 14. Aufl.; Freiburg 1993.
Küchle, E./Hessel, P.	Zeugnismuster für die betriebliche Praxis, 9. Aufl.; Stuttgart, München, Hannover 1986.
Lucas, M.	Arbeitszeugnisse richtig deuten, 3. Aufl. 1986; 6. Aufl. 1988; Düsseldorf.
Müller-Glöge, R.	Erfurter Kommentar zum Arbeitsrecht, 13. Auflage, München 2013
Palandt,	Bürgerliches Gesetzbuch, 72. Aufl. 2013.
Preibisch, A.	Das Arbeitszeugnis im kommunikativen Handlungsumfeld eines Arbeitsplatzwechsels. Siegen 1982.
Schaub,	Arbeitsrechtshandbuch, 15. Aufl. 2013.
Schleßmann, H.	Das Arbeitszeugnis, 20. Aufl. 2012, Heidelberg.

Schleßmann, H.	Das Arbeitszeugnis, in: Betriebs-Berater 1988, S. 1320-1326.
Schmid, K.	Aussagen über Führungsleistungen in Arbeitszeugnissen und ihre rechtliche Problematik, in: Der Betrieb 1986, S. 1334-1337.
Schmid, K.	Leistungsbeurteilungen in Arbeitszeugnissen und ihre rechtliche Problematik, in: Der Betrieb 1982, S. 1111-1114.
Schmid, K.	Zur Haftung wegen eines unrichtigen Arbeitszeugnisses, in: Hamburger Abendblatt, Februar 1988, Gedanken zu Personalfragen.
Schulz, G.-R.	Alles über Arbeitszeugnisse, 8. Aufl. 2009, München.
Schwedes, R.	Zeugnis und Auskunftserteilung im Arbeitsverhältnis, in: Das Personal-Büro Gruppe 3c, S. 257-280.
Schwerdtner in	Münchener Kommentar zum Bürgerlichen Gesetzbuch, 5. Aufl. 2009 ff.
Theiß, M./Volz, W.	Bewerbertraining, Modulverlag Wiesbaden.
Weuster, A.	Das Arbeitszeugnis: Formulierung und Analyse, in: Personalwirtschaft 12/85, S. 485-489.
Weuster, A./Scheer, B.	Arbeitszeugnisse in Textbausteinen, 12. Aufl. 2010.

Abkürzungsverzeichnis

a. A.	anderer Ansicht
a.a.O.	am angegebenen Ort
Abs.	Absatz
Anm.	Anmerkung
AP	Arbeitsrechtliche Praxis (Entscheidungssammlung)
ArbG	Arbeitsgericht
ArbGG	Arbeitsgerichtsgesetz
ArbRS	Arbeitsrechtssammlung
Art.	Artikel
Aufl.	Auflage
BAG	Bundesarbeitsgericht
BAT	Bundesangestelltentarif
BB	Betriebsberater (Zeitschrift)
BBiG	Berufsbildungsgesetz
Bd.	Band
BetrVG	Betriebsverfassungsgesetz
BGB	Bürgerliches Gesetzbuch
BGH	Bundesgerichtshof
bzw.	Beziehungsweise
ca.	Circa
DB	Der Betrieb (Zeitschrift)
EBE/BAG	Eildienst Bundesgerichtlicher Entscheidungen/Bundesarbeitsgericht
EzA	Entscheidungssammlung zum Arbeitsrecht
ff.	folgende
Fußn.	Fußnote
gem.	gemäß
GewO	Gewerbeordnung
GG	Grundgesetz
GmbH	Gesellschaft mit beschränkter Haftung
HGB	Handelsgesetzbuch

IHK	Industrie- und Handelskammer
LAG	Landesarbeitsgericht
LAGE	Entscheidungen der Landesarbeitsgerichte (Entscheidungssammlung)
NJW	Neue Juristische Wochenschrift (Zeitschrift)
Nr.	Nummer
NZA	Neue Zeitschrift für Arbeits- und Sozialrecht (Zeitschrift)
OLG	Oberlandesgericht
RAG	Reichsarbeitsgericht
RdA	Recht der Arbeit (Zeitschrift)
Rdn.	Randnummer
S.	Seite
SGB III	Sozialgesetzbuch III
u. a.	unter anderem
Urt.	Urteil
vgl.	vergleiche
z. B.	zum Beispiel
Ziff.	Ziffer
ZPO	Zivilprozessordnung [Ende Tabelle.intern]

Stichwortverzeichnis

Die Autoren

Dr. Günter Huber

ist Rechtsanwalt in Freiburg i. Br. und Fachanwalt für Arbeitsrecht. Seine Arbeitsschwerpunkte sind das arbeitsrechtliche Kündigungsrecht, das Aushandeln von Abfindungen und die Prüfung und Formulierung von Arbeitszeugnissen. Er ist Gründer der Kanzlei Dr. Huber & Kollegen und berät bei arbeitsrechtlichen und betriebsverfassungsrechtlichen Fragen. Er bearbeitet außergerichtliche und gerichtliche Arbeitsrechtsverfahren, insbesondere Kündigungsschutzverfahren. Als Anwalt ist er überwiegend in Südbaden, insbesondere in Freiburg i. Br., tätig, er bearbeitete jedoch auch wichtige Arbeitsrechtsfälle aus anderen Regionen und er verfügt über überregionale Prozesserfahrung.

Waltraud Müller

ist als Rechtsanwältin in Freiburg i. Br. mit den Schwerpunkten Arbeits-, Miet- und Erbrecht tätig. Darüber hinaus verfügt sie über eine langjährige Erfahrung als Dozentin für Zivil- und Arbeitsrecht in der Erwachsenenbildung und leitete Seminare zum Thema ‚Kündigung von Arbeitsverhältnissen. Zudem hat sie die Ratgeber „Arbeitsverträge“ und „Mein Arbeitsvertrag“ veröffentlicht.

€ 39,95 [D]
ca. 320 Seiten
ISBN 978-3-648-05023-1
Bestell-Nr. E04536

Fakten und Lösungen

Trendthema flexible Arbeitszeitgestaltung! Die Autorin stellt moderne Lösungen vor, die familiäre Bedürfnisse von Mitarbeitern berücksichtigen und die Wettbewerbsfähigkeit von Unternehmen stärken. Inklusive eBook!

> Schlüsselelemente der Arbeitszeitgestaltung
> Mit Arbeitszeitmodellen Fachkräfte gewinnen und binden
> Familienzeiten - mehr als ein Vereinbarkeitsthema
> Work-Life-Balance und lebensphasenorientierte Arbeitszeit
> Modelle für Vertrauensarbeit, Telearbeit und Teilzeitarbeit

Jetzt bestellen!
www.haufe.de/fachbuch (Bestellung versandkostenfrei),
0800/50 50 445 (Anruf kostenlos) oder in Ihrer Buchhandlung

HAUFE.

€ 44,95 [D]
ca. 250 Seiten
ISBN 978-3-648-04347-9
Bestell-Nr. E04477

Low Performer reaktivieren

Dieses Buch beschreibt die Ursachen des Phänomens Low Performance aus Sicht eines Personalentwicklers. Fallbeispiele zeigen Ihnen, wie Sie rechtzeitig handeln und Mitarbeiter mit schwacher Leistung wieder anzuspornen.

> Warum Minderleistung ein Tabuthema ist
> Psychologische Faktoren, Arbeitsumfeld und Organisation
> Chancen des betrieblichen Gesundheitsmanagements
> Vorbeugemaßnahmen, um Kündigungen zu vermeiden
> Inklusive eBook!

Jetzt bestellen!
www.haufe.de/fachbuch (Bestellung versandkostenfrei),
0800/50 50 445 (Anruf kostenlos) oder in Ihrer Buchhandlung

Haufe.